药品价格管制

理论基础、政策工具与国际经验

沈洪涛——著

吉林大学出版社
·长春·

图书在版编目(CIP)数据

药品价格管制：理论基础、政策工具与国际经验 / 沈洪涛著. -- 长春：吉林大学出版社, 2024. 7.
ISBN 978-7-5768-3387-4

Ⅰ. F724.73

中国国家版本馆 CIP 数据核字第 20240CZ149 号

书　　名：药品价格管制：理论基础、政策工具与国际经验
　　　　　YAOPIN JIAGE GUANZHI: LILUN JICHU、ZHENGCE GONGJU YU GUOJI JINGYAN

作　　者：沈洪涛
策划编辑：李承章
责任编辑：李承章
责任校对：甄志忠
装帧设计：云思博雅
出版发行：吉林大学出版社
社　　址：长春市人民大街 4059 号
邮政编码：130021
发行电话：0431-89580036/58
网　　址：http://www.jlup.com.cn
电子邮箱：jldxcbs@sina.com
印　　刷：北京北印印务有限公司
开　　本：787mm×1092mm　　1/16
印　　张：21
字　　数：310 千字
版　　次：2025 年 3 月　　第 1 版
印　　次：2025 年 3 月　　第 1 次
书　　号：ISBN 978-7-5768-3387-4
定　　价：98.00 元

版权所有　翻印必究

前 言

当前，世界上绝大多数国家都对药品价格进行直接或间接管制。政府为什么要管制药品价格？世界卫生组织（WHO）的基本观点是基于信息的不对称，市场机制不可能产生足够良好的健康结果，但这一观点在经济学上目前还缺少相关理论依据。就如何有效管制药品价格而言，各国政府首先面临的一个选择是采用哪些管制工具：成本加成定价、外部参考定价、内部参考定价、利润控制、加价管制、价值定价、价格谈判、招标还是集中采购？基于此，本书对药品价格管制的理论基础、政策工具以及国际经验进行了系统的阐释、分析与评价。

根据经济学基本原理，价格管制通常适用于自然垄断产业，以消除由于垄断势力而造成的无谓损失，如电力、天然气和供水等公共基础服务。非专利药市场是完全竞争的，因此，从经济角度来看，不能以自然垄断作为非专利药品价格管制的理论基础，药品价格管制显然已经超出了传统的经济学理论范畴。那么，该如何解释各国政府的药品价格管制实践呢？本书首先通过对药品市场的信息不对称引发的医生道德风险分析，尝试给出一个合理的药品价格管制的经济学解释。

从世界各国的经验看，药品价格管制政策主要包括直接价格管制和间接价格管制两种方式。直接价格管制是政府机构直接制定或谈判药品价格，管制的价格类型有出厂价格（制造商价格）、批发价格（药房采购价格）和药房零售价格（消费者价格）。常用的价格管制工具包括成本加成定价、外部参考定价、价值定价、价格谈判、最高固定价格、加成控制和价格削减或冻结等。

间接价格管制主要是通过一种或多种方法来控制药品的公共医疗保险补偿价格，常用的管制工具有内部参考定价和利润率控制。由于西方发达国家在卫生保健系统、健康保险制度和医疗服务提供模式等方面并不完全一致，各国政府普遍采用了适合本国制度环境的多种价格管制工具，有效控制了药品价格的不断上涨。本书随后通过对药品价格管制的卫生制度环境和政策工具的介绍，分析了不同卫生制度环境对药品价格管制的影响，以及政策工具与不同卫生制度环境的适用性问题。最后，本书对各国药品价格管制实践进行了介绍。

药价虚高是我国医药领域长期存在的一个突出问题。自1996年以来，为把药价降低到合理水平，我国政府相继采取政府定价、强制性降价、集中招标采购、零差率及两票制等政策措施对药品价格进行管制，但一直没有取得令人满意的政策效果。近年来，国家医保局开展国家组织药品集中带量采购，虽然集采政策短期内实现了药品采购价格的大幅下降，但也产生了中标价过低、原研药退出、中选药品断供以及公立医疗机构卖药亏损等一些负面结果，在一定程度上削弱了该政策的整体有效性。因此，如何有效降低药品的虚高价格是政策制定者和学术界亟需解决的一个重要课题。

本书的价值主要体现在三个方面：一是比较合理地从信息不对称角度阐释了政府管制药品价格的理论依据；二是通过分析各种药品价格管制工具的特点和适用性，为我国政府有效降低药品价格提供了广泛的政策工具选择；三是通过对各国政府药品价格管制实践的介绍，为我国政府改进药品价格管制方式提供了一种较为详尽的示范。

全书共分15章。第1章概括性地介绍了传统经济学价格管制的理论基础；第2章主要从制药产业的技术经济特征、卫生服务领域的信息不对称、健康保险制度的第三方支付等方面介绍了药品价格管制的一般性理由及其争论，并通过分析药品市场的信息不对称引发的代理需求中的医生道德风险行为，给出了非专利药品价格管制的理论解释。第3章和第4章主要介绍了健康保险制度和医疗服务提供模式等药品价格管制的制度环境；第5章和第6章介绍了药品价格管制工具及其特征；第7章至第14章为典型国家的药品价格管制实践；第 15 章为典型国家药品价格管制经验概括及其对中国的启示。

  本书的写作受到广东省普通高校特色创新类项目（编号：2021WTSCX057）的资助。

  由于作者学识水平有限，书中难免有不妥之处，还望读者指正。

作 者
2024 年 7 月

目 录

第一篇　为什么管制药品价格 ……………………………………… 1

第1章　传统管制理论概观 …………………………………………… 1

1.1　竞争性价格机制与资源配置效率 …………………………………… 1
　　1.1.1　竞争性价格机制 ………………………………………………… 1
　　1.1.2　资源配置效率 …………………………………………………… 2
　　1.1.3　福利经济学第一基本定理 ……………………………………… 7
1.2　垄断定价的福利损失 ………………………………………………… 7
1.3　自然垄断定价困境与价格管制 ……………………………………… 10
1.4　常用的价格管制方法 ………………………………………………… 12
　　1.4.1　边际成本定价 …………………………………………………… 12
　　1.4.2　平均成本定价 …………………………………………………… 14
　　1.4.3　收益率管制 ……………………………………………………… 14

第2章　药品价格管制的理由 ………………………………………… 16

2.1　制药产业的技术经济特征 …………………………………………… 16
　　2.1.1　创新药研发成本高昂 …………………………………………… 16
　　2.1.2　严格的专利保护 ………………………………………………… 18
　　2.1.3　药品费用的第三方支付 ………………………………………… 19
2.2　卫生服务领域的信息问题 …………………………………………… 21
2.3　健康保险制度与第三方支付 ………………………………………… 23
　　2.3.1　健康保险 ………………………………………………………… 23

    2.3.2 健康保险的第三方支付 ························· 27
  2.4 药品价格管制的争论及其理由 ···························· 28
  2.5 关于药品价格管制的理论基础的一个扩展性说明······ 32

第二篇 药品价格管制的制度环境 39

 第 3 章 健康保险制度 ·· 39
  3.1 私人健康保险及其市场失灵 ······························ 39
   3.1.1 私人健康保险 ··· 39
   3.1.2 私人健康保险与公共健康保险的相互作用 ······ 43
   3.1.3 健康保险市场失灵 ··· 45
  3.2 公共健康保险的特点与类型 ······························ 47
  3.3 全民健康覆盖 ··· 50
  3.4 非全民健康覆盖制度 ··· 56
  3.5 健康保险制度对药品价格管制的影响 ··············· 59

 第 4 章 医疗服务提供模式 ···································· 61
  4.1 医疗服务的层级 ··· 61
   4.1.1 病人在卫生保健提供者之间的选择 ··············· 62
   4.1.2 "守门人"制度 ··· 64
  4.2 医生服务与医院服务 ··· 68
   4.2.1 医生服务 ··· 68
   4.2.2 医院服务 ··· 69
  4.3 医生服务与医院服务的支付方式 ······················ 74
   4.3.1 医生服务的支付方式 ····································· 74
   4.3.2 医院服务的支付方式 ····································· 78
   4.3.3 同时使用提供者支付计划 ····························· 81
  4.4 医药分离与医药合业 ··· 82
   4.4.1 医药分离 ··· 82
   4.4.2 医药合业 ··· 84

4.5　医疗服务提供模式对药品价格管制的影响 ················· 85
　　　　4.5.1　医生行为对药品价格管制的影响 ····················· 85
　　　　4.5.2　以药养医补偿制度对药品价格管制的影响 ········· 85
　　　　4.5.3　分级诊疗制度对药品价格管制的影响 ··············· 86
　　　　4.5.4　医生支付方式对药品价格管制的影响 ··············· 87

第三篇　药品价格管制政策工具··89

第 5 章　药品价格管制工具概述 ···89
　　5.1　药品价格管制工具的分类 ··89
　　　　5.1.1　直接价格管制 ···89
　　　　5.1.2　间接价格管制 ···90
　　5.2　成本加成定价 ···91
　　5.3　外部参考定价 ···92
　　5.4　内部参考定价 ···98
　　　　5.4.1　仿制药品价格格联动 ··98
　　　　5.4.2　生物仿制药联动 ··98
　　　　5.4.3　参考价格制度 ···99
　　5.5　利润管制 ··103
　　5.6　加价管制 ··103
　　　　5.6.1　批发加价 ··104
　　　　5.6.2　药房加价 ··104
　　5.7　药品价格管制的其他工具 ··106
　　　　5.7.1　基于价值定价 ··106
　　　　5.7.2　差别定价 ··108
　　　　5.7.3　价格谈判 ··109
　　　　5.7.4　招标 ··110
　　　　5.7.5　集中采购 ··111

第 6 章　药品价格管制工具比较 ···112

6.1 一个比较药品价格管制工具的概念框架 ………………… 112
6.2 不同药品价格管制工具的特点比较 ……………………… 117
　　6.2.1 外部参考定价:被广泛使用的价格管制工具 ……… 117
　　6.2.2 内部参考定价:确定补偿率 ………………………… 118
　　6.2.3 基于价值定价:重点关注药品的附加值 …………… 119
　　6.2.4 加价管制:制定正确的激励措施 …………………… 120
　　6.2.5 招标和谈判:越来越多地应用于门诊部门 ………… 121
　　6.2.6 成本加成定价:很少使用的定价方式 ……………… 122
6.3 管制工具与不同医疗制度环境的适用性分析 …………… 123

第四篇　各国药品价格管制实践 …………………………… 125

第7章　澳大利亚药品价格管制 ……………………………… 125
7.1 药品价格管制的制度环境 ………………………………… 125
　　7.1.1 卫生保健系统的组织 ………………………………… 125
　　7.1.2 医疗服务提供模式 …………………………………… 131
　　7.1.3 健康保险制度 ………………………………………… 133
7.2 药品价格管制方法 ………………………………………… 139
　　7.2.1 药品市场概况 ………………………………………… 139
　　7.2.2 参考定价和基于价值定价 …………………………… 140
　　7.2.3 新药定价 ……………………………………………… 142
　　7.2.4 仿制药定价 …………………………………………… 142
7.3 药品价格管制效果 ………………………………………… 143

第8章　德国药品价格管制 …………………………………… 146
8.1 药品价格管制的制度环境 ………………………………… 146
　　8.1.1 卫生保健系统的组织 ………………………………… 146
　　8.1.2 医疗服务提供模式 …………………………………… 152
　　8.1.3 健康保险制度 ………………………………………… 155
8.2 药品价格管制方法 ………………………………………… 162

8.2.1　药品市场概况……………………………………………… 162
　　　8.2.2　整个药品市场的价格管制…………………………………… 164
　　　8.2.3　法定健康保险覆盖药品的价格管制………………………… 164
　8.3　药品价格管制效果……………………………………………………… 166

第9章　英国药品价格管制……………………………………………… 169
　9.1　药品价格管制的制度环境……………………………………………… 169
　　　9.1.1　卫生保健系统的组织………………………………………… 169
　　　9.1.2　医疗服务提供模式…………………………………………… 172
　　　9.1.3　健康保险制度………………………………………………… 175
　9.2　药品价格管制方法……………………………………………………… 179
　　　9.2.1　药品价格管制计划…………………………………………… 179
　　　9.2.2　病人获得计划………………………………………………… 181
　　　9.2.3　医疗卫生技术评估…………………………………………… 182
　　　9.2.4　基于价值定价………………………………………………… 184
　9.3　药品价格管制效果……………………………………………………… 185

第10章　法国药品价格管制……………………………………………… 187
　10.1　药品价格管制的制度环境……………………………………………… 187
　　　10.1.1　卫生保健系统的组织………………………………………… 187
　　　10.1.2　医疗服务提供模式…………………………………………… 189
　　　10.1.3　健康保险制度………………………………………………… 192
　10.2　药品价格管制方法……………………………………………………… 200
　　　10.2.1　药品市场概述………………………………………………… 200
　　　10.2.2　医疗价值与医疗经济评价…………………………………… 201
　　　10.2.3　价格谈判……………………………………………………… 202
　　　10.2.4　外部参考定价………………………………………………… 204
　　　10.2.5　内部参考定价………………………………………………… 204
　　　10.2.6　供应链中的定价……………………………………………… 205
　10.3　药品价格管制效果……………………………………………………… 205

第 11 章　加拿大药品价格管制 207

11.1　药品价格管制的制度环境 207
- 11.1.1　卫生保健系统的组织 207
- 11.1.2　医疗服务提供模式 215
- 11.1.3　健康保险制度 217

11.2　药品价格管制方法 222
- 11.2.1　药品市场概述 222
- 11.2.2　专利药定价 224
- 11.2.3　卫生技术评估 226
- 11.2.4　省级药品处方集 227
- 11.2.5　仿制药定价 228

11.3　药品价格管制效果 229

第 12 章　美国药品价格管制 232

12.1　药品价格管制的制度环境 232
- 12.1.1　卫生保健系统的组织 232
- 12.1.2　医疗服务提供模式 237
- 12.1.3　健康保险制度 241

12.2　药品价格管制方法 250
- 12.2.1　价格水平 251
- 12.2.2　医疗保险价格控制 252
- 12.2.3　医疗补助价格控制 253
- 12.2.4　退伍军人事务部的价格控制 253
- 12.2.5　私人医疗保险价格控制 254

12.3　药品价格管制效果 255

第 13 章　日本药品价格管制 256

13.1　药品价格管制的制度环境 256
- 13.1.1　卫生保健系统的组织 256
- 13.1.2　医疗服务提供模式 259
- 13.1.3　健康保险制度 260

13.2 药品价格管制方法 ·········263
　　13.2.1 新药补偿价格设定 ·········264
　　13.2.2 仿制药定价 ·········267
　　13.2.3 目录药品的定价调整 ·········267
13.3 药品价格管制效果 ·········268

第14章 中国药品价格管制 ·········270
14.1 药品价格管制的制度环境 ·········270
　　14.1.1 卫生保健系统的组织 ·········270
　　14.1.2 医疗服务提供模式 ·········273
　　14.1.3 健康保险制度 ·········278
14.2 药品价格管制方法 ·········284
　　14.2.1 药品市场概述 ·········284
　　14.2.2 药品价格管制政策演变 ·········285
　　14.2.3 直接价格控制 ·········287
　　14.2.4 集中招标采购 ·········288
　　14.2.5 零差率 ·········289
　　14.2.6 两票制 ·········290
　　14.2.7 医保药品目录准入谈判 ·········290
14.3 药品价格管制效果 ·········291

第五篇　经验借鉴与启示 ·········**293**

第15章 世界各国药品价格管制经验概括及其对中国的启示 ···293
15.1 发达国家药品价格管制特点 ·········293
　　15.1.1 以管制门诊药品价格为主 ·········294
　　15.1.2 允许医院获得住院药品收入 ·········296
15.2 国外药品价格管制经验对中国的启示 ·········297
　　15.2.1 提升价格透明度 ·········297
　　15.2.2 扩大药品价格管制范围 ·········297

15.2.3 采用参考定价的管制方式 ………………………………… 298
15.2.4 控制药品流通环节加价 …………………………………… 298
15.2.5 药品免税或减税 …………………………………………… 299
15.2.6 提高医生处方绩效 ………………………………………… 299

参考文献 ……………………………………………………………… ***301***

第一篇
为什么管制药品价格

第1章 传统管制理论概观

1.1 竞争性价格机制与资源配置效率

1.1.1 竞争性价格机制

供给与需求是使市场经济运行的力量,它们决定了每种产品的产量及其出售的价格。市场是由某种产品或服务的消费者与生产者组成的群体。消费者作为一个群体决定了一种产品的需求,而生产者作为一个群体决定了一种产品的供给。经济学家用竞争性市场(competitive market)这个术语来描述有许多消费者与生产者并且每一个人对市场价格的影响都微乎其微的市场。一个完全竞争的市场必须具备两个特征:一是可供销售的产品是完全相同的;二是消费者和生产者人数众多,以至于没有任何一个消费者或者生产者可以影响市场价格。在竞争性市场中,产品的供给曲线和需求曲线相交于均衡的价格和数量。在均衡价格时,产品的供给量与需求量恰好相等。均衡价格有时也被称为市场出清价格,因为在这一价格水平下,市场上的每一个人(即消费者和生产者)都得到了满足:消费者买到了他想买的所有东西,而生产者卖出了他想卖的所有东西。均衡价格表现为市场上需求与供给这两种相反的力量共同作用的结果，它是在市场的供求力量自发调节下形成的。

但是，供给与需求并不总是均衡的，当市场价格偏离均衡价格时，市场上会出现需求量与供给量不相等的非均衡的状态。假设市场价格高于均衡价格，产品的供给量超过了需求量。此时存在产品的过剩，即在现行价格下，生产者不能卖出他们想卖的所有产品。过剩有时被称为超额供给的状态。当某种产品市场上存在过剩时，生产者的反应是降低其价格。反过来，价格下降增加了需求量，并减少了供给量。这种变化表现为沿着供给和需求曲线的变动，而不是曲线的移动。价格会持续下降，直到市场达到均衡时为止。假设现在市场价格低于均衡价格，产品的需求量超过了供给量。此时存在产品的短缺，即在现行价格下，需求者不能买到他们想买的所有物品。短缺有时也被称为超额需求的状态。当某种产品的市场上存在短缺时，由于太多的消费者抢购太少的产品，生产者可以抬高自己的价格而又不会降低销售量。价格上升引起需求量减少，供给量增加。这种变化又一次表现为沿着供给和需求曲线的变动，并推动市场走向均衡。

因此，在市场机制的作用下，无论起始价格是太高还是太低，消费者与生产者的活动都会自发地使市场价格向均衡价格移动。一旦市场达到其均衡价格，所有消费者与生产者都得到满足，也就不存在价格上升或下降的压力。市场机制描述的是供给与需求达到均衡（即价格移向市场出清水平）的趋势，这样就既不会存在过度需求的现象，也不存在供给过剩的现象。

1.1.2 资源配置效率

福利经济学（welfare economics）是研究各种经济状态的社会合意性的经济理论的一个分支。这一理论用来区分在什么条件下市场可能运行良好，在什么条件下市场不能产生合意的结果。多数经济学家都有一个标准，称作帕累托效率（Pareto efficiency），这是以经济学家维尔弗雷多·帕累托（Vilfredo Pareto）命名的。如果有人的境况不变差，有人的境况就不会变好，具备这种特征的资源配置就是帕累托有效（Pareto efficient）或帕累托最优（Pareto optimal）。经济学家通常所说的效率就是帕累托效率。

经济学家所考察的效率主要包括三个方面。首先，经济必须实现交换效率（exchange efficiency），即不管生产的是什么产品，都要到评价最高的个人手里。第二，一定存在生产效率（production efficiency）。给定社会资源，如果一种产品的生产不下降，另一种产品的生产就不可能增加。第三，经济必须实现产品组合效率（product mix efficiency），因而生产出来的产品就是个人所需要的产品。这些都是帕累托效率所要求的（罗森和盖亚，2013）。

1. 交换效率

假设在一种非常简单的经济中，只有两个人，消费两种供给固定的产品。唯一的经济问题是把这两种产品配置给这两个人。两个人是甲和乙，两种产品是食物（F）和服装（C）。用埃奇沃思框图（Edgeworth Box）这种分析工具，描绘食物和服装在甲和乙之间的分配。

在图 1.1 中，埃奇沃思框图的长度为 Os，表示经济中现有的食物总数；其高度为 Or，表示服装的总数。甲消费的产品数量由距 O 点的距离表示；乙消费的产品数量由距 O' 点的距离表示。例如在 v 点，甲消费 Ou 数量服装和 Ox 数量食物，乙消费 $O'y$ 数量食物和 $O'w$ 数量服装。因此，埃奇沃思框图内的任意一点，表示食物和服装在甲和乙之间的某种分配。

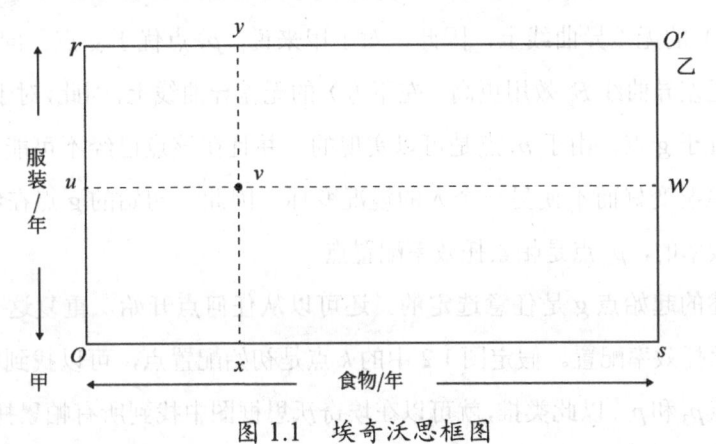

图 1.1 埃奇沃思框图

现在假定，甲和乙各有一组无差异曲线，分别表示他们对食品和服装的偏好。在图1.2中，两组无差异曲线都放入埃奇沃思框图。左下角是甲的偏好图，他的效用随其位置向右上方移动而提高，乙的效用随其位置向左下方移动而提高。假设任意选择食物和服装的某种分配，例如图1.2中的 g 点。A_g 是经过点 g 的甲的无差异曲线，E_g 是乙的无差异曲线。点 g 的分配在经济学上是有效率的吗？

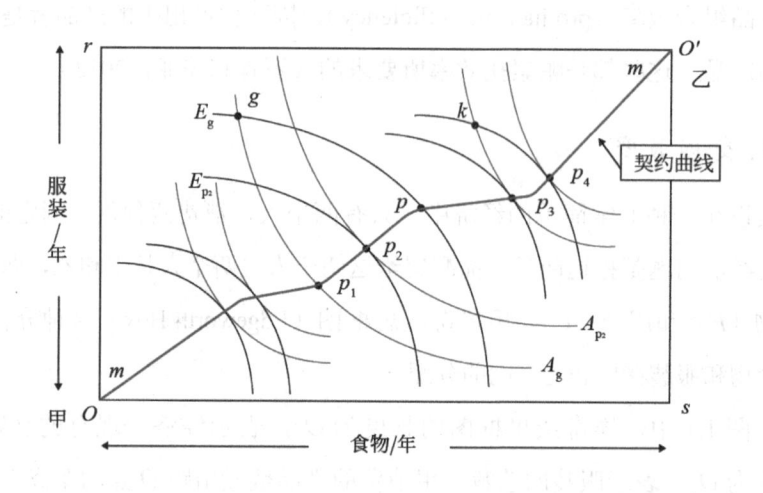

图 1.2　交换效率

这个问题的答案肯定是否定的。考察从 g 点开始，使甲乙两个人的境况都变好的重新配置情况。例如，在 p_2 点，p_2 点位于比无差异曲线 A_g 效用更高（右上方）的无差异曲线上，因此，对于甲来说，p_2 点优于 g 点。同样，p_2 点位于比无差异曲线 E_g 效用更高（左下方）的无差异曲线上，因此，对于乙来说，p_2 点也优于 g 点。由于 p_2 点是可以实现的，并且在该点已经不可能使任何一个人的境况变好而不使另一个人的境况变坏。因此，初始的 g 点在经济学上是没有效率的，p_2 点是帕累托效率配置点。

上述的起始点 g 是任意选定的。还可以从任何点开始，重复这个程序来寻找帕累托效率配置。假定图1.2中的 k 点是初始配置点，可以找到帕累托效率配置点 p_3 和 p_4。以此类推，就可以在埃奇沃思框图中找到所有帕累托效率点。所有帕累托效率点的轨迹称为契约曲线（contract curve），如图1.2中的 mm 线所示。如果某一配置点是帕累托效率的（在 mm 上），它必然是甲和乙的无差异曲线的切点。在切点上，不可能有任何改进能够不使任何人的境况变坏。

2. 生产效率

在描述了两种商品交换中实现有效配置所要求的条件后，现在来考察生产过程中投入品的有效使用。假设生产同样两种产品，食物和服装所需要的两种投入品——劳动和资本的总供给是固定的。然而，现在假定不只是两个人，而是许多消费者都拥有生产投入品（包括劳动），并通过出售它们来获得收入。这种收入反过来就在两种商品之间配置。

在图 1.3 中，继续使用埃奇沃思框图，考察如何配置固定的投入供给，以保证生产效率。埃奇沃思框图代表两种投入的固定供给，纵轴是资本的总供给，横轴是劳动的总供给。从左下角开始衡量食物生产的投入。E 点意味着，生产食物投入的资本数量是 OB，投入的劳动是 OA。反过来意味着剩下的投入用于生产服装。这样，可以从右上角开始衡量生产服装的投入。在 E 点，服装生产投入的资本数量为 $O'B'$，劳动数量为 $O'A'$。

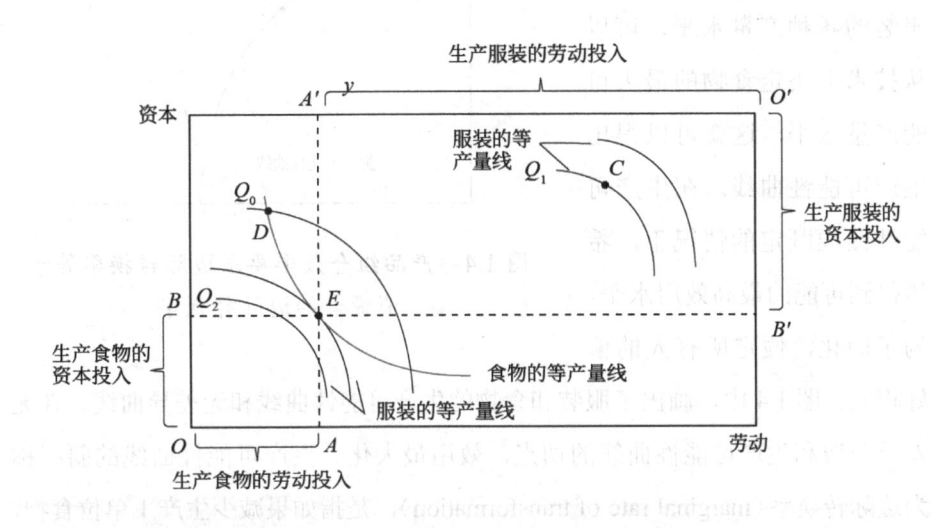

图 1.3 生产效率

将等产量线放入埃奇沃思框图中。Q_0 代表食物的等产量线。用于服装生产的投入数量从 O' 开始。生产效率要求，对于食物生产的任何水平，服装生产都能最大化。向框图的左下方移动，用于服装生产的资源会不断增加，因此，通过那些点的等产量线代表较高水平的服装产量。如果把食物的产量固定在与等产量线 Q_0 所对应的水平上，显然，通过找到与等产量线 Q_0 相切的服装等产量线，服装产量就被最大化。如果食物产量为 Q_0，服装产量为 Q_1（如 C 点），就意味着一些资源没有被利用。如果产量为 Q_0 但不是在 E 点（如在 D 点），就意味着所有资源都可以被利用，但不是有效率的；在 E 点，可以生产同样数量的食物和更多的服装。经济不能在生产超过 Q_1 的服装时，仍然生产 Q_0 的食物；生产 Q_2 的服装会要求生产小于 Q_0 的食物。只有在 E 点，所有资源才可以得到有效利用，生产 Q_0 的食物。在切点上，等产量线的斜率相同，即生产服装的资本对劳动的边际替代率与生产食物的相同。

3. 产品组合效率

要选择食物或服装的最优生产组合，需要考虑技术的可行性与个人偏好。对于服装的各种产量水平，可以从技术上决定食物的最大可能产量水平，这就可以得出生产可能性曲线。在生产可能性曲线既定的情况下，希望得到可能的最高效用水平。为了简化，假定所有人的偏好相同。图1.4中，画出了服装和食物的生产可能性曲线和无差异曲线。在无差异曲线和生产可能性曲线的切点，效用最大化。生产可能性曲线的斜率称为边际转换率（marginal rate of transformation），是指如果减少生产1单位食物，可以多生产多少单位服装。在切点 E，无差异曲线和生产可能性曲线的斜率相同，即服装对食物的边际替代率等于边际转换率。

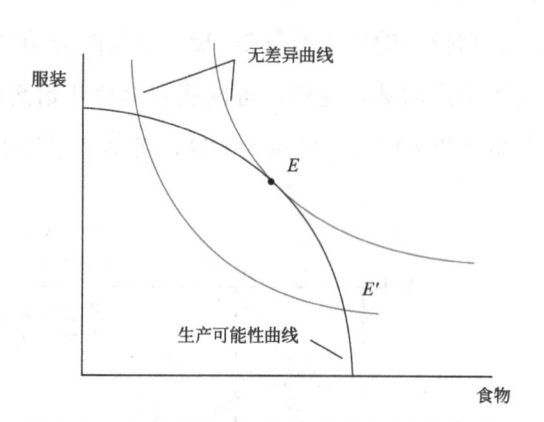

图1.4 产品组合效率要求边际转换率等于消费者的边际替代率

在竞争条件下，边际转换率将等于服装对食物的相对价格。如果通过减少1单位服装产量，企业就能增加食物的产量，比如增加1单位，而且食物的售价高于服装的价格，追求利润最大化的企业显然会扩大食物的生产。由于边际替代率和边际转换率都等于价格比率，所以，边际转换率必须等于消费者的边际替代率。因此，在理想的竞争性市场中，帕累托效率所要求的三个条件都必须得到满足。(1) 交换效率：所有人的任何两种产品之间的边际替代率必须相同；(2) 生产效率：所有企业的任何两种投入之间的边际技术替代率必须相同；(3) 产品组合效率：边际转换率必须等于边际替代率。

1.1.3 福利经济学第一基本定理

在描述了帕累托效率的必要条件之后，需要理解，某一既定的经济是否能实现这种明显的合意状态，取决于对经济运行所做的假设。这些假设包括：(1) 所有生产者和消费者的行为都是完全竞争的，即没有人拥有任何垄断权力；(2) 每一种商品都有市场。在这些假设条件下，福利经济学的第一基本定理认为帕累托效率的资源配置就会出现。这一结论表明，竞争的经济会"自动地"实现有效的资源配置，无须任何集权性指导，即亚当斯密的"看不见的手"的原理的现代版本。这种"看不见的手"的结论通常是作为一种标准，使所有实际世界中的市场运作能够与之进行比较。对某些人来说，"看不见的手"支持较少政府干预的规范论点，其理由是市场是高度竞争的。对另一些人来说，"看不见的手"支持政府扮演更广泛的角色，其理由是需要政府干预来使市场变得更有竞争性。

1.2 垄断定价的福利损失

如果一个厂商是其产品唯一的生产者，而且它的产品没有相近的替代品，那么这个厂商就是一个垄断生产者。由于其他厂商不能进入市场与垄断厂商竞争，所以它能在市场上保持唯一生产者的地位。竞争厂商与垄断厂商之间的关键差别在于垄断厂商影响其产品价格的能力。在完全竞争的市场上，厂商没有影响其产品价格的能力，它接受市场条件所给定的价格，产品的价格等于边际成本。相反，由于垄断厂商是其市场上唯一的生产者，它就可以通过调整向市场供给的产量来改变产品的价格。在垄断市场上，产品价格大于边际成本。

与竞争厂商面临一条水平需求曲线不同，垄断厂商是其市场上的唯一生产者，所以，它的需求曲线就是市场需求曲线，并且向右下方倾斜。市场需求曲线描述了垄断厂商能够获得的价格和产量组合。通过调整产品的供给数量或者收取的价格，垄断厂商可以选择需求曲线上的任意一点。图1.5给出了垄断厂商的需求曲线、边际收益曲线和成本曲线。为了实现利润最大化，垄断厂商将选择使边际收益等于边际成本的产量，然后可以用需求曲线找出使消费者购买该数量的价格（即垄断价格）。

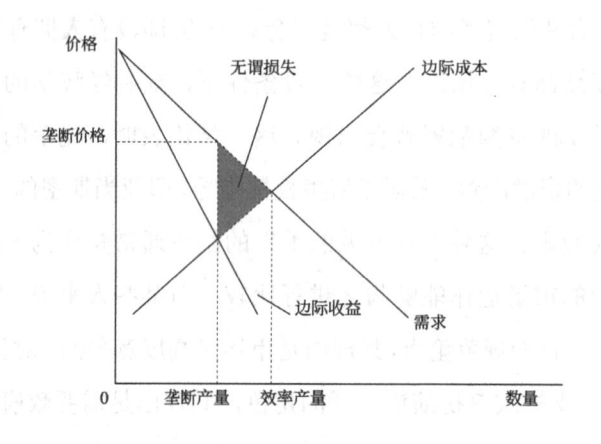

图 1.5 垄断的无效率

下面用福利经济学的工具分析垄断定价给社会福利造成的损失。社会总剩余衡量市场上消费者和生产者的经济福利，它是消费者剩余和生产者剩余之和。消费者剩余是消费者对一种产品的支付意愿减去他们在购买该产品时实际支付的数量之间的差额，生产者剩余是生产者出售一种产品得到的数量减去他们生产该产品的成本。

由于垄断厂商收取高于边际成本的价格，一些潜在消费者对产品的评价高于边际成本，但低于垄断价格。这些消费者就不会购买该产品。因此，垄断厂商供给的产品数量小于社会有效率的产量。需求曲线（消费者的边际支付意愿）与边际成本曲线（垄断生产者的成本）之间的三角形面积代表无谓损失（deadweight loss），这个无谓损失三角形面积等于垄断定价引起的总剩余损失，它是垄断厂商运用其市场势力造成的社会经济福利的减少。

有市场势力的厂商常常采用多种定价策略侵占消费者剩余并将它转化为厂商的额外利润。一种策略是价格歧视（price discrimination），它是指完全相同或有细小差别的产品，在同一时期对不同的顾客以不同的价格出售的厂商行为。价格歧视广义上有一级、二级和三级价格歧视三种形式。

一级价格歧视（first-degree price discrimination）是指垄断厂商向每个消费者收取其愿意为所购买的每单位产品支付的最高价格，这种最高价格被称为消费者的保留价格。在一级价格歧视下，从供给每个增加的单位产品所得到的利润等于需求和边际成本之差。因此，只要需求大于边际成本，厂商就能通过扩大生产而增加利润，直到把总产量扩大到需求等于边际成本的产量。一级价格歧视下的资源配置是有效率的，此时垄断厂商获得了全部的消费者剩余。在现实中，并没有一级价格歧视，因为在一个有许多消费者的市场中，垄断厂商不可能知道每一个消费者的需求价格，即使这些信息是确定的，对每个消费者收取不同的价格也可能是不切实际的。然而，这个模型仍然有用，因为它提供了价格歧视如何将消费者剩余转化为生产者剩余。

二级价格歧视（second-degree price discrimination）是垄断厂商通过对相同产品或服务的不同消费数量或"区段"收取不同的价格。二级价格歧视的一个例子是电力公司的分段定价。实行二级价格歧视的垄断厂商能够增加利润，部分消费者剩余被厂商占有。如果存在规模经济，且平均成本和边际成本都是下降的，此时二级价格歧视通过扩大产量和降低成本能够使消费者的福利增加。

三级价格歧视（third-degree price discrimination）是将消费者分为有不同需求曲线的两组或更多组，对各组消费者收取不同的价格。三级价格歧视要求垄断厂商对价格变化不敏感的消费者收取较高的价格，而对价格变化反应敏感的消费者收取较低的价格，这有利于厂商获得更大的利润。

另一种常见的定价策略是两部收费制（two-part tariff），它是由定额收费和从量收费两部分组成的一种收费体系：一是与使用量无关的按月额或年额支付的"基本费"；二是按使用量支付的"从量费"。两部收费，由于不管使用量多少把固定费的一部分作为"基本费"加以征收，因而有助于厂商经营的稳定。此外,它还具有"以收支平衡为条件实现经济福利的最大化"的性质。因此，现在几乎所有的受管制产业都普遍采用这种收费体系。

如下文所述，在成本递减产业，如果采用边际成本定价，垄断厂商就必然要发生亏损。此外，对这种亏损给以税收补贴，又会发生一系列重大问题。因此，实行附带税收补助的边际成本定价事实上非常困难。两部收费能够使实行边际成本定价产生的亏损由使用者负担，而且能够使边际成本定价条件下的众多使用者更多地使用服务。从经济福利的角度来看，两部收费虽然不如边际成本定价好，却优于平均成本定价。

1.3 自然垄断定价困境与价格管制

当一个厂商能以低于两个或多个厂商的成本为整个市场供给一种产品或服务时，这个行业就存在自然垄断（natural monopoly）。自然垄断常常出现在需要支付较大的沉没成本或固定成本的行业，大部分公共事业，如电力、有线电视和天然气等都是自然垄断。在该行业，沉没成本相对于边际成本较大。因此，如果产量大幅度增加，平均成本就会下降。供水就是一个典型的例子。管道网络是供水的主要成本，一旦管道安装好，向一个使用者供水所增加的额外成本相对来说无足轻重。如果两家或更多厂商在提供这种服务中竞争，每个厂商就都必须支付铺设管道的沉没成本。因此，如果只有一个厂商为整个市场提供服务，水的平均总成本就最低（吉帕·维斯库斯等，2004）。管制自然垄断的价格如图1.6所示。

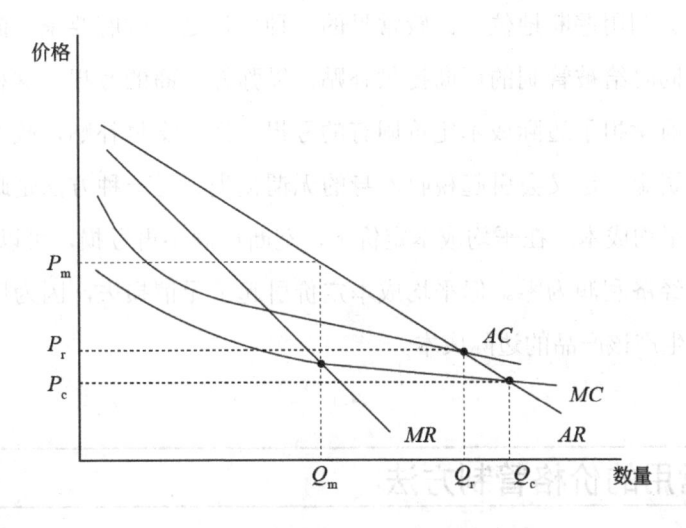

图 1.6 管制自然垄断的价格

图 1.6 显示的是自然垄断的平均成本曲线和需求曲线。随着生产水平的上升，生产的平均成本曲线一直是下降的，从而边际成本总是在平均成本之下。如果政府不施加管制，厂商将在垄断价格 P_m 处生产 Q_m 数量。管制机构更倾向于将厂商的价格压低至完全竞争的价格 P_c，但此时厂商无法赚回平均成本而遭受损失，肯定会退出市场。因此，最好的方法是将价格定在 P_r 处，此时平均成本与需求曲线相交，为厂商的零利润点，且能实现最大的可能产量。如果存在有效的潜在竞争，零利润点正好是自然垄断行业可以运营的点（平狄克和鲁宾菲尔德，2006）。

沉没成本是厂商退出时不能收回的成本，它决定了一个行业内已存在的厂商和还没有进入的厂商之间的基本不对称。潜在的进入者与现有厂商的处境不一样，因为现有厂商已经花费了无法收回的资金。沉没成本作为一种进入障碍，允许现有厂商拥有其他情况下不能使用的一定程度的垄断力量。当存在潜在进入者时，现有厂商会通过降价而不是退出的手段阻碍潜在进入者。由于所有自然垄断都存在巨额的沉没成本，所以政府不能只依靠潜在竞争的威胁。

当自然垄断厂商具有沉没成本时，他们能够利用其垄断地位收取较高价格。解决这一问题的一种方法是让私人部门生产产品，政府管制价格，以保证厂商不会利用垄断地位。比较常见的一种建议是，政府要求厂商按边际成本定价，同时给被管制的厂商提供补贴，以弥补厂商的亏损。这种策略实际上是由政府承担了边际成本定价固有的亏损。为了支付补贴，政府需要通过税收筹集资金，又会引起税收本身的无谓损失。另一种方法是政府使管制价格等于平均成本。在平均成本定价下，垄断厂商不再亏损，可以继续经营，但赚到的经济利润为零。但平均成本定价引起了无谓损失，因为厂商的价格不再反映生产该产品的边际成本。

1.4 常用的价格管制方法

政府解决垄断问题的一种方法是管制垄断厂商的行为。在自然垄断情况下，这种解决方式很常见。政府机构不允许厂商随意定价，而是对它们的价格进行管制。价格管制是指为厂商指定一个特定的价格，或者要求厂商在一定的范围内定价。如果政府认为某一被管制的垄断厂商定价过高，那么它就会为其制定一个最高价格。假如被管制厂商有一些不受管制的竞争者，管制机构就会注意被管制厂商有没有进行掠夺性定价，即通过定价强迫其竞争者退出市场。在这种情况下，管制就既需要制定最低价格，也需要制定最高价格。在大多数情况下，政府为某一产品指定一个单一的价格以及设定整体的价格体系或价格结构等，这些都属于政府价格管制。实际上，价格管制只不过是政府管制部门所采用的一种管制手段。在这种管制模式下，被管制厂商只能按照管制机构根据正常成本加合理报酬得出的总成本计算出来的价格出售其产品，这就使得厂商的利润受到了严格限制。政府管制机构对公用事业的价格管制就是一个很好的例子。

1.4.1 边际成本定价

以实现帕累托效率的资源配置为目的，按照边际成本水平来确定价格的定价形式被称为边际成本定价（marginal cost pricing）。由于边际成本价格形成方式能够实现帕累托效率的资源配置，因此，从规范的角度来看，它是一种最优的定价形式。但是在自然垄断部门，因为存在规模经济，成本随产出量的增大而递减，所以如果在自然垄断部门采用边际成本定价，企业就会出现亏损。此外，在具有竞争机制的受管制产业中，成本一般是递增的，所以如果在这种产业部门采用边际成本定价，就会出现超额利润。自然垄断的边际成本定价如图1.7所示。

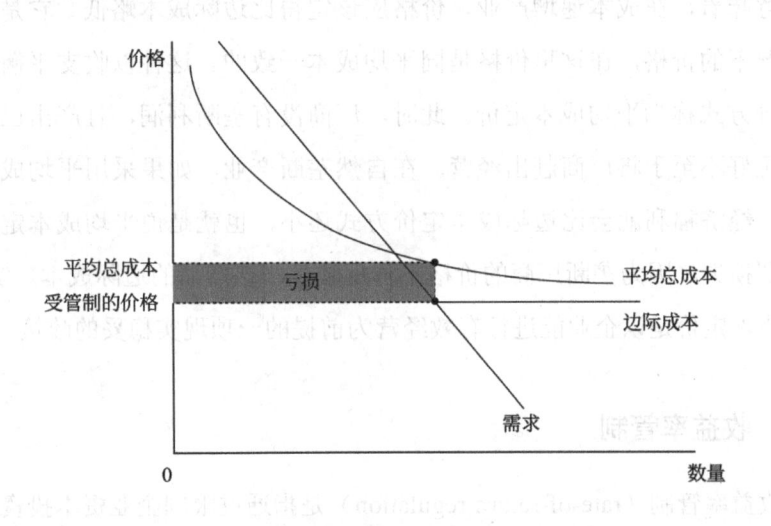

图1.7 自然垄断的边际成本定价

垄断厂商索取的价格一般都高于边际成本，而很多人认为价格应该等于垄断厂商的边际成本。如果价格等于边际成本，消费者就将购买使总剩余最大化的垄断产量，而且，资源配置将是有效的。但是，将边际成本定价作为一种管制制度存在两个现实问题。第一，根据定义，自然垄断下的平均成本是递减的。当平均成本递减时，边际成本小于平均成本。图1.7说明了这种情况，它表明厂商有大量固定成本，而且以后边际成本不变。如果管制机构将价格设定为等于边际成本，价格就将低于厂商的平均成本，从而厂商将亏损。与其收取如此之低的价格，垄断厂商还不如离开该行业。解决这个问题的一种方法是补贴垄断厂商，但此时政府承担了边际成本固有的损失。为了支付补贴，政府需要通过税收筹集资金，这又会引起税收本身的无谓损失。因此，在自然垄断产业采用边际成本定价形式是十分困难的。

1.4.2 平均成本定价

从规范的角度来看，边际成本定价（average cost pricing）形式是最理想的定价方式。但是，它会使自然垄断产业产生亏损，而在成本递增产业，在"初始条件下"，则产生超额利润。因此，为了实现垄断厂商收支平衡，有必要把价格定得比边际成本略高，也就是说，按平均成本水平来确定价格。同时，这还意味着，在成本递增产业，价格应该定得比边际成本略低。它是竞争均衡情况下的价格，在这里价格是同平均成本一致的。这种以收支平衡为条件的定价方式称为平均成本定价。此时，厂商没有垄断利润，且产出已尽可能大到正好不至于将厂商赶出经营。在自然垄断产业，如果采用平均成本定价方式，经济福利就会比边际成本定价方式还小，也就是说平均成本定价引起了无谓损失，因为垄断厂商的价格不再反映生产该产品的边际成本。实际上，平均成本定价是以企业能进行有效经营为前提的一项现实稳妥的政策。

1.4.3 收益率管制

收益率管制（rate-of-return regulation）是指通过限制企业资本投资收益率的方法来使企业的资本获得公平的回报，也称为公平收益率管制。在收益率管制下，管制机构为垄断厂商规定一个接近于"竞争的"或"公平的"资本收益率，它相当于等量的资本在相似技术、相似风险条件下所能得到的平均市场报酬。由于资本收益率被控制在平均水平，这也就在一定程度上控制住了垄断厂商的价格和利润。只要企业的资本投资回报不超过公平收益率，企业就可以自由地选择价格、产量和投入。公平收益率是以通过完全竞争形成的均衡价格中所包含的"正常利润"为基础的概念。如果在整个产业中都实现了完全竞争，那么任何一个企业都不可能获得超额利润，但是却能获得正常利润。收益率管制能够防止垄断企业通过限制产量提高产品或服务的价格。

收益率管制的主要特点为：一是管制对象是企业的资本回报，而不是产品或服务的价格；二是收益率管制是以企业在生产、销售和筹资等方面进行有效率的经营为前提，反过来也包含着激励企业进行有效率的经营的机制；

三是收益率管制存在成本传递机制,企业能把投资成本很容易转移到产品或服务的价格上,与规定的收益率无关;四是收益率是管制机构根据多方面因素估算出来的,收益率的制定在很多情况下是管制机构与被管制企业之间的一种博弈过程;五是被管制企业缺乏节约成本的动力,并且管制机构与被管制企业之间难以准确估计和分摊成本。

15

第 2 章 药品价格管制的理由

2.1 制药产业的技术经济特征

2.1.1 创新药研发成本高昂

作为一个研发密集型产业，制药业的特点在于其研发费用异常高昂，销售额的 17% 投资于研发。2006 年，一种新药的研发成本估计超过了 12 亿美元（DiMasi and Grabowski，2007）。这一数字远高于 20 世纪 90 年代的 3.18 亿美元和 2001 年的 8.02 亿美元。考虑到过去药物研发费用的急剧增长，现在药物的平均研发费用估计可能超过 25 亿美元，但这一数字遭到了一些人的质疑。事实上，基于公开数据的估计表明这个数字更低（Adams and Brantner，2006）。

药品开发既昂贵又费时，而且风险很大，投资回报非常不确定。从首次发现到上市和商业化，这一过程需要 10~15 年的临床前和临床测试。在找到有希望的候选药物之前，要进行广泛的基础研究，试图建立对疾病及其生化过程的了解。一旦确定了一种理论方法，它需要经过广泛和昂贵的临床前和临床试验，失败率非常高。

近几十年来，药物发现已经从随机筛选化学物质发展到基于对生物过程理解的合理药物设计。曾经几乎只有小分子的候选药物，现在包括通常被称为生物制剂的大型复杂分子。一旦候选药物被确定，临床前工作就开始在动物实验对象上进行。如果临床前结果足够有希望，则向监管机构提交研究新药（Investigational New Drug，IND）申请。然后，候选药物在三个阶段的人体临床试验中进行测试，每个阶段的成本都在增加。一期临床试验涉及少量健康患者，以确定安全性和不良反应。如果成功，则启动二期试验。这一阶段包括了更多的参与者，目的是确定除了安全性以外的有效性。三期试验是随机对照试验，通常在多个中心或地点进行。这些试验的时间和费用因疾病的不同而不同，例如，评估癌症治疗的有效性所需的时间要比抗生素多。对于每个阶段，必须事先确定监管机构可接受的临床终点，这并不总是简单明了的。例如，是否应该根据肿瘤的萎缩或生存来判断癌症的治疗？新药试验失败是很常见的，对于大多数疾病领域，一个项目在临床前阶段进入市场的平均概率低于5%。这些测试的结果作为新药申请（New Drug Application, NDA）的一部分提交给食品和药品监管局，作为安全性和有效性的证明。

因此，每一种被批准的新药的高成本反映了临床前试验和人体临床试验的高成本、高失败率和10~15年研发期间的资金机会成本。由于药物开发的高成本，制药产业的成本结构与大多数其他产业有很大的不同。制药公司的成本结构具有三个显著的特点：一是前期研发和其他固定成本非常高，全球研发和商业化成本基本上是沉没的，与推出该药物的国家的实际数量无关；二是相对较低的商品边际成本（制造材料和劳动力）和当地的边际营销成本；三是较高的边际收益，这有助于抵消前期高昂的研发成本以及开发与商业化等其他固定成本。

新药研发不断上升的高昂成本某种程度上反映了大部分国家都存在的从产品研发到制造和营销的广泛管制。这些管制要求新药满足安全、疗效和生产质量等严格标准，作为进入市场的条件。自20世纪30年代以来，管制的最初重点是安全。自20世纪60年代以来，大多数国家还要求预先批准有效性证据，在产品整个生命周期监测生产质量，并管制对医生和消费者的促销和广告。这些要求的经济原理来自这样一个事实：药品收益的风险是不明显的，不同病人的情况不同，并且只能从在大量病人群体的对照研究中得知。收集和评估这类信息是一项公益事业，拥有医学和统计学专业知识的监管机构能够比单个医生或病人更准确、更有效地监测和评估来自临床试验的证据。然而，要求大量关于安全性和有效性的上市前临床试验数据的监管规定增加了企业的研发成本，增加了新药上市的延迟，并可能减少开发的药物数量和竞争程度。检测长期治疗的远期风险或累积风险所需的临床试验的规模和持续时间可能很大。不断上升的研发成本，加上评估信息的新技术，促使最近的一些举措加快审批，并优化整合来自批准前临床试验和批准后观察经验的证据。那些通过管制标准的药物的定价，使公司获得的回报足以覆盖其在药物本身的投资、失败的药物研究项目的成本、推广成本以及未来研发的投资，并仍然为股东带来有吸引力的股息。

2.1.2 严格的专利保护

制药业的第二个重要特点是专利在其中起到关键作用，这是由其高度研究密集性所决定的。自1995年以来，世界贸易组织（WTO）的每个成员国都同意在申请国履行从制药公司申请专利之日起的20年专利期限。专利保护阻碍了对发明产品的竞争性模仿，这种保护对药品尤其重要，因为非生物技术衍生的药品开发成本高昂，而且很容易以低廉的价格被复制。考虑到这些高昂的全球联合研发固定成本和较低的边际生产成本的成本结构，专利经济功能在于使创新药公司能够收取高于边际成本的价格，为技术上和商业上成功的产品提供一段时间的超常利润，这些利润刺激了进一步的投资和发明。因此，专利对于创新药公司收回研发投资至关重要。制药产业严重依赖专利为其创新买单，并为股东提供投资回报。如果没有专利保护，制药公司将不愿意或无法投资超过13亿美元将产品推向市场。然而，专利可能导致药品价格过高是许多国家实施价格管制的理由之一。

相反，仿制药制造商可以以低得多的价格生产仿制药，因为他们不需要参与一个为期10年的高风险开发项目，在这个开发项目中，每1000种产品中可能只有一种能见到商业前景。仿制药公司专注于精确仿制现有药物，并以尽可能低的成本生产。与开发一种新分子的成本相比，仿制一种先前批准的药物的市场准入成本较低。由于最初的分子的安全性和有效性已经确定，因此风险要小得多。在大多数国家，仿制药公司只需要证明其产品与原产品具有生物等效性，并且是安全生产的。如果仿制药的竞争将价格压低到边际成本，那么创新药公司将无法收回药品开发的固定成本和沉没成本，从而不会从事有风险的创新活动。因此，成本结构和事后模仿的容易程度也解释了为什么制药产业的专利保护比其他任何产业都重要（Cohen et al., 2000）。

对于专利过期后的仿制药进入者的监管标准是一个有争议的问题，即使是传统的化学化合物。更为复杂且尚未由监管机构解决的是批准"生物仿制药（biogenerics）"的条件，即大分子生物技术产品的替代版本，如蛋白质、单克隆抗体等。随着这些昂贵生物制剂的数量和使用的扩大，人们也开始关注建立低成本的监管途径，以便在没有全面临床试验的情况下批准仿制生物制剂，以刺激专利过期后的价格竞争。

在大多数国家，一个分子的理论专利寿命是20年。然而，从首次销售到专利到期，真正有效的专利寿命通常不超过10年，因为有效性和安全性的证据需求占用了其受保护的生命周期的很大一部分。在美国和欧洲，通过专利和相关的排他性法律（如美国的《药品价格竞争与专利期补偿法案》，又称为《哈奇－韦克斯曼法案》），通常可以保证产品上市后至少10年的市场排他性。因此，为新产品设定一个合理但足够的价格对制药公司的生存至关重要。如果定价过低，投资回报不足以为持续经营提供资金；如果定价过高，客户可能会决定不使用新产品，导致公司同样的财务问题。药品的全球性也引发了关于发展中国家和跨国最优专利制度的争议性问题。世贸组织的《与贸易有关的知识产权协定》（TRIPS）要求所有成员国承认20年的产品专利。然而，针对专利会使低收入国家负担不起药品的担忧，《与贸易有关的知识产权协定》允许成员国在出现"国家紧急情况"时颁发强制许可证。

2.1.3 药品费用的第三方支付

制药业的第三个特点是社会和私人健康保险在其中扮演着主导角色，通过第三方支付进行结算。在大多数卫生保健系统中，全面的药品覆盖往往被排除在健康保险系统福利之外。许多健康保险主要集中在减少灾难性的医疗保健支出，特别是与住院有关的支出。然而，考虑到高昂的自付药品费用，不覆盖或有限覆盖药品的保险计划可能会导致因药品支出过高而造成贫困。世界卫生调查数据显示，在中低收入国家，约有一半（41%~56%）的家庭将所有卫生保健支出用于药品。来自高收入国家的证据表明，较高的自付药品费用会导致较低的药品使用率和较差的健康结果。在中低收入国家，通过保险覆盖减少或消除自付药品费用可以扩大药品可及性、改善健康结果和提高对卫生保健系统的满意度。事实上，研究表明，消费者更看重包括药品在内的保险计划，这些保险计划可以补贴个人在药品上的支出，并保护他们免受高额自付费用的风险。

很多国家都认识到普通病人的药物成本与其支付能力之间的差距，努力在药品融资方面实现一定程度的公平。因此，它们普遍采取了涉及第三方付款人的卫生筹资政策，旨在确保病人能够获得自身所需的药物，尽管社会和个人之间的财务负担的实际分摊可能有所不同。作为药品费用的第三方付款人，保险公司和公共机构占药品支出的大部分，特别是医院配发的药品和只能凭处方获得的药品。由于在补贴药品使用方面表现突出，因此，保险计划在影响药品支出、价格水平和消费模式方面发挥着非常重要的作用。经合组织（OECD）国家的药品保险范围一般包括在医院配发的药品和医生处方的药品，但住院和院外处方药的保险范围通常不同。在大多数保险计划中，住院期间提供的药品包括在住院总费用中。有些保险计划还包括医生开的某些非处方药，也可能包括在某些情况下自我用药（无须开处方使用的非处方药物）。

大多数经合组织国家都有一个共同计划，作为该国居民处方药保险的主要形式。即使这种计划涉及多个付款人，如瑞士和斯洛伐克共和国的情况，它们在本质上也是共同的保险计划，因为提供的药品保险水平和支付的补偿价格很少允许或不允许有变化。在其中一些国家，一部分人口购买私人健康保险，通过补贴基本保险计划中不包括的药品（如瑞士）来补充现有的保险覆盖范围，并覆盖部分或全部原本需要自付的费用分摊（如澳大利亚、法国和葡萄牙）。在这些国家，私人健康保险为药品提供资金的程度各不相同。

一些国家具有多种形式的基本处方药保险，而不是单一的普遍保险计划，例如美国和加拿大，这两个国家都有相互竞争的私人健康保险计划，并为符合条件的人口群体提供公共资助的保险。墨西哥有几个不同的、互不竞争的社会保险计划，覆盖了大约一半的人口。德国的社会保险计划覆盖了大约90%的居民，剩下的10%选择退出社会保险，使用包括药品和其他卫生保健服务的私人健康保险。在这些国家，私人健康保险为药品提供资金的程度存在相当大的差异。

2.2　卫生服务领域的信息问题

微观经济学基础理论通常假设所分析的市场是信息充分的。在信息充分的条件下，所有消费者和生产者对市场上任何产品或服务的价格和质量都拥有完全信息，消费者对产品的了解程度与生产者一样。根据消费者可以获得的有关产品质量的信息的性质和时间，经济理论将产品分为搜寻品（search goods）、经验品（experience goods）和信任品（credence goods）三种类型。搜寻品的质量可以在购买前确定，经验品的质量只能通过使用来了解，而信任品的质量不能通过正常的手段来评估，评估信任品的价值需要额外的昂贵信息。耐用机器的修理或人体的修复就是典型的例子，因为大多数消费者对它们的复杂性和特性非常不熟悉。因此，提供者提高经验品和信任品的质量的动机可能有限，由此产生的质量可能效率低下。

卫生服务领域的信息问题远比消费者在其他领域碰到的严重。病人可以重复购买一些卫生保健服务（如口腔保健），并能容易地评估其他服务（如痤疮治疗）的结果。对于这些服务，低质量的提供者可能不得不降低价格或被逐出市场。但是，接受心脏搭桥手术或关节置换等复杂治疗的病人可能会发现评估质量要困难得多。还有一些服务，患者可能永远不知道他们的提供者是否做得很好，例如疾病预防和心理健康。当病人不能很容易地评估质量时，可能需要第三方通过汇集许多病人的结果来证明质量。药品可能被认为是经验品或信任品，消费者对质量的了解比生产者少。病人通常不能仅通过检查就确定药片是否安全有效，有时甚至在服用后也不能确定。正如经济学中众所周知的那样，这种信息不对称会导致阿克洛夫（Akerlof, 1970）所描述的柠檬问题（lemons problem），即产品的质量下降到低效水平。解决这种市场失灵的方法是，向可信赖的第三方提供有关产品质量的信息，或在药品方面，通过政府机关的管制批准程序。

事实上，在生产和消费同时发生的服务领域，对产品质量的完全了解通常是不可能的。在作出购买决定之前，各种报价无法被检查和比较。在这方面，卫生服务并不是唯一的，理发店、银行（投资建议）、餐馆和艺术表演等服务的质量信息也不完全。然而，有三个额外的特征可以将卫生服务与大多数其他服务区分开来。

（1）缺乏抽样机会。理发师或旅店老板的工作质量可以通过反复试验来体验，以及在一定限度内，也可以依靠已经试验过的其他人的判断来体验。相比之下，卫生服务，特别是对危及生命的疾病至关重要的医疗服务，往往一生只使用一次，导致缺乏评估经验。此外，其他人的经验也没有多大帮助，因为健康问题从来没有完全可比性，而治疗过程包含一个强烈的医生—病人个体成分。这种相互作用的重要性也使得对质量的客观评价（如通过检测机构）变得困难，这与人们不常购买的其他商品（如洗衣机）形成了对比。

（2）因果关系不明确。由于治疗和健康状况变化之间的因果关系可能被其他生物过程（如身体的自愈能力）所模糊，因此，即使在利用了卫生服务之后，也常常不能正确地判断卫生服务的质量。因此，卫生产品往往是质量很少被了解到的信任品（Darby and Karni，1973），而不是质量可以在使用前或使用后确定的搜寻品和经验品（Nelson，1970）。

（3）不对称信息（asymmetric information）。在卫生服务市场上，信息不仅是不充分的，而且是不对称的。信息的水平在交易的参与者之间是有差别的，正如在很多交易中医生和病人之间存在信息差别一样。在通常情况下，与医生相比，病人对他的状况、可能的治疗方法和预期结果等方面的了解是不充分的。缺乏信息使得消费者有时只能依靠医生作出决定，从而形成一种特殊的委托即代理关系。

在医患关系中，病人（委托人）会将权利授予医生（代理人），后者在很多情况下也是被推荐的服务的提供者。权利委托的动机在于，委托人认识到，相对而言，他们对于大多数合理的决定并不知情，而解决这种缺陷的最好办法就是找一个知情的代理人。提供者（代理人）既提供诊疗信息又提供卫生服务，这就有产生利益冲突的可能性。当委托人和代理人的利益存在分歧时，不完美代理人就会关注自己的利益而非病人的利益，容易产生道德风险（moral hazard）问题。例如，纽豪斯（Newhouse，2002）指出，由于消费者信息不足和经济激励不够产生了卫生保健的"质量裂痕（quality chasm）"的问题。

委托人的问题在于确定和保证代理人的行为符合委托人的最大利益。为了应对卫生服务市场的信息不对称，一些补充性制度安排被创造出来以帮助病人去监督提供方的价格和质量，这些措施包括许可证、行医执照、认证、医疗事故诉讼的威胁、医患关系和伦理约束，以及存在掌握充分信息的消费者的作用。病人和医生之间的持续性关系为病人提供了日益增长的信息，使其可以长期依赖此医生。这些信息可以防止医生背离作为代理人的责任，同时鼓励医生当他无力独立提供某项服务时应向其他提供者做合理的转诊。持续性关系降低了病人向医生传递他的病史、现状和偏好的成本。如果病人和医生转向短期契约，医生会依据一个不同原则获得补偿，这将破坏通常的医患关系的那些优点（舍曼·富兰德等，2010）。

2.3 健康保险制度与第三方支付

2.3.1 健康保险

对每个人而言，疾病的发生都是不可避免的，也是不可预测的，具有较大的不确定性。治疗疾病会花费一大笔钱，可能引发严重的经济困难，甚至会给家庭造成毁灭性的打击。如果没有经济援助的话，病人很可能由于负担不起过高的医药费用而不得不放弃治疗。为应对疾病可能引发的财富损失风险，人们常常通过获得健康保险来保护自己免受患病损失。由于有了健康保险，一些国家的居民并不直接支付他们所获得的卫生保健的全部费用。相反，卫生保健费用可以通过共付保险和保险金而间接地得到补偿。虽然保险金并不总是由雇主支付，但雇主通常都会为其雇员购买保险。

健康保险是一种将潜在的医疗费用风险分散到一群个人或家庭的机制，其目标是保护个人在发生严重疾病时免受灾难性的经济损失。因此，保险将支付疾病的负担分摊给该计划的所有参与者,无论他们是生病还是健康、贫穷还是富有。就其性质而言,保险计划充当了融资代理人的角色:它们从雇主、家庭和政府那里获得资金,并用这些资金为受益人购买医疗保健。因此,保险计划的主要组成部分是收集收入,集中资金和风险,以及购买优质商品和服务。

原则上,当保险所针对的事件在很大程度上是不可预测的、不常见的、昂贵的、不需要的和被保险人无法控制的时候,通过保险分担风险是最值得的。给房子投保火险就是一个很好的例子。这种事件不太可能发生,也无法预测,但如果发生,代价将非常高昂。许多人准备定期支付终身保险费,以便在他们希望永远不会发生的灾难面前获得内心的平静。将这种传统的保险观点应用于医疗保健存在一些困难:人们可以控制使用的某些方面;有些服务成本较低;有些疾病是经常或持续出现的(例如慢性病所需的药物);在某些情况下,疾病是难以定义的;人们有时想要承担风险(例如怀孕);保险的存在增加了服务的使用。尽管存在这些困难,但通过保险分担风险的概念在卫生部门已得到高度发展。

管理良好的保险计划的主要目标是减少发生严重疾病时的灾难性经济损失,并保证获得必要但昂贵的卫生服务所需的资金或渠道。健康保险通过平衡家庭健康支出来提供这种财务保护。此外,健康保险计划内的采购、支付和监测机制有助于有效利用资源和提高护理质量。例如:

(1)通过消除财务障碍和鼓励卫生服务提供者为覆盖人群服务,可以改善卫生服务的可及性和可负担性。

(2)如果高收入人群比低收入人群贡献更多,并且相对健康的人补贴那些消耗更多系统资源和相对生病的人(风险分担),则可以改善公平。

(3)如果在制度中加入鼓励适当使用资源的激励措施,则可以提高效率。

(4)如果系统的结构是奖励提供高质量服务的提供者,惩罚那些不提供高质量服务的提供者,那么质量可以得到改善。

健康保险主要有四种模式,分别是社会或公共健康保险(social or public

health insurance）、私人健康保险（private health insurance）、基于社区的健康保险（community-based health insurance）和健康或医疗储蓄账户（health or medical savings accounts）。社会或公共健康保险计划是一项强制性保险计划，其资金来源是雇主或雇员的薪金或工资（Pan，Xu and Meng，2016）。交叉补贴发生在高、低风险群体和高、低收入群体之间，管理通常在一定程度上独立于政府。社会健康保险计划在世界不同地区已经存在了一段时间，特别是在西欧，德国于 1883 年启动了该计划。私人健康保险也称为私人赔偿保险（private indemnity insurance），通常由雇主、互助协会、合作社或个人自愿缴纳。在高收入国家，私人健康保险取代或补充公共保险。荷兰有某种私人健康保险覆盖的人口比例最高，而美国和乌拉圭是私人健康保险支出相对于卫生总支出最高的国家。基于社区的健康保险是一种自愿性的健康保险，保费由参保成员自付，资金池在一个确定的社区内产生。在亚洲、非洲和拉丁美洲的许多国家，基于社区的健康保险已经为农村人口、非正规就业群体或无法获得其他健康保险的其他人制定了基于风险和资金集中概念的预付计划。这种保险计划以社区关系为基础，社区高度参与保险系统的管理。

作为一种卫生保健费用预付筹资制度，健康保险通过向共同基金中存入保险费或税款的方式支付保险单或法律中规定的全部或部分卫生保健服务。健康保险不同于现金支付，现金支付既不能分担风险，也不能预付卫生保健费用。相反，健康储蓄账户不是一种保险形式，它通常通过提供税收优惠或补贴来鼓励个人为卫生保健的预期成本储蓄，争取帮助卫生保健消费者控制成本，并为卫生系统调动额外的资金。它是限制较少的个人医疗储蓄账户，由雇员所有，该账户的资金可以用于个人直接支付费用或用于将来的卫生保健需要。尽管健康储蓄账户常常附带一项保险计划，但健康储蓄账户只提供预付费用。只有新加坡、中国和美国等少数国家采用健康储蓄账户的概念。因此，健康保险的关键要素是预付款或保费或税收、资金池以及在不进行收入或资产测试的情况下根据缴款或就业情况获得福利的资格。福利可包括获得某些卫生保健服务的权利或对被保险人特定卫生保健费用的补偿，有时还可包括因生病或产假而失去工作时间的收入。

健康保险计划（health insurance programs）是将不同人群的风险集中在一起，并通过个人、雇主、非政府组织或政府缴纳的保险费，为其确定的成员群体（可能包括受抚养人）支付部分或全部卫生保健费用。健康保险计划所覆盖的服务和商品差别很大。一项保险计划的主要目标应该是通过为有效和高效率的卫生保健提供资金，维持和改善其成员的健康。承保人需要有效和公平地平衡各种竞争性目标，如产生足够的收入，根据成员的需求分配适当的资源以最大限度地实现健康结果，以及以系统和成员负担得起的成本提供高质量的、及时的服务。

许多国家将发起或促进一种或多种保险计划视为解决卫生筹资问题和实现全民医疗保健覆盖的一种方式。健康保险之所以对政府有吸引力，是因为它承担了全部的财政负担，并将医疗保险的总成本分摊给各个合作伙伴。然而，当政府考虑建立健康保险时，它们需要意识到实施的现实，所涉及问题的复杂性往往很难被理解。没有一种被广泛接受的全民健康保险模式会被所有社会所接受，而如何在资源贫乏的环境中发展一种最好的全民健康保险模式仍然是一个相当有争议的问题。

任何健康保险模式可能包括也可能不包括药品。一些保险计划将药品作为综合护理一揽子计划的一部分，另一些保险计划单独赔偿药品，还有一些保险计划根本不包括药品。然而，强有力的论据支持将药物纳入保险计划，因为正确使用药物可以帮助预防严重疾病和死亡，并且因为药品在世界各国的自付支出中占如此大的份额。

药品健康保险为减轻疾病和贫困负担提供了巨大的潜力。利用其作为大规模购买者的权力，具有药品福利的健康保险计划可以扩大弱势群体以可承受的价格获得药品的机会，并强制临床医生更好地开处方，让消费者更经济地使用药品。此外，精心设计的以保险为基础的药品融资既可扩展又可持续。

部分原因是由于普遍存在的"道德风险"（在这种情况下指的是保险计划的成员比没有保险的成员更频繁地使用服务或药物），管理良好的健康保险计划——无论是公共的还是私人的，强制性的还是自愿的——总是在寻找有效管理成本的方法。公共和私人保险计划通过与支付、管理、处方模式、配药实践和使用有关的措施来控制药品支出。因此，这些项目会对处方的质量产生深远的影响，因为它会使报销取决于是否遵守治疗指南或限制处方。最终，成本控制措施的目标应是使基本药物的获取和合理使用达到最佳状态，因为基本药物仍然是保健的一个极具成本效益的组成部分，特别是对弱势群体而言。

2.3.2 健康保险的第三方支付

大多数国家都建立了主要由私人健康保险和公共健康保险组成的健康保险制度。在私人筹资系统中，一般通过支付保险金来提供承保范围；而在公共保险中，则是通过税收的方式。因此，在大多数卫生保健系统中，病人并不直接支付他们的卫生保健支出，而是由私人保险公司或政府机构等第三方付款人（third-party payer）间接地支付大部分费用，而病人本人只直接支付很小的一部分支出。其中由病人支付的那部分费用有时被称为共付保险。第三方支付（third-party payment）可以被定义为一种索赔付款模式，在这种模式下，投保的病人无须支付保险计划所涵盖的卫生保健费用。

第三方付款人在卫生保健系统中的作用主要表现在以下三个方面。

首先，从个人消费者的角度看，医疗费用的时间和数额是不确定的，私人健康保险公司或政府等第三方付款人在卫生保健市场上发挥着重要作用。第三方付款人通常充当消费者和卫生保健生产者之间的中介，并且把监测卫生保健提供者的行为作为控制卫生费用的一种手段。此外，第三方付款人负责管理与卫生服务购买有关的财务风险。与个人消费者相比，第三方付款人面临的风险要低得多，因为他们可以通过大规模运营将风险集中在不同的用户身上。大数定律表明，尽管单个事件可能是随机的，而且在很大程度上是不可预测的，但在一个庞大的群体中，可以相当准确地预测许多类似事件的平均结果。例如，一个人很难预测自己是否会患心脏病。然而，保险公司可以根据过去所涉及的大量个体经验，对心脏病发作率有合理的把握。第三方付款人可以使用职业和人口统计平均值等指标来预测大量个人的预期医疗索赔。规避风险的消费者可以预先向保险公司支付一定的费用，以预防意外的医疗事件，而不必面对支付一些未知医疗费用的可能性。从本质上说，消费者从第三方付款人提供的财务安全中获得净收益。

其次，第三方支付使得卫生保健系统更加复杂，因为第三方融资的来源和补偿方法必须纳入卫生保健系统模型。如果第三方付款人是一家私人健康保险公司，消费者支付保费以换取分配的健康保险覆盖范围。作为健康保险计划的一部分，消费者可能要负责支付可扣除的部分以及共同支付或共同保险。扣除条款要求消费者支付第一个 X 美元的医疗费用，之后由保险公司负责补偿。有了共付保险（coinsurance）条款，消费者每次接受卫生服务都要支付固定比例的费用，共同支付（copayment）是指每次服务的固定金额。当政府机构（或公共健康保险公司）充当第三方付款人时，健康保险的资金通常来自税收。保费和税金在处理风险的方式和支付的自愿性质上有所不同。保险费是自愿支付的，通常取决于健康保险购买者的风险类别。而纳税是强制性的，它不涉及风险类别的单一费用。

最后，同其他保险类似，卫生保健的第三方支付容易产生道德风险，这种"道德风险"会造成卫生支出过度膨胀。因为在第三方支付的情况下，无论是病人还是卫生服务提供者（医院和医生），他们都没有控制医疗费用的动机。对于病人来说，在完全免费或者边际成本很小的条件下，病人具有较低的价格敏感性。为最大化其自身的效用，他们对卫生服务的消费将达到边际效用为零的数量。同样，卫生服务提供者也倾向于提供过多的服务，至少在按服务收费（fee-for-service）补偿的情况下是这样的。这就导致卫生服务的过度使用，从而大大增加了健康保险的支出。

2.4 药品价格管制的争论及其理由

同其他保险一样，药品健康保险第三方支付往往会让消费者对药品价格和费用漠不关心，并且产生道德风险问题，鼓励病人过度使用和使用不必要的昂贵药品（Danzon and Keuffelb, 2007）。作为医疗服务的提供者和病人的代理人，医生也倾向于提供过多的医疗服务，至少在按服务付费的情况下是这样，从而大大增加了社会健康保险的药品支出。因此，药品价格管制的基本原理是，政府在资助社会健康保险计划中承担的第三方付款人责任，目的是限制公共药品支出。自20世纪80年代以来，在大多数国家，政府经营的卫生系统对制造商价格或补偿进行管制，对资本回报率、药品支出总额或公司收入进行限制。例如，日本有一个单一的收费计划，规定了包括药品在内的所有医疗服务的费用。与这种认为药品价格管制基本上是控制供应商道德风险的保险策略的观点一致，大多数国家只有在药品由公共卫生计划补偿时才实行价格管制。一旦满足了注册要求，制药公司就可以自由地以不受管制的价格销售药品。只有当公司寻求将其产品由公共保险补偿时，其价格才必须得到价格监管机构的批准，这证实了药品的价格管制最好被视为对保险的回应。在欧洲，约75%的药品支出是公共的，所以，各国政府采用更严格的价格管制来应对由价格波动造成的预算压力（Carone et al., 2012；Panos et al., 2010；OECD, 2011）。

  药品价格管制引发的减少药品支出和促进药品创新的权衡问题是国外学术界争论的焦点之一。一些研究发现，价格管制似乎与较低的价格相关。例如，美国商务部的一项研究审查了11个经合组织国家的定价，发现在美国（监管最少的市场之一）最畅销的专利药物在其他经合组织国家的价格比美国低18%~67%。他们得出结论，在这11个国家解除价格管制将使制药收入增加25%~38%（美国商务部，2004）。同样，Ekelund和Persson（2003）发现，与监管较少的美国市场相比，所有类别的新药价格在受监管的瑞典市场下降得更快。另一项研究，Martikainen、Kivi和Linnosmaa（2005）发现，在制造商可以自由定价的国家，新推出的可报销药品的整体销售价格最高。最后，Danzon和Chao（2000）发现，严格的价格管制与广泛认可的分子价格之间存在负相关关系。Pollard等（2004）学者的研究也证实，控制药品价格能够明显降低医疗费用。一些研究认为，实行严格价格管制的国家（法国、意大利、西班牙）的药品价格低于较少管制的国家（德国、瑞典、英国）。虽然基本的理论假设是直观的，但这些研究由于依赖于收入或价格的横截面变化而受到限制。它们仍然容易受到各国监管类型和其他价格决定因素的异质性的影响。

有一些研究通过分析纵向数据和比较政策生效前后的药品支出来解决异质性问题。例如，Pavcnik（2002）估计，由于1989年后德国引入的参考定价政策，药品价格下降了10%~26%。同样，Brekke、Grasdal 和 Holmas（2009）估计，挪威引入参考定价降低了参考组内的品牌和仿制药价格，对品牌的影响更大。Pekurinen 和 Häkkinen（2005）认为，自愿仿制药替代和处方政策对芬兰的支出没有影响，但强制仿制药替代降低了价格，并在引入后的第一年节省了成本。Sood 等人（2009）利用1992—2004年期间19个经合组织国家各种药品管制的变化。他们发现，大多数管制大大减少了医药收入，价格管制的成本降低效应自实施以来随着时间的推移而积累。此外，如果各国为应对不断增长的药品支出而实施管制，那么所有或大多数这些研究都可能低估了管制的真正效果。

价格管制的使用，无论采取何种形式，都是一些有争议的主题。反对者认为，政府的价格管制政策对药品的需求、竞争的性质（从而对盈利能力）、对研发的激励以及新药的供应都有重大影响。一种创新药物获得专利，并不意味着它在市场上具有绝对的垄断地位。虽然专利在保护期限内授予特定化合物的排他性，然而，就药物而言，通常有多种化合物可以治疗同一种疾病，一种化合物的专利并不能阻止其他化合物在治疗相同疾病方面的竞争。在实践中存在大量的专利间竞争，因为竞争者围绕专利药物进行设计。换句话说，一旦一种药物获得专利，它就会被公布，让其他人了解该药物是如何起作用的。有了这些知识，通常就有可能创造出一种更有效但又不侵犯现有专利的改良型新药。围绕专利设计会导致竞争，甚至是与专利药物的竞争。竞争导致价格下降，并促进创新。因此，专利药品绝对垄断的概念是一种误解，并不能为价格控制提供支持。

价格管制规避了专利保护提供的经济激励，在很大程度上限制了专利的价值及其提供的利益。Danzon 和 Chao（2000）的研究认为，欧盟药品专利弱化的结果是抬高了美国药品价格，降低了药品创新。药品价格管制的一个直接后果是，价格向美国消费者转移。如果一个市场的价格被人为压低，制造商就会在另一个市场尽可能地提高价格，以弥补其损失。这导致药品制造商在美国市场提高价格，以弥补他们在欧盟遭受的损失。世界范围内的药品价格放松管制每年将为美国消费者节省49亿～70亿美元。目前在美国，专利药的价格几乎高得让人望而却步，特别是对那些没有保险的人来说，这种高成本在很大程度上是由于欧盟公民没有为他们的药品支付公平的价格。

价格管制的另一个直接结果是，研发资金的大幅减少限制了创新。严格的监管可能会对开发新的更好的产品的动机产生不利影响，因为创新药公司将新药推向市场所需的投资没有得到充分的补偿。制药公司将绝大部分利润再投资于研发，这笔钱将用来雇佣更多的人去寻找下一个重要的东西，如抗癌药物、艾滋病疫苗、糖尿病治疗等。制药业研发支出的生产率急剧下降通常被视为证据。2003年，制药公司在全球范围内的研发投资超过330亿美元，而十年前仅为130亿美元，但美国食品和药物管理局（FDA）批准的新分子实体（NMEs）数量从1996年的53个下降到2010年的26个（PhRMA，2011）。据估计，价格控制每年将使制药行业的研发投资减少50亿～80亿美元。如果没有这些控制，制药行业每年至少可以推出3～4种新药。目前每年大约有30种新药获得批准，这意味着每年药物创新可能会增加10%～13.3%。在对药物上市的分析中，Danzon等人调查了1994—1998年期间25个国家85种重要新药的上市和推迟上市的数量，美国以73次上市位居所有国家之首（Danzon et al.，2005）。更高的预期价格和更大的市场规模增加了上市药品的数量，并减少了上市延迟。关于价格管制对研发投资、创新、新药获取和可得性延迟的不利影响，现有文献是比较明确的。

虽然关于价格管制对药品收入影响的证据相当丰富和令人信服，但关于价格管制对药品创新影响的证据并不充分。Pammolli等人（2011）对1990年以来制药行业生产率的下降进行了实证研究，认为价格机制可能是导致这种下降的原因。更高的药品价格和更大的潜在市场应该刺激研发，从而促进创新速度。Vernon（2005）考察了在美国市场销售比例较大的公司是否在药物研发方面投入更多。其论点是，在美国销售份额较大的公司受价格监管的影响较小，因为大多数其他主要制药市场都有某种形式的价格监管。Pollard等（2004）学者的研究也证实，从控制药品价格长期来看，将减少新药进入市场

31

的数量。有很多实证研究表明，价格管制对制药企业的药品研发投资具有负效应，将减少药品的创新（Morton，2001；Vernon，2003；2005；Danzon，Wang and Wang，2005；Lanjouw，2005；Santerre and Vernon，2006；Kyle，2006；2007）。这些实证结果与价格管制减少药品研发的假设一致。然而，不专注于创新的公司也可能倾向于在非美国市场开展业务。

2.5 关于药品价格管制的理论基础的一个扩展性说明

世界医药市场分为几大类，其特点是市场竞争程度不同。在承认专利的国家，获得专利的创新药品（原研品牌，original brands）在专利有效期内受到保护，免受竞争。合法的竞争仅限于治疗上等效（therapeutically equivalent）（用于治疗相同临床适应症）但与原研品牌具有不同成分或不同制造工艺的药物。另一个极端是被称为仿制药的药品。一般来说，仿制药是原研品牌产品的化学等效物，通常没有原研公司的许可证就可以生产。这一大类包括专利或其他专有权已过期的药品、从未获得专利的药品，以及在该药品未获得专利或已授予强制许可的国家获得专利的药品的复制品。仿制专利产品的合法性取决于制造国的专利立法。

仿制药通常以其通用名称销售，可能由许多公司生产和销售。这个市场价格竞争激烈，因为买家可以在几种化学成分相同的药品中进行选择。在制造方面，原研公司和仿制药制造商之间的区别往往是模糊的。在某些情况下，主要的研究型国际公司有生产仿制药的子公司，生产"品牌仿制药"（branded generics）。对于一些药物，这些产品占世界仿制药市场的很大份额。

不同药品类别之间的竞争水平对于理解药品定价策略很重要，三个主要产品类别是专利药（patented drugs）、仿制药（generic drugs）和品牌非专利药（branded off patented drugs）。其中专利药物组可以进一步分类为：（1）获得专利的创新基本药物（patented, innovative, essential drugs），该类药物没有替代品或干预措施可以提供相同的治疗结果，有时被称为单一来源（single-source）

药物（如用于治疗乳腺癌的赫赛汀）；(2) 受专利保护的新药，但这类药物有替代疗法可用（如治疗流感的达菲）。理解这两种类型之间的区别很重要，因为它反映了卖方掌握的市场势力程度和需求的价格弹性。对被认为是必需的单一来源药物的需求可能缺乏弹性，再加上专利保护，与可获得替代疗法的情况相比，卖方处于强大的市场地位。最近的一个例子是乳腺癌药物赫赛汀。由于目前还没有这种药物的替代品，制造商在知道病人及其保险公司（包括政府）将承受巨大的支付压力的情况下，设定了非常高的价格。这是由于专利保护导致单一来源产品价格缺乏弹性的典型例子。

专利对市场的影响源于不同程度上在专利有效期内授予的垄断权，这些权利允许垄断者收取比在更激烈的竞争条件下可能收取的更高的价格，但垄断者的定价权并不是无限制的。例如，国家可以通过制定价格法规，形成代表所有居民购买药品的买方垄断，向另一个生产商颁发强制许可，或使用诸如限制制药公司利润等政策工具来对抗垄断者的定价权。此外，市场也可以限制垄断者的价格结构。垄断者从一种重要的单一来源专利药物中获得的潜在利润应该会刺激其他公司开发具有相同健康效果的药物，因为专利是针对化学化合物而不是治疗适应症授予的。竞争产品的出现限制了垄断者的定价权，但它们并不一定立即进入市场。在美国，据估计，在原研药进入市场 1～6 年之后，竞争药物就会出现（Congressional Budget Office, 1998）。

通用类或多源药物（generic or multisource drugs）不受专利保护，可以使用原研产品中发现的相同化合物，使用相同或不同的工艺生产。多源药品是药学等效产品，可能是也可能不是治疗等效产品；由于辅料或生产工艺的差异可能导致产品性能的差异，产品可能不具有治疗等效性。由于专利是针对特定国家的，一些国家可以使用在其他国家仍受专利保护的化合物生产非专利药物。在专利有效的情况下，仿制药只有在专利到期后才允许进入市场。在特殊情况下，例如突发公共卫生事件，各国被允许在强制许可下生产专利药物，这是世界贸易组织出台的《与贸易有关的知识产权协定》（World Trade Organization's *Agreement on Trade-Related Aspects of Intellectual Property Rights*）所批准的。制药商也可以与当地公司签订自愿许可协议。

一般来说，专利保护的缺失降低了进入市场的门槛，因为仿制药公司不必承担研发（R&D）的高昂成本，包括严格的临床试验来证明药物的安全性和有效性。研发成本的降低使多家公司能够进入市场，从而产生高水平的竞争。尽管缺乏专利保护可以鼓励仿制药进入市场，但严格的药品价格管制与仿制药进入市场的渗透率较低有关，因为盈利能力下降使仿制药公司无法支付进入市场的成本。在价格管制相对较少的国家，如德国和美国，仿制药的市场份额大于澳大利亚、法国和意大利等监管更严格的市场。

仿制药市场的一个复杂问题是，当知名的品牌药物失去专利保护时，原研药公司生产自己产品的仿制药，并保留通过广泛的营销活动可识别的品牌名称。显然，当品牌仿制药在仿制药市场中占有更大的份额时，品牌药的价格会更高。此外，在所有公司中，品牌仿制药所占的市场份额越高，将导致仿制药价格越高（Hollis，2005）。品牌仿制药的市场进入，如果与制造商的大市场份额相结合，将阻止价格下降到更多样化竞争所达到的水平。因此，通过进入品牌和仿制药市场，大公司可以行使相当大的市场力量。

综上所述，与普通商品市场相比，药品市场结构非常特殊，它同时具有垄断市场和竞争市场的特征。当一个制药企业开发了一种新药时，专利法使企业垄断了该药品的销售。但当企业的专利过期时，任何公司都可以生产并销售这种非专利药品。这时，市场就从一个垄断市场变为竞争市场（曼昆，2018）。

经济学基本原理表明，价格管制通常适用于自然垄断产业，以消除由于垄断势力而造成的无谓损失，例如电力、天然气、供水等公共基础服务（植草益，1992）。非专利药市场是完全竞争性的，所以，从经济角度来看，不能以自然垄断作为非专利药品价格管制的理论依据，药品价格管制显然已经超出了传统的经济学价格管制理论范畴。

药品价格管制不是仅限于非专利药（或仿制药）市场。在专利药市场，政府通过专利保护赋予制药公司在专利期内获得排他性生产并销售创新药品的垄断势力，使制药公司能够收取高于竞争下的价格并赚取较多利润，以弥补他们的研发成本。虽然这在经济上是一种合意的行为，但一些国家的政府对专利药品的补偿价格进行管制,目的是减少公共药品支出。例如在日本和法国,大多数新的化学实体是根据现有的比较药品和创新溢价进行评估确定补偿价格,但这类价格管制属于政府对垄断市场定价进行的管制,并不是本书所重点讨论的竞争性的非专利药市场价格管制问题。那么,究竟该如何从理论上解释各国政府普遍对非专利药品价格进行管制的现象呢?我们认为,首先需要了解清楚药品价格的形成机制是怎样的。

非专利药品价格是制药公司定价行为扭曲的结果。药品市场的开发不同于一般的消费品,由于药品选择的核心决策者是开药方的医生,因此,制药公司常常使用医药销售代表(detailing representatives)从事"药品详细介绍(pharmaceutical detailing)"的推销活动,即医药代表对医生办公室进行短暂拜访,与医生讨论一种新药或现有药物。对于一种广泛使用的药物,通常会有数百名医药代表拜访全国各地的数千名医生。每个医药代表的薪酬都是一个高额的激励计划,经济报酬与一个地理区域或一组医生的销售额增长挂钩(Pauly, McGuire, Barros, 2012)。因此,为了增加药品销量,医药代表在促销拜访医生时还经常赠送一些礼品,这种为医生提供经济利益的促销不仅容易对医生的处方行为产生影响,而且增加了制药公司的营销成本,促使其从高定价。在中国,医药代表常常通过给予处方回扣的方式直接向医生推销其产品,所谓的回扣是药品销售收入中返还给医生的部分,而回扣的数额成为左右药品销售数量的决定因素,因此,制药公司促销支出的很大一部分用于医生药品处方的回扣。与其他商品价格的一个明显差别是,药品的零售价格构成除研发成本、生产成本、销售费用、制造商利润、分销加价和税费等之外,还包括支付给医生的大量回扣。如果医生从开具某种药品中获得的回扣收入越多,该药品的使用量就越大,那么制药公司就有从高定价的激励,为医生预留出尽可能多的回扣数额。这样,药品市场就演变成一种医生处方回扣的竞争,并且呈现出反价格竞争的特点,即不同厂家生产的同种药品,价格越高,需求量越大。在这一背景下,实施高定价与高回扣策略的药品,也就具有较强的竞争力。因此,制药公司的药品定价行为发生扭曲,"虚高"定价自然也就成为一个最优选择。

制药公司定价行为扭曲根源于医疗服务市场显著的信息不对称。与其他商品市场相比，在药品的选择上，病人不是传统意义上的消费者，他们对于某种药品的适应症和功效缺乏了解，通常将决策权授予具有专业知识的医生，并按照医生的建议甚至决定购买药品，从而形成了一种典型的委托——代理关系。在多数情况下，处于信息劣势的委托人（病人）不能判断代理人（医生）的行为是否符合自己的利益。当医生是病人的完美代理人时，他们所作出的决定应与完全知情的病人为自己作出的决定相同，这与病人关注自身健康的医学伦理一致。即使产生利益冲突，完美代理人也会关注病人而非自己的利益。相反，作为不完美代理人时，医生将更多关注自己的利益而不是病人的利益，有时医生会利用其信息优势诱导病人的需求以增加他们的收入（即卫生经济学中医生的供给诱导需求行为），从而产生"道德风险"问题。在大多数国家，病人必须通过医生的处方才能获得大部分药品。如果医生是病人的不完美代理人，那么医生就可能滥用手中的处方权诱导病人选择能给自己带来更多好处的高价药，而不选其他疗效完全相同、可替代的、没有额外好处的低价药。结果，高价格低质量的药品把低价格高质量或同等质量的药品驱逐出市场，造成某些低价药品无法获得、供应中断或短缺。此外，由于政府管制机构与制药公司在药品的生产成本和研发费用等方面也存在信息不对称，使制药公司比较容易大幅虚报生产成本和研发费用，为过高的药品定价提供了可能性和操作空间。

另一方面，从消费者角度来看，药品的健康保险第三方支付为医生开具高价药提供了条件。作为一种生活必需品，消费者对于药品价格不十分敏感，需求弹性比较低。特别是在拥有健康保险条件下，病人在使用补偿药品时一般不会考虑药品价格，因为药品费用主要由私人或公共保险支付。健康保险的第三方支付会产生"道德风险"问题，鼓励病人过度使用或使用不必要的昂贵药品（Danzon and Keuffelb, 2007）。一种昂贵药品与一种便宜药品相比，可能仅代表某种非常轻微的改善。病人可能不愿意自己支付昂贵药品的费用，但是如果不需要自掏腰包，或者自己花费很少，就可以得到价格高的昂贵药品，病人可能也不会拒绝。可见，病人的健康保险"道德风险"降低了对医生非完美代理人"道德风险"的约束。

总而言之,药品价格管制虽然是政府为减少公共药品支出而作出的一项政策选择,但其根本的规范性理由在于,医疗服务市场的信息不对称引发的医生道德风险行为导致药品定价虚高,没有真实反映药品市场的供求关系。虚高的药价不仅损害了许多卫生保健系统向全民提供基本药物的能力,而且没有任何经济手段的病人负担不起有益的药物治疗。因此,除了对自然垄断产业进行价格管制,政府也应该管制药品价格,引导药价回归合理水平。

需要特别指出的是,医疗服务市场的信息不对称引发的政府价格管制,并不意味着同样存在信息不对称的其他市场价格也需要政府管制,例如二手车、保险以及其他专业化服务市场。原因是在这些市场上,信息不对称引发的是质量选择问题,它们并不涉及对商品或服务的价格的影响,更没有造成价格扭曲。而且,通过市场信号传递和信息甄别等一些制度性安排,卖方和买方可以比较容易解决不对称信息问题。例如,二手车卖方向买方提供一定时期的质量保证书,或请独立的工程师对二手车质量进行检查;保险公司为投保人提供不同的保险合同,不同风险的投保人选择适合自己的最优合同。相反,在医疗服务市场上,作为病人的代理人,医生掌握着有关药品价格和功效等方面的充分信息,病人很难获得药品价格和功效的信号传递和信息甄别,导致市场失灵。

第二篇
药品价格管制的制度环境

第3章 健康保险制度

3.1 私人健康保险及其市场失灵

3.1.1 私人健康保险

健康保险安排的不同之处在于保险计划中固有的交叉补贴程度（跨越时间、风险和收入群体）、保险计划的所有权和管理、参与的强制程度以及资金来源。健康保险筹资的主要方法是公共和私人健康保险的基本区别。私人健康保险（private health insurance，PHI），也称为自愿健康保险（voluntary health insurance，VHI），它是通过私人健康保费提供资金的计划，通常（但不总是）是自愿的。有了私人保险，保险金可以通过雇主、社区或个人直接支付给保险公司。这种保险保障通常是在个人当事人和保险实体之间的合同中规定的，其中规定了支付或补偿卫生服务的条款和条件，保险实体为支付合同规定的服务承担大部分或全部风险。通过私人健康保险，被保险人可以保护自己免受一些小概率事件的损失，这些事件的发生概率可以通过统计方法进行估计。

保险公司可以是营利性的私人机构（如商业保险公司、互助公司、公积金保险公司、美国健康维护组织等），也可以是非营利性的公共机构（如政府拥有的保险公司）。尽管政府经常监管这类保险，但资金池通常不会通过政府提供。在发展中国家，私人健康保险计划主要由雇主提供，但私人保险覆盖的人口比例往往很小。私人健康保险的一个经常被提及的特点是，保费与风险相关。也就是说，如果客户年龄较大或患有慢性疾病，保费将高于年轻健康的客户。有时，保险公司会使用一个社区或就业群体的历史数据来确定与其他社区或就业群体相比未来索赔的风险。

在世界范围内，存在着各种各样的私人健康保险模式，其中一些安排模糊了公共保险和私人保险之间的界限。最近一项关于健康保险分类的建议将私人保险划分为四种类型，每种保险都有不同的确定缴费方式。

（1）私人强制性健康保险（private mandatory health insurance）。保险是法律规定的，保费可能与风险有关，也可能与风险无关。如瑞士的强制性基本健康保险和德国对于那些选择退出社会健康保险制度强制实施的长期护理私人健康保险。

（2）私人就业团体健康保险（private employment group health insurance）。保险是一种就业福利，通常与风险无关。团体计划一般由员工团体提供资金，他们的付款由雇主补贴，这笔资金存入一个特别基金。

（3）私人社区级健康保险（private community-rated health insurance）。政策是由个人或团体自愿采取的，法律要求保险公司采用与社区有关而不是与风险有关的保费计算（不得基于年龄、健康状况、索赔历史或其他因素的歧视）。

（4）与风险有关的私人健康保险（private risk-related health insurance）。个人或团体自愿投保，保险公司支付与风险有关的保费。

私人保险模式的主要市场缺陷在于，保险公司有动机避免为面临最大健康风险的人提供保险（撇脂，skimming）。相反，由于私人保险计划通常是自愿的，健康风险最大的人和患有慢性疾病的人有动机加入该计划，而最健康的人有动机避免加入（逆向选择）。逆向选择提高了成本，降低了保险的风险分担效应。

保险行业的一个组织特征是，对不同投保人按不同的费率收费。保险公司必须将投保人集中到一起，根据它们和不同群体打交道的经验确定风险差价。保费由每个保险公司单独设定，几乎总是按月或按年实行统一费率。保险费率可以按照社区划分等级，对某一特定保险公司或其他社区（如一个地理区域或一个企业）的全部投保者都实行相同的保费，而不考虑他们的年龄或健康史，或者按照风险划分等级，根据个人或群体的健康状况不佳的风险。私人健康保险计划往往对已有健康问题的情况和家族史收取更高的保费，或对投保范围施加限制。保险公司可能要求申请人披露完整的个人和家庭医疗健康史和求医活动，然后根据公司的风险评估决定承保哪些条件和价格。已有健康问题的情况通常被排除在至少临时保险范围之外（如前两年的保险），保险公司在确定保险资格和确定保费价格时可能考虑其他因素，如年龄、性别、吸烟状况和职业状况。

一些卫生部门的改革模糊了私人和公共健康保险之间的界限，例如通过对私人健康保险进行广泛地监管和补贴，这导致有些筹资计划不容易归类为公共或私人健康保险。保险提供者的公共或私人性质与用于为健康保险安排提供资金的卫生筹资方法之间存在差别。政府拥有的保险公司也可以提供私人健康保险。爱尔兰的自愿健康保险（VHI Healthcare）是一个国家支持的组织，1996年以前一直是私人健康保险的垄断提供者。澳大利亚的私人医疗银行（Medibank Private）是最大的非营利性医疗基金，由联邦政府于1976年建立，自1998年以来已成为一个独立的联邦政府企业。在某些情况下，同一保险实体可能提供不同类型的保险，例如荷兰、比利时和瑞士的疾病基金及其附属机构既提供法定健康保险，也提供自愿私人健康保险。决定保险是公共的还是私人的，更重要的是对资金收集方式的控制（所得税或通过工资保险费缴纳的社会保障），而不是保险公司的公共或私人性质。

私人健康保险还可以获得公共补贴。由于巨大的税收激励或者某些低收入者的保费获得大量补贴，因此，在某些情况下，购买健康保险的资金主要来自公共资源。在法国，政府的全民健康保险计划（Complémentaire santésolidaire, CMU）为符合条件的低收入者提供公共资助的补充健康保险。这种补充保险的保费完全由政府资金补贴，保险计划由社会保障保险公司以及补充保险实体（"互助"私营保险公司或公积金机构）管理，它的福利和保险条件是受到监管的。在其他国家，私人保险计划可以提供补充保险，如因病缺勤时的收入替代（如日本）或支付政府补贴或公共服务未完全覆盖的费用或共同支付（如法国）（Boyle，2011；Thomson et al.，2013）。在加拿大，人们可以购买私人健康保险或扩展健康计划，以资助保险未覆盖的服务，如处方药、牙科护理、物理治疗、救护车服务和验光。虽然加拿大一些省份禁止为所涵盖的服务提供私人健康保险，以防止获得不平等机会，而且私人诊所的收费不能超过商定的省级收费表或公共保险服务，2005年，加拿大最高法院在Chaoulli诉魁北克案中裁定，在等待时间过长的情况下禁止私人健康保险违反了《魁北克人权和自由宪章》以及《加拿大权利和自由宪章》第7条。

私人保险计划在某种程度上接受与公共健康保险类似的广泛监管。在荷兰，一些没有资格参加社会健康保险的高风险个人可以购买标准化的私人健康保险保单（所谓的获得健康保险法，WTZ），该保单的福利、保费水平和注册条件由政府规定。在瑞士，个人必须从私人疾病基金购买基本健康保险，适用于与收入无关的统一费率保费。一些国家的政府还通过私人保险公司资助公务员的健康保险。尽管这些计划主要是通过公共资源提供资金，但这些计划与私人雇主赞助的保险有许多共同之处。在德国，公共雇员的大部分卫生保健账单由政府补偿，并接受剩余费用的私人健康保险。在西班牙，公务员和他们的家属接受私人互助基金的健康保险。他们可以选择接受私人商业保险公司的这样的保险，国家继续作为第三方付款人。

在大多数国家，私人健康保险具有自愿性质，而公共计划至少对于部分人口是强制性的。然而，有些情况下，私人健康保险也是强制性参加的。例如，在1996年《联邦健康保险法》（Swiss Federal Law on Compulsory Health, LAMal）强制为全体人口提供基本保险之前，瑞士一直依赖自愿私人健康保险作为健康保险的主要来源。在荷兰，将基本健康保险扩大到所有人的类似提议将建立一个强制性私人健康保险制度。在韩国，强制购买在发生车祸时支付与健康有关的费用的保险。在德国，选择退出疾病基金体系的个人必须从私人保险公司购买长期护理保险。即使在法律不强制参加私人健康保险安排的情况下，也可以通过就业条件强制参加，例如通过一般协议或特定于雇主的条件。即使在法律不强制参加私人健康保险安排的情况下，也可以通过就业条件强制参加，例如通过一般协议或特定于雇主的条件。

3.1.2 私人健康保险与公共健康保险的相互作用

在混合的卫生保健筹资系统中，私人健康保险可以发挥不同的作用。这些作用要么是要求或禁止某些类型的私人健康保险的具体规定的结果，要么是战略性保险公司行为的影响。与公共健康保险相比，私营健康保险的作用取决于两个主要变量：购买私人健康保险的个人是否也有资格加入公共健康保险系统；私人健康保险提供的是公共健康保险已经覆盖的卫生保健服务的保险，还是通过代表他们主要保险形式的一项私人健康保险政策为没有公共健康保险的个人提供保险（见表3.1）。

表3.1　私人健康保险与公共健康保险计划的关系

		参加公共健康保险的资格	
		有公共保险的个人	没有公共保险的个人
私人健康保险覆盖的医疗服务	私人健康保险覆盖通常由公共系统覆盖的医疗上必要的治疗服务	重复性私人健康保险	初级私人健康保险：替代性主要的
	私人健康保险覆盖适用于公共保险系统的成本分担	互补性私人健康保险	
	私人健康保险覆盖公共系统或初级私人健康保险不包括的补充卫生服务	补充性私人健康保险	

私人健康保险还可以分为一下四种不同的功能类别。

（1）初级私人健康保险（primary private health insurance）。由于个人没有公共健康保险，私人保险是获得基本健康保险的唯一途径。这可能是因为没有公共健康保险，个人没有资格参加公共健康保险（主要保险），或者他们有权参加公共保险但选择不参加这种保险（替代保险）。主要保险（Principal）

是医疗费用的私人保险，对于被保险人来说，这是在不适用社会保障计划的情况下唯一可获得的保险。这包括雇主的强制性计划，如果保险是私人保险或自我保险。替代保险（Substitute）也是医疗费用的私人保险，替代原本可由社会保险或公共资助保险或雇主计划提供的保险。

（2）补充性保险（supplementary cover）。提供公共计划不覆盖的额外保健服务的私人健康保险。根据国家不同，它可能包括公共系统不包括的服务，如豪华保健、选择性保健、长期保健、牙科保健、药品、康复、替代或补充药物等，或高级酒店和医院服务（即使服务的其他部分由公共系统覆盖）。

（3）互补性保险（complementary cover）。作为公共保险服务或主要/替代健康保险服务的补充的私人保险，其目的是仅支付合格护理费用的一部分，其方式是支付全部或部分未得到补偿的剩余费用（例如共同支付）。

（4）重复性保险（duplicate cover）。为公共健康保险已包括的医疗服务提供保险的私人保险。重复健康保险可以作为向公共部门推销的一种选择，因为它虽然提供与公共计划相同的医疗服务，但也提供获得不同服务提供者或服务水平的机会。通常情况下，重复保险不免除个人缴纳公共健康保险。重复健康保险可以用两种方式：一种是覆盖那些没有资格获得基本初级保险资助的服务提供者；另一种是覆盖有资格获得基本健康保险资助的服务提供商所提供的商品和服务（例如插队或选择治疗医生）。

在西欧卫生系统中，私人健康保险有三个不同的功能。第一个功能是作为强制性（法定）社会健康保险安排的替代保险。在一些国家（如荷兰），没有列入强制性社会保险的某些人口群体可以选择在私人市场上寻求保险。在其他国家（如德国），投保人在收入超过资格上限时可以选择加入私人健康保险还是留在社会健康保险。第二个功能是补充法定保险，为社会保险不包括的服务提供保险，例如成年人的牙科护理、顺势疗法药物或整容手术。在一些国家（如比利时和法国），被保险人使用补充保险支付共同支付和共同保险的财务风险。第三个功能是提供所谓的互补保险，即投保人购买额外的私人保险，即使他们必须参加现有的社会计划。这种形式主要出现在税收资助的国家，这些国家有一个独立的、与公共部门平行的私人资助体系。在大多数情况下，私人健康保险的自愿性质使其有别于法定保险。

3.1.3 健康保险市场失灵

与保险公司相比，一个潜在的购买健康保险的人拥有对他们的健康状况以及对卫生服务的预期需求更充分的信息。健康保险市场的信息不对称容易产生逆向选择（adverse selection）和道德风险（moral hazard）问题。当这些问题存在时，市场就可能发出错误信号，从而扭曲激励机制，甚至有时还会导致市场失灵。

  1. 道德风险

由卫生保健的价格需求弹性所引起的对经济激励的理性反应通常被称作道德风险。道德风险指当风险导致卫生服务的边际成本下降时，对服务的使用需求会增加。例如，一个有健康保险的消费者会不注意保护自己避免疾病，或者可能会比没有保险的情况下购买更多的医疗服务。如果消费者获得保险公司的共同保险（coinsurance）费率为零的全额健康保险赔偿，那么消费者就会比在赔偿有限的情况下更多地使用卫生保健，卫生保健的需求量最终会增加到边际效用为零的最大数量。在这种情况下，消费者把卫生保健当作免费商品来消费，因为他面临的是零价格。因此，健康保险覆盖面的任何扩大都有可能增加卫生保健的消费，消费者不再支付全部费用。全额保险意味着个人采取的提防行动会太少，因为他们面对的不是他们行动的全部成本。一般来说，保险公司并不想向消费者提供"完全"的保险。它们总希望消费者面对一部分风险。这就是为什么最好的保险政策要包括"免赔额"（deductible）的原因，在任何索赔中，被保险人都必须支付这份金额。通过使消费者支付部分赔偿金额的办法，保险公司就能确保消费者始终有采取一定量提防行动的激励。如果保险公司能够监督被保险人的行为，它就能够对那些索赔较多的人收取较高的保险费。但是如果保险公司不能监督被保险人的行为，它就会发现它的赔偿比预计的要大。在有道德风险的情况下，保险公司可能被迫提高它们的保险费或者甚至干脆拒绝出售保险。因此,道德风险不仅改变行为，而且导致经济无效率。无效率之所以产生，是因为拥有保险以后，个人对于活动的成本或收益的看法与真实的社会成本或收益不一样。

2. 逆向选择

健康保险市场出现的另一个问题是逆向选择。逆向选择描述的是健康风险最大的人和患有慢性病的人自愿加入保险计划的趋势，而最健康的人，他们的保费应该用来支付病情较重的成员的账单，却避免加入。在健康保险市场上，保险公司除了知道某个消费者愿意按照既定的保险费购买保险单外，对个人信息一无所知。相反，消费者比保险公司更了解自己的健康风险状况。由于有较多隐蔽性健康问题的人比其他人更可能购买健康保险，因此，为了保持盈亏平衡，保险公司一定会将保险费率建立在潜在购买者的健康问题平均发生率的基础上，而不是全体居民的健康问题平均发生率的基础上。面对较高的保险费，最不可能需要卫生保健的消费者（例如健康的年轻人）认为，不值得支付这个保险费，或者可能不会购买覆盖大部分医疗支出的保险单。当不健康的高风险消费者成为最有可能购买保险的人群时，就会发生逆向选择问题。由于不健康的高风险消费者可能对保险更加有需求，他们在被保险人总数中的比例提高了。这迫使保险费率增加，从而使那些健康的消费者，由于知道自己的低风险，作出不买保险的选择。这进一步提高了不健康的消费者的比例，而这又迫使保险费率增加，直到几乎所有最想购买健康保险的人都是那些不健康的高风险消费者。因此，逆向选择会导致这样一个市场，其中只有面临高风险的人才最有可能买保险，甚至还会导致该市场根本无法存在的情形。逆向选择的作用是提高保险成本，降低保险的风险分担效应，使财务可持续性更难实现。例如，在塞内加尔，与财务稳定的保险计划相比，不稳定的保险计划显示出逆向选择的证据，财务稳定的保险计划登记了更大比例的家庭成员，包括健康和不健康的成员（Atim et al., 2005）。

3.2 公共健康保险的特点与类型

公共健康保险，也称国家或社会健康保险（NHI/SHI），是一种通过与收入有关的社会保障缴款、税收以及工薪税筹集资金为全国人口提供卫生服务的机制，它主要包括所有人或符合条件的人强制参加的健康保险计划和特定人群自愿参加的健康保险计划。强制健康保险是基于法律行为的强制性计划下的健康保险（如荷兰和德国的法定健康保险），特定人群自愿参加的保险包括美国的医疗补助（Medicaid）和国家儿童健康保险计划（SCHIP），以及德国高收入人群的法定保险。

德国常常被认为是最早建立（俾斯麦式）社会健康保险制度的国家，它在 1883 年通过了俾斯麦法案，该法案要求各种职业的工人必须参加疾病保险基金，政府发起了一项基于特定行业的雇主和雇员的社会健康保险缴款计划。早期的疾病保险基金仅覆盖了一小部分人口。但是，强制参加自治性疾病基金的基本方法得到了扩大，并在当今的德国社会保险系统中处于核心地位。德国卫生保健制度的特点是公共、非营利性法定健康保险和营利性私人健康保险并存。根据联邦法律，主要是《第五社会法法典》(*Code of Social Law V*)，社会健康保险涵盖了几乎 90% 的人口（Federal Ministry of Health，2013）。从某种意义上说，自 2009 年以来医疗保健是普遍的，健康保险（公共或私人）对所有德国居民都是强制性的，甚至在此之前，只有很小一部分人口没有任何健康保险。在德国的混合健康保险体系中，公共和私人医疗保险在高度监管的法律框架内共存。大多数受薪雇员都必须参加公共健康保险，而个体经营者在离开受薪工作后通常可以在私人健康保险和自愿加入公共医疗保险系统之间进行选择。公共健康保险缴款是劳动总收入的一个百分比，公共健康保险的缴费率因供应商而不同。公共医疗保险的成员资格允许收入低于一定门槛的配偶和子女免费投保。

英国的国家医疗服务制度（NHS）（也称为贝弗里奇制度）建立于 1946 年，它通过一般税收（中央或地方）提供资金，向所有英国居民提供卫生保健服务。

国家医疗服务制度提供的服务范围对每个人都是相同的，大多数服务由公共机构提供。这两种通用模式一直延续到今天，并已被许多努力为其人民提供健康保险的制度所采用。

随着这些模式的不同版本演变成更成熟的社会健康保险制度，国家立法规定参保人员和他们的雇主通过税收（如澳大利亚、加拿大、英国和泰国）或单独征税来缴纳保险费。例如，在新加坡，居民和有工作的公民都必须向公积金（Provident Fund）缴款。与雇主缴款一起，个人基金的一部分进入医疗储蓄账户（Medisave account），可用于支付医疗费用。许多政府还为这些健康保险制度提供资金，以确保或改善其财务可持续性，并将覆盖面扩大到无力支付的人。与私人健康保险不同，社会健康保险的保险费不以患病风险为基础，也不取决于健康状况，支付保健费用的财务风险由全体人口分担，要么是统一收取的（如瑞士），要么取决于收入（如德国，在收入上限范围内，缴款与劳动收入成比例）。即使在一个国家内，也可以观察到多种向卫生保健提供者付费的方式，从不受限制的服务收费（如美国）到有选择的谈判价格合同（如荷兰）。在美国，医疗保险（Medicare）和医疗补助（Medicaid）都是政府发起的公共健康保险计划。

尽管基本思想相似，但不同国家的社会健康保险制度的发展方式存在很大差异。社会健康保险通常以不同的疾病基金（sickness fund）形式组织，疾病基金是单一的社会健康保险机构。保险费由单一基金（如意大利）或多个相互竞争的基金（如德国的疾病基金）持有。有些疾病基金在地区基础上运作，而另一些则仅限于农民或个体户等特定职业群体。一些国家允许病人选择疾病基金（如德国），而在其他国家，成员资格是强制性的，例如根据职业类型确定（如波兰、奥地利）。疾病基金可以由公共部门（如澳大利亚）、私人部门（如瑞士、荷兰）或二者兼有管理，如日本，它既有非竞争性的公共保险公司、准公共保险公司，也有基于雇主的保险公司。美国的医疗保险＋选择计划（Medicare + Choice program）是公共计划与私人保险公司签订合同，为公共投保人提供保险。在这种情况下，私营保险公司减轻了公共部门的一些管理负担。在社会保障计划的索赔处理等领域可以由私营机构管理和提供，如比利时的相互保险公司（mutual insurers）或荷兰的疾病基金（sickness funds）。然而，澳大利亚健康保险委员会、爱尔兰的卫生行政部门以及法国的社会保障基金都属于公共保险机构。

公共与私人健康保险之间的区别有时并不明显，因为一些政府补贴私人保险计划。在那些为了保证全民覆盖而对私人健康保险基金进行严格管制的国家，无论其是否以营利为目的，这些基金都被认为是公共健康保险。在一些有社会健康保险的国家，收入较高的人和个体经营者可以选择替代性的私人健康保险。社会健康保险制度的核心结构安排具有以下7个特点。

（1）独立于风险的和透明的缴费。基金的筹集与成员的收入挂钩，通常以成员工资的一定百分比的形式（有时达到一个指定的上限）。这有两个同样重要的特点。首先，缴款或保费与成员的健康状况无关。如果成员有配偶和(或)子女，则在相同的风险独立条件下，自动为其投保相同的与收入有关的保费。其次，缴纳的保费从国家一般性收入中单独收取。卫生部门的筹资是透明的，因此不受公共预算中固有的政治斗争的影响。

（2）疾病基金作为支付者或购买者。保费要么直接由疾病基金收取（如奥地利、法国、德国和瑞士），要么由中央国有基金分配给若干疾病基金（如卢森堡、荷兰）。这些基金是私人的非盈利组织，由一个至少部分由成员选举产生的董事会控制（法国和瑞士除外），并且通常具有法定的承认和责任。这些疾病基金运作的典型规则通常是由国家立法直接制定（如奥地利、法国、德国、卢森堡、荷兰和瑞士）或通过国家监管程序严格控制。疾病基金利用成员的保费收入资助与成员保健服务提供者（私人非盈利性、私人盈利性和公共运营的）签订的集体合同。

（3）在人口覆盖范围、筹资和福利待遇方面一致。根据国家的不同，法定疾病基金制度覆盖了63%（荷兰）至100%（法国、瑞士）的人口。在强制性参保率低于100%的国家，通常是收入最高的个人被允许（德国）或被要求（荷兰）离开法定制度自行寻求商业健康保险。在全国性的国有资金池内，或者在地区政府或基金会的资金池内，通过强制性风险调整机制或者国家补贴，对所有成员的资助都是平等的。各国要求为所有用户提供相同的综合福利。

（4）行动者结构或组织结构的多元化。社会健康保险制度包含了广泛的组织结构。无论是在社会健康保险国家内部还是在各社会健康保险国家之间，根据专业、地理、宗教/政治和（或）无党派标准，疾病基金的数量和来源有很大差异。几乎所有的医院，无论其所有权如何，以及几乎所有的医生，无论其组织方式如何（单独行医、集体行医等），都与疾病基金签订了合同，他们都是社会健康保险制度的一部分。专业医疗协会、市政府、地区政府和中央政府，以及制药公司等供应商都被视为社会健康保险制度框架的一部分。

（5）社团主义（合作主义）协商模式（Corporatist model of negotiations）。协商通常在地方或国家一级代表有关联的每个卫生分部门的高峰组织（peak organizations）中进行。这种社团主义框架使自我调控与合同过程更加顺利地进行，结果更加一致，交易成本大大降低。

（6）参与共同治理安排。社会健康保险制度通常包含了由广泛的不同的行动者参与的治理决策。最明显的表现是传统的自我调控过程，通过这一过程，疾病基金和医疗提供者直接就付款计划、护理质量、病人数量和其他合同事项进行谈判。医疗协会、医院协会和其他专业团体也经常承担一些决策责任。

（7）提供者的个人选择和（部分）疾病基金。疾病基金的成员通常可以向几乎所有的医生和医院寻求治疗。在一些社会健康保险国家，不需要转诊去看专家。成员也越来越多地可以选择更换他们的疾病基金。

3.3 全民健康覆盖

全民健康覆盖（universal health coverage）的目标是确保一个国家的所有人都能获得所需的卫生服务，而不会在支付费用时出现经济困难。很多工业化国家或是直接通过政府提供卫生保健，或是提供广泛覆盖的、公共筹资的全民健康保险（universal health insurance）。这些国家的目标是，在政府承担合理费用的基础上，为全体人口提供某种卫生保健服务和商品。

大多数健康保险制度都引入了将健康保险覆盖范围扩大到全体人口的机

制，包括那些不直接通过缴款缴纳保险费的人。经合组织（OECD）国家采取了三种不同的方法来确保广泛的人口覆盖。第一种方法是通过国家公共卫生制度（national public health system）实现全民或接近全民覆盖。第二种方法是国家仅推动针对特定人群的基本公共保险，让其他群体可以选择购买私人健康保险、自我保险或不参加保险。第三种办法是以瑞士为代表的强制所有人口购买基本健康保险，以确保全民覆盖。

在实践中，全民健康覆盖可以定义为对某一套卫生服务和商品的保险范围，尽管这些商品和商品的性质在各国存在差异。全民健康保险计划的筹资方式主要包括强制性雇主投保、强制性个人投保和一般性的税收缴款。强制性雇主投保要求雇主必须为其雇员及其家属购买健康保险。尽管是由雇主买单，但是雇主其实只是名义上支付了这部分费用，公司无疑会通过提高产品价格或者降低雇员工资的方式将这部分费用转嫁到消费者或雇员身上。在强制性个人投保的制度下，员工有义务为自己及家人购买健康保险，可以是个人购买私人保险，也可以是团体购买，例如通过工作团体、职业组织或宗教团体。贫困人口在购买健康保险时可以得到补贴，这是通过政府对富裕人群的税收调节来完成的。加拿大卫生保健筹资和供给制度被称作国家健康保险计划（Medicare），该计划通过政府税收提供全民健康保险，按照统一条件和要求使得所有参加保险的人都被公共健康保险覆盖。

世界卫生组织（WHO）建议考虑以下六个要素来衡量全民健康覆盖。第一，不论支付能力如何，都有平等的就医机会。全民健康覆盖确保所有人都能获得他们需要的医疗服务，而不会有因支付这些服务而带来严重经济负担的风险。第二，财务风险保护。防止灾难性支出的发生，即过多的个人支付，可以防止人们因意外疾病而陷入贫困。面临灾难性卫生支出的人口比例通常被用来评估财务保护水平。缺乏这种保护的另一个风险是，人们会推迟就医，这可能会使他们的病情恶化。第三，医生、药品和医疗设备的可用性。除适当的卫生筹资外，药品的可及性和可获得性以及在有需要的地方配备医生等要素在实现全民健康保险方面发挥着重大作用，需要综合考虑。第四，及时获得。全民健康保险还要求向民众提供必要的服务。承保服务的等待时间过长，可能会严重阻碍获得治疗，并使需要进行手术的病人的健康状况恶化。第五，保健质量。高质量的卫生保健服务、受过良好教育的医生以及药品和医疗设备的安全管制是另一个关键因素。第六，获得预防、促进和康复服务。全民健康保险不仅涉及治疗本身，而且还涉及及时获得高质量的预防、促进和康复服务。

2014年5月，世卫组织和世界银行提出了一套指标，用于监测各国内部和全球实现全民健康覆盖的进展情况。这一套指标涵盖了覆盖的两个维度：(1) 基本服务的覆盖面是通过有效获得一套示踪干预措施（tracer interventions）（获得这些服务的人口比例）来衡量的，这些干预措施是预防性的（例如麻疹疫苗接种或"至少4次产前保健"）或治疗性的（高血压或糖尿病治疗）。(2) 财务保护是用两个指标来衡量的，即受保护免受灾难性自费医疗支出的人口比例和受保护免受自费医疗支出致贫的人口比例。对于每一个方面，鼓励各国报告公平情况，即按收入五分位数、居住地（农村/城市）和性别提供措施（Paris，V. et al.，2016）。

传统模式将"国家卫生系统"和"健康保险系统"区分开来，前者为所有居民提供主要由一般税收资助的卫生服务，而后者则要求人们支付社会缴款或保险费以获得覆盖自己及其家属的医疗保障。然而，大多数健康保险系统都引入了机制，将健康保险范围扩大至整个人口，包括那些不直接通过缴款进行融资的人群。

表3.2

2011年或最新可得数据年份基本初级卫生保健覆盖特征（以人口百分比表示）

国　家	自动覆盖（税收筹资）	强制性保险覆盖	自愿覆盖	其　他	没有保险
澳大利亚	100.0				
奥地利		99.5			0.5
比利时		99.0			1.0
加拿大	100.0				
智利	22.5	72.2	1.9		3.5
捷克共和国		99.0	1.0		

续表

国家	自动覆盖（税收筹资）	强制性保险覆盖	自愿覆盖	其他	没有保险
丹麦	100.0				
芬兰	100.0				
法国		100.0			
德国		100.0			
希腊		79.0			21.0
匈牙利		100.0			
冰岛	100.0				
爱尔兰	100.0				
以色列		100.0			
意大利	100.0				
日本		98.5		1.5	
韩国	3.4	96.6			
卢森堡		97.6			2.4
墨西哥		45.5	47.4		7.1
荷兰		100.0			
新西兰	100.0				
挪威	100.0				
波兰		97.7			
葡萄牙	100.0				
斯洛伐克共和国		100.0			
斯洛文尼亚		100.0			
西班牙	99.3	0.4	0.3		
瑞典	100.0				
瑞士		100.0			
土耳其		99.8			0.2
英国	100.0				
美国	34.3		64.2		13.4

资料来源：OECD Health system characteristics Survey 2012，Secretariat's estimates and U.S. Census Bureau Health Insurance Coverage in the United States 2013。

13个经合组织国家（澳大利亚、加拿大、丹麦、芬兰、冰岛、爱尔兰、意大利、新西兰、挪威、葡萄牙、西班牙、瑞典和英国）提供全民自动医疗保险（automatic health coverage），主要由税收资助。然而，并不是所有国家的福利都一致。例如，在爱尔兰，虽然所有居民都被覆盖，但不同人口群体享有的服务权益和分摊成本的水平各异。每位居民根据其收入水平被划分为两类之一。第一类（或持卡者）享有各种服务的免费权利，包括全科医生服务、处方药品、住院和门诊治疗以及牙科和眼科服务；而第二类则具有"有限资格"，必须支付许多医疗服务的部分费用。在意大利和西班牙等地区自治区内还存在调整福利覆盖范围或边际共付费用的余地。在英国各成员国之间也存在自付比例差异：苏格兰、威尔士或北爱尔兰无须支付处方药费，而在英格兰则需要。

在其他国家，健康保险的权利与缴费挂钩：保险范围取决于社会缴费或健康保险费的支付情况。这些缴费通常由投保人和（或）雇主支付，并可为低收入者提供补贴。在韩国、希腊、匈牙利、卢森堡、波兰、斯洛文尼亚和土耳其七个国家，存在一个单一的健康保险基金为所有投保人提供保险。而在奥地利、比利时、法国和日本四个国家中，则有若干健康保险基金存在，但人们不能选择特定的保险公司，加入某个具体基金是由职业和（或）居住地决定的。例如，在日本，自雇者由国家健康保险计划覆盖，受雇者则由公司设立的保险计划覆盖；而75岁及以上年龄段的人则由特定老年人计划覆盖；不过所有群体所享有的健康保险范围是相同的。在法国，则有三种独立的健康保险基金分别面向工薪阶层、农业工人和个体经营者，并且还有一些较小规模的健康保险基金专门覆盖特定职业群体（如军队成员）或某些国有企业（如法国铁路公司）员工，并且这些计划也会自动包括家属成员。

在其他实行强制医疗保险的国家中，个人可以自主选择其保险公司（如捷克共和国、德国、以色列、荷兰、斯洛伐克共和国和瑞士）。自2009年起，在德国，医疗保险对所有居民都是强制性的。尽管低于一定收入门槛的居民必须加入法定健康保险，但超过该门槛的人可以在法定健康保险和私人健康保险之间进行选择，并且大多数公务员选择了私人保险。因此，11%的人口参加了私人基本健康保险并支付相应费用，而不是根据收入缴纳费用。此外，0.3%的德国人从由政府提供承担风险的医疗保障中获益。

拥有全民税收资助医疗体系的国家无须政府额外干预以保障经济弱势群体或健康风险较高人群的基本医疗覆盖（尽管可能会实施减免自付费用计划）。相比之下，几乎所有具备社会医疗保险制度的国家都采取了政策措施，帮助低收入人群获得保险。此外，在不以职业状态（就业、领取养老金、失业）为决定因素的国家也实行了相关政策，以避免将"高风险个体"排除在医疗保险范围之外。

在没有提供由税收资助的（自动）医疗保险的国家中，有15个国家报告称政府进行干预以确保向低收入或经济上处于不利地位的群体提供基本医疗覆盖或医疗服务。只有一个国家（奥地利）报告称没有这种干预。

这些国家大多提供经济状况调查公共补贴，即政府代表低收入个人支付部分或全部医疗保险费用或社会贡献。然而，有权获得此类补贴并实际参加医疗保险的人口比例非常不稳定：从法国或卢森堡等国仅占人口的2%~3%，到爱沙尼亚、墨西哥和荷兰等国约占一半。在智利，22%的人口受益于公共医疗保险的补贴。在美国，医疗补助计划（覆盖15.95%的人口）是针对低收入个人和家庭进行经济情况调查后提供的健康计划；州儿童健康保险基金为那些没有资格获得医疗补助但属于低收入家庭的儿童提供健康保险。这些面向特定群体的计划由税收资助，但符合条件者并非自动享有覆盖，在某些情况下需要主动参与该计划并支付相应保费。

在实行职业健康保险的国家中，社会缴费与收入成比例（有时达到一个收入门槛），并以收入、养老金和通常情况下失业救济金为基础。对于这些国家而言，为确保全民覆盖而采取的额外干预措施只涉及总人口中的一小部分。而在健康保险费不与收入相关或仅部分与收入相关的国家中，一些政策旨在减轻低收入家庭负担，并确保进行某种程度上富裕家庭和贫困家庭之间"再分配"。因此，它们影响到更大比例的人口（例如瑞士和荷兰）。

在医疗保险主要与职业挂钩的国家，确保全民获得医疗保险的政策在危机时期尤为重要。各国必须确保失业者不会同时失去医疗保险。许多欧洲国家通常通过"安全网"为失业者和受益于社会援助的人提供医疗覆盖。希腊在经济危机期间许多人丧失了医疗保险。2009年，美国政府在《复苏法案》

中引入了一项补贴措施,以帮助失业者购买医疗保险;然而,仍有相当一部分人口没有享受到这种安全网所提供的医疗补助计划。由于《平价医疗法案》,没有医疗保险的人口比例持续下降。

当医疗保险与居住地或职业挂钩,并通过与收入相关的税收或缴款筹资时,政府无须干预以确保为"不良风险"提供基本医疗覆盖。相比之下,当医疗保险通过个人保费筹资时,无论是否强制,都需要政府干预以确保高风险人群能够找到合适的保险公司并且不会面临负担不起的保费。

3.4 非全民健康覆盖制度

在非全民健康覆盖制度下,政府提供的公共筹资的健康保险覆盖范围有限,仅覆盖部分特定人口群体,有小部分或较大比例的人口未得到覆盖(如奥地利、比利时、智利、希腊、日本、卢森堡、墨西哥、土耳其和美国)。然而,各国在覆盖方式上有所不同。在智利、墨西哥、土耳其和美国(直到2014年),部分人口自愿选择参加医疗保险计划。美国经常被认为是缺乏全民性社会健康保险制度的唯一的工业化国家。在美国,公共保险的目标是,在政府承担合理费用的基础上,对某些脆弱人群或"应该得到服务的"群体(例如儿童、老年人和残疾人)提供一个最低水平的卫生服务。多个主要为雇员及其家庭服务的私人健康保险制度,与联邦政府的两大健康保险计划——医疗保险(Medicare)和医疗补助(Medicaid)一起运作。目前,只有一小部分美国人口(36%)获得公共健康保险计划的覆盖,大多数美国人(55%)从私人健康保险中获得保险,其中87%(1.51亿)的人拥有雇主资助的保险,其余的人单独购买。与高收入国家不同的是,在美国,近十分之一的人口没有健康保险。

美国的医疗保险计划是一个全民性保险计划,主要向65岁及以上的老年人、残疾人和终末期肾病病人提供大多数医疗上必要的服务。此外,Tricare和退伍军人健康管理局向军事人员、退伍军人及其家属(占总体的4.5%)提供医疗保障。2018年,6 400万人参加了医疗保险计划,占美国总人口的

18%。与几乎所有 65 岁及以上的老年人都可以享受的医疗保险不同，医疗补助是一个经过经济状况调查的项目。它旨在为收入最低、资产最少的人、残疾人、享有医疗保险覆盖的贫困老年人，以及通常由于长期护理费用非常高而耗尽财政资源的残疾人和老年人提供健康保险。医疗补助计划以州为基础，但由州和联邦政府共同出资。作为对联邦资金的回报，各州必须达到联邦政府的某些标准。医疗补助计划覆盖了大约 1 500 多万人口，其中 55% 的人口收入低于贫困线。

在美国，一些雇主，特别是大雇主，为雇员提供多种健康保险产品的选择，而小雇主提供的选择往往要少得多。然而，对于联邦政府雇员来说，可能有几十种选择。一般来说，公司在年初之前有一个公开登记期。"公开登记"一词指的是雇员可以切换到不同计划的一段时间，而不管他们的健康史或状况如何。

由于就业是美国卫生保健的基石，雇主通常不仅补贴员工的保险，还补贴家庭成员的保险。雇主以不同的方式为健康保险融资，他们通过收取保费直接或间接地向雇员收取资金，并用自己的资金增加这些资金，以支付卫生保健费用。这通常有两种方式。首先，雇主可以作为其雇员的直接代理人，为他们认为符合条件的人寻求健康保险。如果医疗费用高于预期，这就把风险推给了保险公司。在这种情况下，雇主支付他们为雇员购买保险的全部或部分费用，并将其余部分以保费的形式转嫁给雇员。其次，雇主可以选择自我保险（self-insure）。这意味着他们直接为员工支付卫生保健费用并为他们购买服务，而不是从健康保险公司购买健康保险单。此外，他们还与保险公司签订合同，执行行政任务，如索赔处理、供应商付款、供应商网络管理和使用管理。在这个角色中，保险公司通常被称为"第三方管理者"（third party administrators），只提供"管理服务"（administrative services only）。

私人健康保险的保费通常由雇主和雇员共同承担。2018 年，雇主平均为个人保险支付 82% 的保费，为家庭保险支付 71% 的保费，其余部分由雇员支付（Kaiser Family Foundation，2018b）。私人保险主要分为三类，即健康维护组织（HMO）、首选提供者组织（PPOs）和高免赔额计划（Claxton et al.，2019）。

在智利，正式部门的雇员必须参加医疗保险计划，并支付他们每月收入或养老金的7%作为保险费。他们可以选择参加被称为Fonasa的公共保险基金，该基金覆盖人口约76%，或者选择参加13个私人医疗保险基金（Isapres）之一。其中7个私人基金在公开市场上竞争，而其他则与公共企业及其雇员有关。非正式部门工作者可以自愿选择是否参加该计划。Fonasa公共保险计划通常要求为每位申请人提供健康保障，无论其健康状况和收入如何，并向贫困和失业群体提供免费保险，这一群体占总人口的22.5%。剩余3.5%的智利居民没有获得医疗保障。

在墨西哥，医疗保健系统高度分散，但近年来在扩大人口覆盖方面取得了重大进展。45.5%的人口享有社会保障，这适用于正规部门的雇员及其家属。私营部门的工人及其家庭通过墨西哥社会保障研究所（Mexican Institute for Social Security, IMSS）得到保障，而公共部门的公务员和工人则由子系统国家雇员社会保障服务研究所ISSTE（Institute for Social Security Service for State Employees）得到保障。自雇人士可参加家庭健康保险计划。失业者、农村工人和非正规部门工人等无权享受社会保障的群体，可以通过大众保险计划主动选择医疗保险。该计划覆盖了47.4%的人口，自2003年医疗改革以来，这一比例显著增加。2012年仍有7.1%的人口未参与保险制度，其中个别个体（占总数3%）采取私人医疗保险方式。未参与保险制度的群体仍然能够获得低于全价的医疗服务，并由卫生部提供公共资助。

自2003年实施卫生改革计划（Health Transformation Programme, HTP）以来，土耳其的医疗保健覆盖面得到了扩大。最近，该改革将五个主要的社会保障基金整合为一个统一的社会保障体系——一般健康保险计划（General Health Insurance Scheme, GHIS），该计划现在已经覆盖了绝大多数人口，并由公共和私营部门设施提供服务（Tatar et al., 2011）。社会保障机构（Social Security Institution, SSI）成为医疗保健服务的唯一购买者，资金来源包括雇主和雇员捐款以及政府拨款，用于资助低收入人群（前绿卡持有者）和公务员。

3.5 健康保险制度对药品价格管制的影响

几乎所有国家都建立了为部分或全部人口购买药品提供补贴的机制，总体目标是通过减少消费者自付费用，使人们能够负担得起药品，从而能够保证消费（OECD，2008；MSH，2012）。保险公司和公共机构的保险计划在影响药品支出、价格水平和消费模式等方面发挥着重要作用。许多实行社会健康保险的国家都有一个单一的、普遍的计划，作为该国居民处方药保险的主要形式。在其中一些国家，一部分人口购买私人健康保险，通过补贴基本保险计划中未包括的药品来补充现有的保险范围，并支付部分或全部本应自付的分摊费用（如澳大利亚）。在这些社会健康保险国家，60%左右的药品费用都由公共资金支付，而在欧盟国家高达75%。一些国家没有单一的全民健康计划，而是有多种形式的基本处方药保险，例如，在美国和加拿大，这两个国家都有相互竞争的私人健康保险计划，以及为符合条件的人口群体提供公共资助的保险。

自20世纪90年代以来，随着政府卫生支出的不断上涨，大多数国家开始使用多种不同的药品价格管制政策，对买方支付的价格或卖方收取的价格进行设定或限制，以减少政府药品支出。发达国家药品价格管制的经验表明，政府是否对药品价格进行管制与该国的健康保险类型有密切关系，即在那些拥有社会健康保险或国家医疗服务制度的国家，政府都会对药品价格进行管制，以降低药品费用的迅速增长。相反，在没有社会健康保险或国家医疗服务制度的国家，药品价格一般是由市场来决定的。例如，在英国、法国、加拿大、澳大利亚、德国和日本等国家，由于普遍建立了社会健康保险制度或国家医疗服务制度，所以这些国家的政府都采取某些方式控制药品价格，主要包括直接设定或谈判价格（如法国和日本）和间接控制补偿价格（如德国）或制药公司利润（如英国）等。从价格管制的药品范围来看，政府主要管制社会健康保险补偿药品或处方药品的价格（见表3.3），对于非补偿药品（常常是非处方药品），则允许制药公司自主定价。

表 3.3　部分发达国家药品价格管制与健康保险状况

国　家	药品价格管制	社会健康保险覆盖范围
澳大利亚	全部健康保险覆盖药品	100%
加拿大	所有专利药和公共健康保险计划覆盖药品	100%
法国	全部健康保险药品	100%
德国	不直接管制	83.8%
意大利	全部健康保险药品	100%
日本	全部健康保险药品	100%
韩国	全部健康保险药品	100%
新西兰	全部健康保险药品	100%
西班牙	全部健康保险药品	100%
英国	间接管制销售给国家医疗服务系统的新上市药品价格	100%

资料来源：OECD Survey on health system characteristics 2008—2009 and OECD（2008）。

由于美国缺少普遍的社会健康保险计划，所以政府对药品没有实行全国性的价格管制，但医疗补助和退伍军人事务部是例外（Adams，Soumerai and Ross-Degnan，2001）。这些政府项目可以协商支付折扣，但不包括医疗保险，因为医疗保险 D 部分立法中的一项规定禁止医疗保险就药品的批量折扣进行谈判。作为《综合预算和解法案》（*Omnibus Budget Reconciliation Act*）的一部分，1990 年联邦政府制定的医疗补助药品回扣计划（Medicaid Drug Rebate Program）要求，制药公司向各州和联邦政府返还出售给医疗补助和退伍军人事务部（VHA）病人的药品回扣（CMS，2011e）。这些回扣每季度支付给州医疗补助机构，等于平均制造商价格（AMP）的 15% 或平均制造商价格与任何美国购买者可获得的最低价格之间的差额的较高者。大约有 600 家制药公司参与了这个回扣计划，这是医疗补助计划药品保险覆盖的要求，回扣幅度从药品平均制造商价格（AMP）的 13%～23% 不等（CMS，2017）。

第4章　医疗服务提供模式

医疗服务主要是指医疗服务提供者（医院和医生）提供的照护生命、诊治疾病的健康促进服务，以及为实现这些服务提供的药品、医疗器械、救助运输及病房住宿等服务。医疗服务提供模式则是指医院和医生提供医疗服务的途径和他们的行为方式。具体来说，它主要包括分级诊疗制度、医生的行为方式、支付制度以及医院的成本补偿制度等各种医疗制度。

4.1　医疗服务的层级

根据卫生保健提供者的作用和功能，医疗服务的提供一般可以划分为两个或三个层级。第一层级是全科医生（generalists，GPs）或家庭医生（family physicians）提供的初级保健（primary care）。初级保健通常是人们呈现健康问题并且满足大多数人的治疗和预防保健需要的首个接触点（Kringos et al., 2014），它不仅为常见疾病和伤痛提供持续医疗保健，而且还充当一般在医院提供的更专业医疗的"守门人"。大多数国家的初级保健服务主要是在私人机构提供的门诊服务，包括几乎所有拥有社会健康保险制度的国家和一些拥有国家医疗制度的国家（如澳大利亚、加拿大、丹麦、爱尔兰、新西兰、挪威和英国）。相比之下，芬兰、冰岛、意大利、墨西哥、葡萄牙、西班牙、瑞典和土耳其等国家的初级保健服务主要由公共卫生中心（public health centers）提供。初级保健服务的私人提供者通常都是单独执业（solo practice）的全科医生，但在一些国家，医生集体执业（group practice）是主要的提供方式，它可以增加病人的可及性和专业的工作条件，以及卫生保健服务的有效性和效率，因为几个卫生专业人员一起合作（Tollen，2008）。初级保健服务通常包括非住院病人所接受的各种预防和治疗护理，如常规诊断服务、小手术、计划生育、慢性病病人的持续护理、产前护理、预防服务、健康促进、门诊药品处方、疾病证明和转诊专科治疗。

第二层级是地区性专科医院或综合医院提供的专科保健（specialized care），包括一些常见病、多发病、一般性急症重症和疑难杂症的诊疗，以及专科门诊、急诊门诊和住院服务。专科门诊服务（outpatient specialists' services）既可以由公立医院或公共卫生中心提供，也可以由私人诊所提供。一般情况下，拥有国家医疗制度的国家（澳大利亚、丹麦和挪威除外）主要在公立医院提供专科门诊服务。除匈牙利、墨西哥和土耳其外，拥有社会健康保险制度的国家通常依赖私人机构。病人要接受专科保健服务，他们必须由全科医生转诊或作为急诊入院。美国的社区医院属于二级保健，主要为住院病人提供治疗服务。

第三级卫生保健服务提供更高度专业化的医疗护理，他们通常与大学医学院或教学医院联系在一起，往往侧重于最复杂的病例和更罕见的疾病和治疗，如器官移植手术和心内直视手术。

4.1.1 病人在卫生保健提供者之间的选择

病人在卫生保健提供者之间选择是竞争性医疗服务市场的一个特征，通常被认为能够对价格施加下行压力和提高所提供服务的质量。然而，在某些情况下，对病人选择的限制或鼓励对某一提供者的偏爱已被用来引导对医疗服务的需求。存在两种类型的激励或限制。在具有地方服务的国家卫生系统中，病人的选择往往限于一个地理区域。这使得地方政府能够控制投资于医疗保健的资源，包括定量配给。影响需求的第二种方法是将选择限制在由第三方付款人选择的提供者网络，或制定财政激励措施（例如更高的补偿），以支持网络成员的选择，而不是相互竞争提供者。在这种情况下，制定限制或激励措施是为了引导需求转向更适当的卫生服务（见表4.1）。

表 4.1 OECD 国家病人在提供者之间的选择

国　家	初级保健医生的选择	专科医生的选择	医院的选择
澳大利亚	自由	自由	激励
奥地利	激励	激励	有例外的限制

续表

国　家	初级保健医生的选择	专科医生的选择	医院的选择
比利时	激励	自由	自由
加拿大	自由	自由	有例外的限制
捷克共和国	自由	自由	自由
丹麦	限制	限制	自由
芬兰	限制	限制	限制
法国	自由	自由	自由
德国	自由	自由	激励
希腊	激励	激励	激励
匈牙利	自由	自由	自由
冰岛	自由	自由	自由
爱尔兰	自由	自由	自由
意大利	自由	自由	自由
日本	自由	自由	自由
韩国	自由	激励	自由
卢森堡	自由	自由	自由
墨西哥	限制	限制	限制
荷兰	自由	激励	自由
新西兰	自由	限制	限制
挪威	自由	自由	自由
波兰	自由	自由	自由
葡萄牙	限制	限制	有例外的限制
斯洛伐克共和国	自由	自由	自由
西班牙	限制	限制	有例外的限制
瑞典	自由	自由	自由
瑞士	自由	自由	有例外的限制
土耳其	自由	自由	自由
英国	限制	自由	自由

资料来源：OECD Survey on health system characteristics 2008—2009。

病人选择相当有限的国家已采取措施扩大这一范围，而历史上拥有无限选择的国家一直在努力促进合理的卫生保健途径，特别是通过实施"守门人"制度。在几乎一半的经合组织国家，病人在选择卫生保健提供者时不面临任何约束或经济激励。

一些国家的病人有选择医生的动机。例如，在奥地利，病人可以自由地去看没有与健康保险基金签订合同的全科医生和专科医生，但如果他们这样做，将面临更高的共同支付费用。在比利时，病人可以选择一名初级保健医生来管理他们的医疗记录，从而在他们看医生时享受较低的共付费用。在澳大利亚，如果病人选择在公立医院接受公立病人的治疗，就可以免费接受治疗，在其他情况下，他们面临共同支付（部分或全部由他们的私人保险覆盖）。而在其他一些国家，病人的选择相当有限。在荷兰，病人可以自由选择全科医生，不受任何限制。然而，全科医生有权拒绝一个病人，要么是因为这个人住在离诊所超过15分钟的地方，要么是因为全科医生的名单上已经有太多的病人。在丹麦，绝大多数病人（第一组承保方案）必须在离家10千米（哥本哈根为5千米）以内选择一名初级保健医生。相比之下，对于第二组承保方案所涵盖的2%的人来说，医生的选择更加开放（Strandberg-Larsen et al., 2007）。在瑞士，医院费用由医疗保险和州政府共同承担，病人选择住院治疗的范围原则上限于其所在州的医院，急诊或转诊到本省没有的专科治疗的情况除外。在芬兰，病人的选择限于提供一系列卫生和社会服务的市政保健中心和病人所在地理区域内的医院。在墨西哥的公共部门，病人的选择限于他们注册的初级保健单位的医生。在英国，病人需要在一个地理区域内选择他们的全科医生。自2009年以来，病人现在可以和他们的全科医生一起选择他们需要住院治疗的医院。在西班牙和葡萄牙，病人的选择也非常有限，如果等待时间很长，可以作为住院治疗的例外。

4.1.2 "守门人"制度

为了鼓励适当利用卫生保健服务，越来越多的国家依赖初级保健医生来保证对病人进行良好的随访,并充当"守门人"(Gatekeeping)角色。"守门人"的目的是降低消费者的搜索成本,引导对专科服务的需求,以确保适当使用不同层级的医疗护理。然而,"守门人"制度的有效性取决于初级保健医生作为管理和协调病人护理后续工作的良好代理人的能力,以及二级保健提供者提供的服务质量和价格方面的现有信息。

一个国家对"守门人"制度的使用可以通过以下两种方式进行评估:人们在咨询专科医生之前首先咨询全科医生的强制性程度或可选择性程度,以及(或)在实践中,人们在看专科医生之前咨询全科医生的普遍程度或罕见程度。在一些国家(如丹麦、匈牙利、荷兰和英国),病人被要求或给予奖励,在任何新的治疗过程中咨询全科医生的"守门人",如果需要,全科医生会把他们转到专科医生那里。然而在实践中,这些国家的人们可以在不同情况下直接(在医院内或医院外)咨询专科医生,这些机会在很大程度上取决于每个国家的具体情况。在其他国家(如奥地利、法国、德国、冰岛、卢森堡和瑞士),病人可以自由地直接咨询专科医生,而不必先看全科医生。然而,在实践中,其中几个国家的大多数人在转诊给专科医生之前确实先咨询了他们的全科医生,因此全科医生成为卫生系统的切入点。

在一些国家,病人被要求向初级保健医生登记。这一特征在拥有国家医疗服务制度的国家(如丹麦、意大利、挪威、葡萄牙和西班牙)中比在拥有社会健康保险制度的国家(如荷兰和斯洛伐克共和国)中更常见。在爱尔兰,大多数病人(第二类)不必登记,而第一类病人必须登记。在另一组7个国家(比利时、法国、德国、匈牙利、新西兰、瑞士和英国),病人在初级保健医生那里登记有经济激励。除瑞典外,在拥有国家医疗制度的国家,"守门人"制度通常更为普遍,但荷兰也存在这种情况。

表 4.2　OECD 国家"守门人"制度

国　家	在初级保健医生处注册	转诊获得二级保健
澳大利亚	没有义务也没有激励	经济上鼓励
奥地利	没有义务也没有激励	没有义务也没有激励

续表

国家	在初级保健医生处注册	转诊获得二级保健
比利时	经济上鼓励	经济上鼓励
加拿大	没有义务也没有激励	强制性
捷克共和国	没有义务也没有激励	没有义务也没有激励
丹麦	强制性	强制性
芬兰	没有义务也没有激励	强制性
法国	经济上鼓励	经济上鼓励
德国	经济上鼓励	经济上鼓励
希腊	没有义务也没有激励	没有义务也没有激励
匈牙利	经济上鼓励	强制性
冰岛	没有义务也没有激励	没有义务也没有激励
爱尔兰	没有义务也没有激励	经济上鼓励
意大利	强制性	强制性
日本	没有义务也没有激励	没有义务也没有激励
韩国	没有义务也没有激励	没有义务也没有激励
卢森堡	没有义务也没有激励	没有义务也没有激励
墨西哥	没有义务也没有激励	强制性
荷兰	强制性	强制性
新西兰	经济上鼓励	强制性
挪威	强制性	强制性
波兰	没有义务也没有激励	强制性
葡萄牙	强制性	强制性
斯洛伐克共和国	强制性	强制性
西班牙	强制性	强制性
瑞典	没有义务也没有激励	没有义务也没有激励
瑞士	经济上鼓励	经济上鼓励
土耳其	没有义务也没有激励	没有义务也没有激励
英国	经济上鼓励	强制性

资料来源：OECD Survey on health system characteristics 2008—2009。

在四个国家，对向初级保健医生登记和获得转诊二级或专科护理都有经济奖励。在比利时，如果病人选择与全科医生开立一个全面医疗档案（global medical file），那么他们就可以获得减少分摊医生咨询费用的好处。全面医疗档案包括关于健康和卫生保健干预措施的所有信息。分摊费用减少率因年龄和健康状况而异，最高可达 30%。在法国，2004 年的改革采取了激励措施，鼓励 16 岁以上的病人向初级保健医生登记，并寻求转诊以获得专科护理。如果病人没有向全科医生登记，或者在没有转诊的情况下咨询专科医生，那么他们就需要支付更高的医生咨询费用。此外，未经转诊咨询的专科医生可以收取额外费用，即使他们没有在第二区登记。最初，协调护理路径（coordinated care pathway）外的医生咨询的补偿率为 60%，而不是 70%（Com-Ruelle et al., 2006），但已逐步降到 2009 年的 30%。对妇科医生、眼科医生和精神科医生（适用于 16~25 岁的年轻人）而言，直接求助专科医生仍然可以不受惩罚。改革之后，在 2004—2006 年，直接获得其他专科咨询的比例从 22% 降至 15%。

在德国，2004 年的改革规定，在医生诊所的第一次预约和随后的每次就诊，如果没有第一次就诊的医生的转诊，每个日历季度支付 10 欧元的共担费用（Lisac et al., 2009）。此外，自 2004 年以来，健康保险公司被要求向其成员提供以全科医生为中心的计划，并给予经济奖励，让他们首先咨询全科医生，并获得专科护理的转诊。2007 年，有一半的健康保险基金提供这类方案，19% 的符合条件的个人参加了这类方案。在瑞士，人们可以选择有管理保健方案的健康保险计划，为向全科医生登记和转诊到二级护理提供经济奖励。2007 年，24% 的参保人选择了这类计划。

在一些国家，转诊对公共部门是强制性的，但对私营部门不是。例如，在墨西哥，病人直接向私营部门的医生付费，20% 的专科就诊是在没有转诊的情况下进行的。在澳大利亚，病人无须转诊就可以获得私人专科护理，而健康保险的补偿费用较低。

4.2 医生服务与医院服务

4.2.1 医生服务

医生不仅为卫生保健产出提供了重要的劳动力资源，同时也在卫生系统中扮演着关键角色。执业医生（practicing doctors）通常被定义为直接向病人提供服务的全科医生和专科医生。全科医生（家庭医生）是指那些不局限于某些疾病类别，并承担提供持续和全面的护理或转诊给其他卫生保健专业人员的责任的医生。他们主要提供初级卫生保健服务，范围包括：首次接触护理和分诊；诊断服务、治疗和后续护理；医学技术程序；预防和促进健康；母亲、儿童和生殖保健。一般情况下，病人出现的绝大多数健康问题和疾病都可以在全科医生那里得到处理。如果有必要，全科医生可以通过转诊程序将病人转介至专科医生或医院。在单独执业（solo practice）较多的国家，全科医生通常为更广泛的疾病提供治疗和后续护理。专科医生（specialists）是指使用专科检验、诊断、医疗和外科等技术，诊断和治疗身心疾病和障碍的医生，他们的执业主要限于某些疾病类别或治疗方法，提供维持、改善和延长人类生命的重要服务（如心脏外科医生）。然而，各国的医生分类方式也有所不同。例如，在美国和以色列，普通内科医生通常扮演着与其他国家的全科医生类似的角色，但他们被归为专科医生。在所有国家，为儿童提供一般护理的普通儿科医生也被认为是专科医生，所以他们不被认为是全科医生。在许多国家，全科医生在保障良好的卫生保健、管理慢性病和使人们不住院方面发挥着关键作用。

医生和他们的病人之间的关系是所有卫生保健系统的基石。作为代理人，医生被期望总是把他们的知识和能力用于优势，而不是损害其委托人的健康。然而，这种所谓的病人（委托人）和医生（代理人）之间的委托代理关系不能满足病人的整体利益，因为病人更愿意为医疗服务支付更少而不是更多的钱，而医生的经济利益要求更多而不是更少的卫生保健支出。

在麦圭尔和波利（McGuire and Pauly, 1991）提出的医生执业的基准模型中，医生被描述为在收入、闲暇和诱导的基础上寻求效用最大化，重视净收入和闲暇时间，不愿意诱导病人的需求。他们不仅要权衡收入和闲暇时间，还要权衡收入和诱导的负效用。每一单位的诱导病人治疗都会降低医生的效用，他们必须从诱导获得的额外收入所带来的额外效用中获得补偿。也就是说，如果存在供给诱导需求的话，医生的收入效应必须是确定的，而且非常重要。供给诱导需求（supplier-induced demand，SID）包含医生偏离其代理责任为他们自己的利益而不是病人的利益提供医疗的可能性。该模型表明，医生可能会通过更努力地诱导病人购买比医学上必要的更多的卫生保健来应对日益激烈的竞争。医生在应对执业盈利能力下降时具有较强的收入效应，收入降低可能会引发更多的诱导。

4.2.2 医院服务

在许多工业化国家，医院服务占卫生支出总额的最大一部分。很多国家将三分之一以上的卫生保健支出用于医院服务，其中，住院治疗占各国卫生保健支出的 40% 左右。此外，一些国家政府承担了 85% 的住院护理支出。由于提供医院服务在国民收入和政府预算中所占比例很高，因此，在大多数国家，确保提供医院服务的效率是一个非常重要的政策问题。

1. 医院的定义与分类

在国际和国家层面上，对医院有不同的定义。经合组织（OECD）给出的医院定义是，"医院是主要从事向住院病人提供医疗、诊断和治疗服务（包括医生、护理和其他保健服务），以及住院病人所需的专科住宿服务的有执照机构。医院也可以提供门诊服务，作为其次级业务活动。医院提供住院病人医疗服务，其中许多只能通过作为生产过程重要和不可分割部分的专科机构和设备来提供。在一些国家，卫生机构还需要一个最低规模（如病床数），以便注册为医院（OECD，2000）。"由于卫生系统的组织和历史发展等方面的差异，有几个国家对于医院存在一些特殊性的理解。例如，在奥地利，"医院"术语也正式包括独立的门诊卫生诊所（例如 X 射线诊所、牙科保健中心和类似的机构），但这些机构不属于住院部门。在英国，有多种子类型的医院，每一个子类型医院在自主性、战略重点和资金方面都有不同的地位。在意大利，医院的定义还包括对外国公民的护理（PHIS Hospital Pharma Report, 2010）。

医院是卫生保健系统的一个重要组成部分。一个国家的医院网络通常包括区医院（district hospitals）、地区医院（regional hospitals）、三级医院和教学医院等。在这个系统中，病人在不同级别、类型和医疗地点的医院之间移动。医院按照收治范围可以划分为综合医院（general hospitals）和专科医院（specialized hospitals）两种类型。综合医院是一种主要向患有各种疾病的住院病人提供诊断和治疗（外科和非外科）的有执照机构。这些机构也提供其他服务，如门诊服务、解剖病理学服务、X射线诊断服务、临床检验服务、各种手术的手术室服务和药房服务（PHIS, 2009）。专科医院包括心理健康与药物滥用医院（mental health and substance abuse hospitals）和专业医院（speciality hospitals）。心理健康与药物滥用医院是一种主要从事为患有心理疾病或药物滥用障碍的住院病人提供诊断、医疗和监测服务的有执照机构。这种治疗通常需要在住院环境中长时间停留，包括招待所住宿和营养机构。该机构提供精神科、心理科和社会工作等服务。这些医院通常提供其他服务，如门诊医疗、临床化验、X射线诊断和脑电图服务。专业医院也是一种有执照的机构，主要从事为患有某种疾病或药物状况（心理健康或药物滥用除外）的住院病人提供诊断和医疗。为慢性病病人提供长期护理的医院和为身体有缺陷或残疾的人提供康复及相关服务的医院都属于专业医院。这些医院可以提供其他服务。例如门诊服务、X射线诊断服务、临床检验服务、手术室服务、物理治疗服务、教育和职业服务，以及心理和社会工作服务（PHIS, 2009a）。一般来说，在大多数国家，综合医院要比专科医院多。

医院的所有者既可以是私有，也可以是公有。在欧洲，大多数医院都是国家所有，州、地区或市政机构是医院的主要所有者，其他医院所有者包括教堂、疾病基金以及志愿机构。总体而言，在大多数西方国家，公立医院的数量超过私营医院的数量，大约60%的医院是公立医院。公共部门的主导地位特别体现在急诊床位的数量上，公立医院和非营利性私立医院（被认为是公共部门的一部分）的床位明显多于营利性私立医院的床位（按欧洲平均水平约占所有急诊床位的 90% 以上）。在一些国家，100% 的急诊保健服务是在公共机构或非营利性私立医院提供的。在荷兰，急症护理床位设在私人医院，不允许盈利。在美国，私立（非政府）医院占医院床位的绝大多数，其中，非营利性私立医院的病床占比很大。因此，医院在很大程度上是非营利性机构，其大部分收入主要来自政府。从经济学上来说，非营利性机构的重要且不同之处在于其不可分配的约束，这意味着没有哪个人对非营利性机构的盈余有合法的要求权。由于没有对盈余（即利润）的要求权，公立医院和非营利性私立医院的目标可能就与营利性医院有所不同，他们可能对以成本效益的方式运作不感兴趣，不会实现利润最大化，而是会寻求反映董事会、管理人员、雇员或医生的偏好的目标（Newhouse，1970；Pauly and Redisch，1973）。然而，不同目标并不能确定非营利医院不会寻求反竞争的高价格。特别是，如果非营利医院有昂贵的慈善目标或为高管寻求高薪酬，他们可能有很强的动机利用市场力量，当他们有这种力量时，提高价格。

2. 医院服务的主要特点

医院服务本身是一系列复杂的产品和服务，包括许多不同类型的面向病人的活动。除外科、妇产科和住院病床护理外，医院通常还提供紧急护理、各种诊断服务、药品和其他辅助服务。对于某些服务，如急救服务，医院几乎没有竞争对手，因为载着需要紧急护理的病人的救护车必须前往最近的医院，以确保快速治疗。对于其他服务，如住院病人预约手术，医院可以与提供同等护理的其他医院争夺病人。许多医院不提供高水平服务（有时称为第三级服务），如心内直视手术、移植、烧伤病房和新生儿服务。对于诊断服务、专科医生会诊和门诊服务等一些服务，医院有时可能与诊断中心、医生办公室和门诊手术进行竞争。这些可供选择的非医院服务提供者中没有一家能够像普通急症护理医院那样提供广泛而深入的服务，因此，不能被认为是医院的完全替代品。

卫生保健服务，包括医院服务，结合了一些不同寻常的特点，如果采用纯粹的自由市场办法，可能会造成过度开支。这些特点包括：①保险效应，健康保险意味着消费者支付的费用远远低于他们所获得服务的边际成本，因此，即使服务成本高于病人的预期收益，消费者也会要求得到服务。②信息效应，因为消费者难以评估服务提供前后的保健质量，这可能使保健提供者提供过多和低质量的服务，从而使收入最大化。③广泛的医疗保健覆盖范围的分配福利目标，其中包括对弱势群体和穷人的覆盖。

医院服务市场表现出一些明显的特点，包括复杂的生产、不对称信息、地方市场势力、不稳定投资、大型雇主以及未能鼓励追求效率收益的支付系统。

（1）生产的复杂性和快速的技术变革。提供医院服务时生产的产品是高度复杂的。有时它是针对病人的，因为即使在同一诊断中，病人往往需要不同的服务集，所以所提供的服务很难标准化。

技术变革迅速是医院服务提供的一个主要特点。例如，心脏附近的静脉阻塞曾经需要进行心内直视手术，现在通常可以通过心导管治疗。新的手术方法、医疗设备、治疗标准和诊断设备有可能大大迅速地改变特定医院服务的市场。技术变革的一个影响可能是减少从手术中恢复所需的时间，这反过来又会减少为特定人口服务所需的床位数量。然而，由于大多数医院是长期建设的，技术变革可能导致设施利用率较低，这反过来又增加了回收沉没资本投资的难度。

（2）支付者、病人和护理提供者之间的不对称信息。在许多国家，绝大多数病人都为使用医院服务投保。虽然有时适度的共同支付是必要的，但如果病人支付的话，他们通常只支付他们所接受的医疗费用的一小部分。病人和支付者通常很难判断医疗的适当性。因此，如果医院的每一项服务都得到补偿，医院就会有过度提供服务的动机。同样，病人也可能会有过度消费服务的动机，因为他们获得服务的成本通常比实际成本低得多，他们可能寻求对病人的真正边际效益低于支付者成本的服务。简而言之,在需要护理的程度、这种护理的真实成本以及这种护理在健康结果方面的价值等方面存在不对称信息。

（3）由规模经济和行程成本导致的地方市场势力。规模经济是许多医院服务的重要因素，但并非所有服务都是如此。这就是为什么农村医院提供的服务通常比大城市的二级或三级医院要少得多的原因之一。该医院服务的人口不足以在许多地区提供经济服务所需的规模。尽管如此，某些服务并没有表现出高水平的规模回报。例如，化验室检验服务可能有一个相对较小的最低有效规模和有限的回报更大的规模。

正如 McGuirk 和 Porell（1984）以及 Dranove、White 和 Wu（1991）所指出的那样，医院距离病人家或工作场所的远近对病人使用某家医院的意愿有重大影响。他们发现，在当地市场中，到医院的距离是医院选择的一个重要决定因素，在自己的市场中无法满足其医疗需求的病人通常会前往最近且能满足其需求的市场。在2004年12月加拿大最近的一项调查中，三分之一的加拿大成年人说，在他们家附近的医院进行手术是极其重要的。这是病人和他们的医生计算行程时间和距离成本的自然结果。其结果是，提供类似服务的医院可能在地理上有所区别。这种差异化意味着这类医院可能不是紧密的替代品，并暗示医院可能具有市场支配力。

（4）长期性的不稳定投资。事实上，医院是由长期性的不稳定投资组成的，而沉没成本是这种投资的重要组成部分，这意味着在面对医院的反竞争价格上涨时，"击跑进入"（hit and run entry）不是一个可行的策略。虽然新医院是在人口高增长或供应不足的地区建造的，但在稳定的市场上很少建造提供全面服务的急症护理医院，这在很大程度上是因为改进的手术技术缩短了住院时间，导致许多医院的产能严重过剩。虽然进入医院的情况并不常见，但由于产能过剩，一些国家的许多医院关闭了。

（5）大型雇主和重要的地方公共服务。保持医院提供的保健服务的广泛可及性是西方各国政府的一项高度优先事项。一些决策者感到关切的是，引入竞争或预付制将导致医院破产，减少对服务不足人口的服务，并造成失业。城镇或州/地区政府对维护医院服务有浓厚的兴趣，即使这种维护对整体系统效率没有贡献。

4.3 医生服务与医院服务的支付方式

卫生保健提供者的支付安排无疑是卫生系统具有决定性的特征之一，影响到卫生服务供应的数量、质量和效率。提供者支付的水平和结构是影响提供者行为的核心因素，每个支付方案都提供具体的激励措施。卫生保健提供者支付可以是预付制（prospective），也可以是后付制（retrospective）。预付制以预算的形式运作，可能会导致成本控制，这取决于预算是硬约束（导致过度支出的处罚）还是软约束（过度支出不被处罚）。预付制包括工资、人头费（与特定提供者登记的每个病人或特定地区的每个居民的固定费用）和单项或总额预算（line-item or global budgets）。后付制是在提供卫生服务之后进行，通常采取"按服务收费"支付的形式或按通常称为疾病诊断相关组的分组进行的基于病例的支付（固定的按服务收费支付）。

在欧盟卫生系统中，初级保健提供者最常见的支付方式是按人头支付和按服务收费支付。在卫生保健主要通过社会保险费提供资金的地方，专科医生更有可能以按服务收费为基础获得报酬，而在以税收为主导的卫生系统中，专科医生往往是受薪雇员。医院是最常见的预算分配方式，但基于病例的支付方式越来越多地用于明确预算或作为一种后付制的支付方式（有或没有支付上限）。

4.3.1 医生服务的支付方式

医生传统上主要通过以下三种方式获得报酬。

1. 工资（salary）

工资（或薪金）是对工作一定时间所支付的约定金额的报酬。工资支付（salary payment）通常根据医生的资格、职位的级别或资历来决定，支付额通常不受治疗的病人数量或服务价格的影响。但是，加班或在周末或夜间工作可提供额外报酬。薪金表和额外支付可以在国内统一制定，也可以根据地区（如奥地利）和卫生机构的不同而有所不同。

所有国家都部分或全部使用工资来支付医生，无论他们是作为个体医生还是在医院工作。在工资支付方式下，医生的收入与产出（如项目数量或服务质量）无关。因此，在公共部门拿工资的医生往往与低积极性、低生产力和低质量的服务联系在一起。然而，工资也可以与按人头计算和按绩效计算相结合，以提高员工的积极性，并提高生产率和质量。

由于人员费用只是治疗费用总额的一部分，因此必须了解在何种情况下工资被用作提供者支付方法。例如，如果在严格的预算限制下支付工资，医院管理可能会对医院医生的治疗决策产生显著影响，促使医生青睐低成本治疗，并可能容忍低质量的治疗。

2. 按服务收费（fee-for-service, FFS）

按服务收费是对所提供的每项服务支付的价格。在大多数国家，为不同服务支付的费用是由卫生保健购买者（如卫生部或健康保险公司）与提供者（医生）协商确定的。然而，在一些国家，个体医生可以灵活地为其全部或部分病人设定收费水平。收费标准可以在国内统一确定，也可以根据地区（如加拿大）或保险基金（如奥地利）而有所不同。根据这种付款方法，薪酬水平受所提供服务的数量和种类以及为这些服务支付的费用的影响。

虽然按服务收费被认为有利于提供保健服务的数量和质量，但在供应充足的情况下，它可能会导致供应商诱导需求。尽管如此，特别是在门诊部门，按服务收费在一些国家中一直很受欢迎，因为这些国家的大多数医生都是私营的，例如，在比利时、德国、日本、韩国、瑞士和美国，它已经成为一种重要的支付方式。在这些国家，病人享有直接选择医生的自由，一般可充分获得卫生保健服务。在按服务收费框架内工作的医生也努力提高卫生保健服务的质量，以吸引更多的病人。然而，在某些情况下，按服务收费可以与成本控制政策保持一致。例如，在德国，按服务收费支付与部门预算结合用于门诊医疗。每种类型的服务都与特定数量的分数相关联，每个分值是通过将门诊医疗的部门预算除以所有全科医生"生产"的总分数。医生的最后报酬（按季度支付）相当于他通过提供卫生服务"赚取"的分数的总和。

3. 按人头收费（capitation fee）

按人头收费是指为在医生那里登记的每个病人支付一定数额的费用，作为回报，医生承诺在一段时间内（通常是一年）满足病人的保健需求。在这种情况下，医生的报酬受名单上病人的数量和为每个病人提供的金额的影响，这通常由医疗保健购买者和提供者协商确定（数额往往根据病人的特征，如年龄和性别进行调整）。按人头支付系统主要用于支付全科医生。在意大利和英国，主要以税收为基础的卫生筹资系统为向人口提供初级保健的全科医生采用了这种支付方法。

采用按人头收费方法需要解决风险群体内服务不足的问题，因为这类群体适用特定的按人头计算的统一费率。根据病人的年龄和性别等情况进行调整的按人头支付能够有助于保证服务质量和公平获得服务，因为这可以鼓励全科医生接受和治疗具有各种特点的病人，而不是将其中一些病人转移到专科医生或医院。在美国，按人头收费在门诊和住院治疗中都很普遍，特别是在健康维护组织（Health Maintenance Organizations，HMOs）或管理型保健计划的框架内。另一方面，按人头收费可能会导致医疗服务提供者减少他们的工作努力，精心挑选更健康的病人，过度推荐病人到其他医疗部门（Rochaix，1998；Simoens and Hurst，2006；Grignon et al.，2002）。OECD国家医生报酬的主要模式见表4.3。

表4.3 OECD国家医生报酬的主要模式

国　家	初级保健医生的报酬	门诊专科医生的报酬	住院专科医生的报酬
澳大利亚	按服务收费	按服务收费	工资
奥地利	按服务/按人头收费	按服务收费	工资
比利时	按服务收费	按服务收费	
加拿大	按服务收费	按服务收费	按服务收费
捷克共和国	按服务/按人头收费	按服务收费/工资	工资

续表

国　家	初级保健医生的报酬	门诊专科医生的报酬	住院专科医生的报酬
丹麦	按服务/按人头收费	工资	工资
芬兰	工资/按服务/按人头收费	工资	工资
法国	按服务收费	按服务收费	工资
德国	按服务收费	按服务收费	工资
希腊	工资	按服务收费/工资	工资
匈牙利	按人头收费	工资	工资
冰岛	工资	按服务收费	工资
爱尔兰	按服务收费	工资	工资
意大利	按人头收费	工资	工资
日本	按服务收费	按服务收费	按服务收费
韩国	按服务收费	按服务收费/工资	按服务收费/工资
卢森堡	按服务收费	按服务收费	
墨西哥	工资	工资	工资
荷兰	按服务/按人头收费		按服务收费
新西兰	按服务收费/工资	按服务收费/工资	按服务收费/工资
挪威	按服务收费/工资	按服务收费/工资	工资
波兰	按人头收费	按服务收费/工资	工资
葡萄牙	工资	工资	
斯洛伐克共和国	按人头收费		工资
西班牙	工资/按人头收费	工资	工资
瑞典	工资	工资	
瑞士	按服务收费	按服务收费	
土耳其	按服务收费/工资	按服务收费/工资	按服务收费/工资
英国	工资/按服务/按人头收费	工资	工资

资料来源：OECD Survey on health system characteristics 2008—2009。

理论上，不同类型的报酬方式会给医生提供不同的经济激励，这可能会影响他们的行为。按服务收费的医生通常比拿工资的医生更有动力看更多的病人，提供更多的服务，因为他们的收入与提供的服务数量直接相关。然而，在实践中，一些国家（如加拿大和德国）对按服务收费的医生在任何一年可申请的最多服务数量和服务类型设定了上限。在按人头支付的制度下，医生原则上有经济上的激励，让尽可能多的病人登记在他们的名单上，在缺乏替代医生的情况下，这可能会导致病人得不到充分的服务。因此，在实践中，一些国家对每个全科医生的病人总数设置了上限（如捷克共和国、丹麦和匈牙利）。此外，在需求方面，不同薪酬方法内激励可能部分或全部被鼓励人们使用全科医生或专科医生服务所抵消。例如，在向医生支付服务费的同时，病人往往还会支付某种形式的共同费用，这可能会限制他们对服务的需求，尽管医生有提供更多服务的动机。

近年来，一些国家引入了不同的混合医生服务支付方式组合，试图克服传统方法的缺点，并提供适当的激励组合，以提高保健的效率、可及性和质量，同时在一定程度上控制成本。这些混合支付方式的新形式的引入增加了评估任何单一的薪酬方式对医生行为和薪酬水平的影响的难度。

4.3.2 医院服务的支付方式

大多数国家使用混合支付安排来资助医院服务，每种支付安排都对医院服务的数量、质量和生产效率提供具体的激励。

1. 基于疾病诊断相关组的支付（payment based on diagnosis-related groups, DRGs）

早在1984年，美国的医疗保险（Medicare）引入了一种基于疾病诊断相关组的按病种支付制度。此后，许多国家（包括澳大利亚、奥地利、德国、芬兰、爱尔兰、意大利、葡萄牙和瑞典）全部或部分采用了基于疾病诊断相关组的支付方式。

疾病诊断相关组制度是一种病人分类系统，用于将病人按经济上和医学上的相似性进行分组，期望具有类似的医院资源使用和成本。除主要诊断外，诊断相关组还考虑了伴随疾病和并发症的存在、病人的年龄和治疗方式（手术或保守治疗），包含大约500种不同的支付类别。在基于疾病诊断相关组支付制度下，根据诊断、治疗和出院类型，病人每次出院卫生保健提供者均可获得固定费用的补偿。因此，诊断相关组支付方式具有控制成本的强烈动机，因为它在很大程度上将费用超支的风险转移到医院，使医院有动机控制其治疗费用。由于报酬与诊断和程序有关，提供者有激励以尽可能短的住院时间提供具有成本效益的服务。另一方面，在采用诊断相关组支付方式时，应解决过早出院、选择低成本病人和增加入院人数等问题。各国引入基于疾病诊断相关组支付的目标各不相同。一些国家旨在减少等待时间，增加活动，刺激提供者竞争和促进病人选择医院，而另一些旨在控制成本，提高医院融资的透明度和协调公共和私营提供者的支付系统（Ettelt et al., 2006）。

2. 按日支付（per diem payment）

按日支付被广泛定义为医院一天内提供的部分或全部服务。虽然按日支付的费用一般根据住院性质（外科、产科等）进行调整，但并不直接取决于提供的临床服务的数量。按日支付使医院有强烈的动机增加入院人数和延长住院时间，从而增加卫生支出。挪威在1980年代初放弃了按日支付，在过去几年中，经合组织国家的卫生改革证实了有限使用按日支付的趋势。例如，在按日支付计划下，住院时间过长是德国对住院护理报酬实行诊断相关组制度的一个主要原因。

3. 预算（budget）

自1970年代以来，许多发达国家都采用预算作为控制卫生保健费用的手段。首先区分整个医疗保健系统的预算，以及门诊护理、医院护理和药品等部分医疗保健系统的预算，这些预算分别被称为总预算和部门预算。与法国的情况一样，还在为医院等卫生机构制定预算。然而，这并不排除医院使用其他的提供者支付方式。例如，疾病诊断相关组可以很好地用于支付特定的医院部门报酬，同时遵守医院作为一个整体的预先决定的预算。从这个意义上说，预算不同于其他的提供者支付计划，它被更多地用于将预先确定的金额分配给提供者，从而为随后引入其他的提供者支付计划设定框架。

能否实现成本控制，取决于预算的类型及其刚性。首先，为了反映预算的刚性程度，可以区分硬预算和软预算。在硬预算下，提供者要对所有的盈亏负全责，而软预算是指固定的支出数额，但如果超出预算，则不会受到惩罚。因此，硬预算对控制成本更为有效，但可能会减少服务的获得和质量，或产生等候名单。就控制成本的潜力而言，只有硬性的总体和部门预算才是有效的。在软预算下，超支的风险很大。例如，由于病人及其对保健服务的需要转移到其他部门，部门预算制度可能会提高保健总支出。

明细支出预算（line-item budgets）包括专门用于支付医院特定费用类别的一揽子拨款，它们可能基于历史成本和（或）预期数量，但通常是预付制的。总额预算预付制（prospective global budgets）允许医院在不同费用类别之间更灵活地分配资源。单项预算和总额预算都不鼓励提供更多的服务，至少在短期内是这样。在预算紧张的情况下，医院的服务供应甚至可能不足以满足护理需求，从而产生等候名单。

表 4.4 OECD 国家医院支付计划

国 家	医院支付计划
澳大利亚	总额预算预付制 + 按病例或基于疾病诊断相关组支付
奥地利	按病例或基于疾病诊断相关组支付（47%）/ 后付制费用补偿（48%）
比利时	按病例支付（45%）+ 按程序支付（41%）+ 药费支付（14%）
加拿大	总额预算预付制（79%）+ 按病例支付（9%）+ 按日支付（9%）
捷克共和国	总额预算预付制（75%）+ 按病例支付（15%）+ 按程序支付（8%）
丹麦	总额预算预付制（80%）+ 按病例或基于疾病诊断相关组支付（20%）
芬兰	按病例或基于疾病诊断相关组支付
法国	按病例或基于疾病诊断相关组支付
德国	按病例或基于疾病诊断相关组支付

续表

国家	医院支付计划
希腊	按日支付和后付制费用支付
匈牙利	按病例或基于疾病诊断相关组支付
冰岛	总额预算预付制
爱尔兰	总额预算预付制（60%）+ 按病例或基于疾病诊断相关组支付（20%）+ 按日支付（20%）
意大利	按病例或基于疾病诊断相关组支付
日本	按程序或服务支付 + 每日诊断调整支付
韩国	按程序或服务支付 + 基于疾病诊断相关组支付
卢森堡	总额预算预付制
墨西哥	总额预算预付制（60%）+ 按明细支出支付（30%）+ 按程序支付（10%）
荷兰	调整后总预算（80%）+ 按病例或基于疾病诊断相关组支付（20%）
新西兰	总额预算预付制 + 按病例或基于疾病诊断相关组支付
挪威	总额预算预付制（60%）+ 按程序支付（40%）
波兰	按病例或基于疾病诊断相关组支付
葡萄牙	总额预算预付制
斯洛伐克共和国	按病例或基于疾病诊断相关组支付
西班牙	明细支出预算制
瑞典	按病例或基于疾病诊断相关组支付（55%）+ 总额预算
瑞士	按病例或基于疾病诊断相关组支付（2/3 的行政区）+ 总额预算
土耳其	明细支出预算制
英国	按病例或基于疾病诊断相关组支付（70%）+ 总额预算

资料来源：OECD Survey on health system characteristics 2008—2009。

4.3.3 同时使用提供者支付计划

一般来说，工资、预算和按人头收费预计会对成本控制产生很大影响，但会导致生产率和质量低下。相比之下，疾病诊断相关组、按服务收费和按日支付鼓励提供者提供更多和更好的服务，但不鼓励限制成本，除非这些形式的提供商支付是在硬预算的框架内或在竞争环境的情况下。

从历史上看，同一国家不同类型的医疗服务提供者的支付方式不同。但是，经合组织国家的改革显示出同时使用不同的提供者支付方法的趋势，换句话说，以不同的方式向同一提供者支付费用。例如，芬兰政府在个人医生制度下对医生的薪酬如下：基本工资（60%）、按人头支付（20%）、按服务收费（15%）和地方津贴（5%）。混合支付系统背后的基本原理是，多种替代方法的组合可以弥补单一提供者支付计划的弱点。

4.4 医药分离与医药合业

4.4.1 医药分离

医药分离（separation of prescribing and dispensing，SPD）的基本含义是指将药品的处方权与配药权分开。国际上，医药分离更多是指"医药分业"，即医生和药剂师各自专业范围和业务工作的分工。医生对病人有疾病诊断权，但没有审核和调配处方权；药剂师有参与临床药物治疗权，审核医生处方和调配权，但没有疾病诊断权。

在医药分业制度下，配发药品是药剂师的责任，因此医生在药物治疗之间的选择不受利润动机的影响。这些做法的分离确实意味着医生通常不清楚药品的价格，也没有药品促销的利益驱动，能够保证药品使用的合理性和规范性。虽然跟直接从处方中获得利润相比，医生可能没有那么多的动力处方治疗，但医生也不一定有动力开出相对便宜或经济有效的治疗方法。药剂师必须按医生处方上规定的药物、剂型和剂量配药。对于具有竞争性的仿制药，药剂师有一定的自由裁量权。为了鼓励使用仿制药，美国许多州和一些发达国家要求药剂师在处方中使用仿制药，其他司法管辖区可能鼓励但不要求仿制药替代。药剂师提供成本最低的仿制药的动机取决于其他国家特定的法规和做法。在许多欧洲国家,药剂师受到利润控制。一些国家(如德国和荷兰)采用一种制度,将一种药物的整个全国市场授予出价最低的单一仿制药供应商,使药剂师别无选择。

医药分业的具体表现形式就是医院和诊所主要提供疾病诊疗服务,不设立为病人提供药品服务的门诊药房,门诊药品必须凭医生处方到零售药店和社区药房购买。医院的主要收入不是通过药品销售来获得,而是以提供疾病诊断与治疗、检查服务和外科手术等医疗服务收取费用的方式获得,药品收入只占医院收入的很小的一部分。

以欧洲国家为代表的大多数发达国家普遍实行处方和配药分开的医药分业制度,以解决潜在的代理问题。病人常常去医院或诊所看病,并且通过零售药店或社区药房购买门诊药品。虽然很多国家的医院也设有自己的药房(见图4.1),但医院药房的主要任务是医院内部的药品管理,为住院病人提供服务。此外,还负责合理用药以及监控医院药品消费与支出情况。有些国家的医院药房同社区药房一样也为门诊病人提供服务。

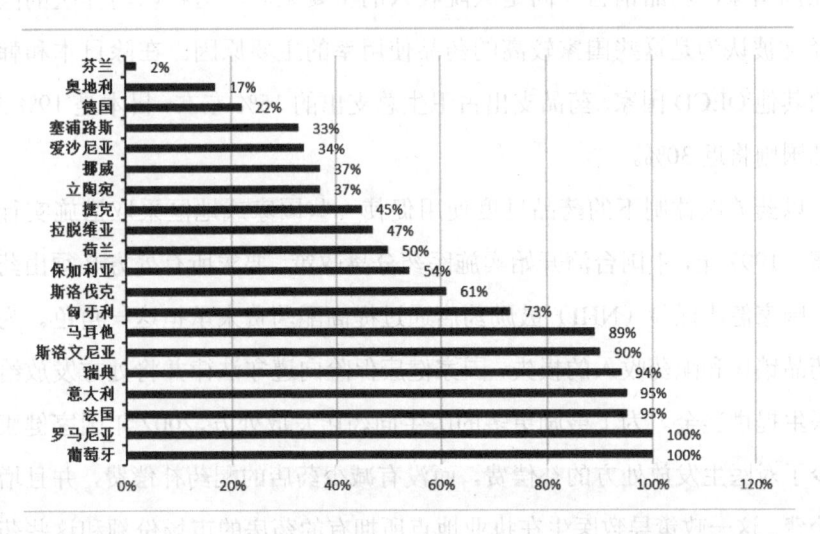

国家	百分比
芬兰	2%
奥地利	17%
德国	22%
塞浦路斯	33%
爱沙尼亚	34%
挪威	37%
立陶宛	37%
捷克	45%
拉脱维亚	47%
荷兰	50%
保加利亚	54%
斯洛伐克	61%
匈牙利	73%
马耳他	89%
斯洛文尼亚	90%
瑞典	94%
意大利	95%
法国	95%
罗马尼亚	100%
葡萄牙	100%

图 4.1 2009年欧洲国家医院药房数量占医院总量百分比

资料来源:PHIS Hospital Pharma Report 2010。

注:芬兰药房数据是大学医院数量,是综合医院和专科医院的药房数量,小医院和诊所药房数量不清楚;葡萄牙和罗马尼亚仅仅是公立医院配有药房数量。

4.4.2 医药合业

在许多亚洲国家，医生有一种自己既开药又配药的传统，医院和诊所普遍设有向病人销售药品的门诊药房。在这种医药合业（combination of prescribing and dispensing，CPD）的条件下，药品的利润占医院、诊所和医生收入的很大一部分，即使在公立和非政府组织的医院和诊所也是如此。卫生保健提供者和配药医生常常增加处方数量，并改变处方模式，转而青睐利润率高的药品。因此，虽然医药合业制度提高了药物的可获得性，但它降低了可负担性，并催生了不合理处方的诱因。这种通过药品的销售利润获得医院和医生主要收入，来维持医院正常运转的医疗体制被称为"以药养医"。

以药养医的医疗体制，一方面为医院提供了通过药品销售获得合法收入的权力，使得药品销售收入成为医院收入的主要来源；另一方面，这种医疗体制还促使非营利性医院演变成通过药品销售获利的营利性机构。在药品的销售方面，医院会更倾向于选择那些能够给自己带来更多利润的药品。在很多亚洲国家，药品销售一向是医院收入的主要来源。这种以药养医的医疗体制经常被认为是这些国家较高的药品使用率的主要原因。在除日本和韩国以外的其他OECD国家，药品支出占卫生总支出的15%左右，日本是19%左右，而韩国则将近30%。

以药养医体制下的药品过度使用促使一些国家或地区采取措施实行医药分离。1997年，中国台湾开始实施医药分离政策，要求所有处方必须由药店配药。国家健康保险（NHI）鼓励药店通过提高配药费来承担这一角色。为了弥补药品销售和配药收入的损失，国家健康保险向遵守法律并将处方发放给药店的医生提供奖金。为了鼓励更多的医生向药店发放处方，2002年国家健康保险减少了对医生发放处方的补偿费，而没有减少药店的配药补偿费，并且增加了就诊费。这一政策导致医生在执业地点所拥有的药房的市场份额和这些药房所配发的总处方的百分比都显著增加。然而，每日补偿费的降低与药品费用的大幅减少有关。从事这些研究的学者得出结论，分离政策可以有效地减少药品支出，改变提供者的处方行为，并促进合理用药（Chou et al.，2003）。

2000年，韩国实施了医药分离改革，禁止医疗机构雇用药剂师或者设立药房，而且还禁止药房在没有医生处方的条件下为病人提供药品。多项研究发现，政策生效后处方的药物减少了。这项政策降低了开抗生素和注射的病人的比例，减少了每次发病所开的抗生素和其他药物的数量，总体上减少了药品处方的数量（Kim，Chung，and Lee，2004）。

4.5 医疗服务提供模式对药品价格管制的影响

4.5.1 医生行为对药品价格管制的影响

通过医生行为模型的描述可以发现，作为病人的代理人和卫生保健的提供者与销售者的双重角色极易促使医生行为发生扭曲。行为扭曲的结果表现为潜在地滥用他们的权力获取利润，对病人进行需求诱导，影响病人对包括处方药品在内的医疗服务的需求。在药品的使用上，医生能够利用其信息优势诱使病人购买给自己带来更多额外收入的药品（即回扣药品），甚至在具有相同疗效和质量的廉价替代药品时也要处方这些药品。这种处方行为将增加高回扣药品的消费数量和流通环节的加价，因为医生从某种药品处方中获得的回扣也将被加价到流通环节，成为药品零售价格的一个主要组成部分，最终直接推高了药品的批发或零售价格。特别是在按商品名处方的条件下，医生可以更容易地将疗效类似、但价格更高、往往也是回扣更多的药品开给消费者，因为与通用名处方相比，商品名处方可进一步强化医生和病人间本来就已存在的有关药品替代性知识的不对称性，使得医生的道德风险行为更具隐蔽性，同时也可以通过开不受价格管制的药品规避政府的价格管制。

4.5.2 以药养医补偿制度对药品价格管制的影响

在以药养医（即医药合业）的经营模式下，公立医院普遍设有为门诊病人提供药品服务的门诊药房，医院及其医生的相当一部分收入主要来自药品销售，国家财政补助大幅减少。公立医院和非营利医院在生存竞争中都采用了营利性组织的运作模式，在药品的销售方面，卫生保健提供者和配药医生常常增加药品处方数量，并且更倾向于选择那些利润率高的药品。因此，在这样一个扭曲的药品市场，价格高并且能够通过回扣等手段将一些利润转移到医院，是药品进入市场的必要条件。实施高定价与高回扣策略的药品，在医院药品市场上也就具有较强的竞争力，"虚高"定价自然也就成为制药企业的一个最优选择。因此，实行医药分业，彻底切断医院通过药品销售获得收入的直接经济利益链条，是实现政府药品价格有效管制的一个必要条件。

4.5.3 分级诊疗制度对药品价格管制的影响

在没有实行"守门人"分级诊疗制度的国家，病人通常可以直接去医院购买由医院医生提供的医疗服务，这会导致专科医院和综合医院过度拥挤，造成医疗资源的配置不均和严重浪费。这种类型的服务交易与陌生的买卖双方之间所发生的交易非常相似，并且在多数情况下，病人与医生之间的交易具有明显的一次性交易的特点，医生对病人进行病情诊断后基本不会再与病人接触，治疗声誉对其收入的影响程度相对较小。因此，医生在选择药品时缺少控制费用的动机，几乎没有任何激励来约束他们的"诱导需求"的道德风险行为。相反，在明确分级的医疗服务制度下，全科医生与病人之间接触更加密切，双方常常建立了一个相对稳定的关系。一方面，通过对病人进行长期的健康状况追踪和病情诊断，医生对他们的身体健康状况非常了解，可以更加有效地引导病人使用医疗资源；另一方面，病人通过多次就诊接触对医生的医疗水平和诊断费用也有所掌握，逐步建立起对医生的信任。常见的疾病由全科医生负责诊断并提供治疗方案，基于维系自身良好声誉的考虑，医生会更加谨慎负责，诱导病人使用高价回扣药品的风险也会大幅降低。严重疾病的病人将被全科医生转诊至专科医院或综合医院进行治疗。医院治疗过程中病人也可以随时向全科医生咨询，全科医生为病人提供治疗参考意见，能够从更加专业的角度监督医院的治疗方案和用药情况，并及时拒绝医院滥用高价回扣药品。这种长期的良性互动医患关系鼓励全科医生保持其自身的良好声誉，从而使他们的道德风险在某种程度上能够自动得到约束，这在很大程度上避免了医生开大处方和高回扣药品的处方行为，有利于控制药品价格和降低医疗费用。

4.5.4 医生支付方式对药品价格管制的影响

医生报酬的不同支付方式提供了不同的激励。有充分的证据表明，医生确实会对利润激励作出反应。当面对明显不同的补偿方式时，医生的产出会发生变化。例如，当医生按提供的服务付费时，他们提供的服务比按人头支付时（固定的总付费）要多（Nassiri and Rochaix，2006）。研究还表明，医生在面对收入压力时，会努力增加收入。在挪威，病人必须向一位医生进行注册，每个医生创建一个病人名单。名单较短的医生往往会在未来五年内将名单增加到平均水平以上，以弥补收入减少的影响（Iversen，2004）。研究人员发现，当妇产科医生的执业收入受到竞争威胁时，他们会推荐剖腹产，这是一种更有利可图的治疗方法（Gruber and Owings，1996）。其他人则发现，更有利可图的手术安排往往被使用得更多（Plotzke and Courtemanche，2011）。一项研究发现，医生在按人头收费获得补偿情况下，病人可能会得到更少的服务，因此可能会得到更低质量的治疗（Quast，Sappington，and Shenkman，2008）。也有证据表明，当政府激励医生选择更多的成本节约方法时，医生会倾向于节约成本（Ho and Pakes，2011）。

虽然按服务收费被认为有利于提供医疗服务的数量和质量，但在供给过多的情况下，它可能会导致医生诱导需求。另一方面，预付制和按人头支付可能导致医生减少努力，挑选更健康的病人，将病人过度转介到其他医疗部门（Rochaix，1998；Simoens and Hurst，2006；Grignon et al.，2002）。然而，作为一种后付制支付方式，按基于疾病诊断相关组付费能够给卫生保健提供者提供降低医疗服务费用和控制医疗成本的激励，鼓励医院和医生选择价格低的药品。

第三篇
药品价格管制政策工具

第 5 章 药品价格管制工具概述

5.1 药品价格管制工具的分类

5.1.1 直接价格管制

许多国家的政府机构直接制定或谈判药品价格，包括法国、德国、意大利、西班牙和日本等较大药品市场国家。管制的价格类型有出厂价格（制造商价格）、批发价格（药房采购价格）和药房零售价格（消费者价格）。药房零售价格一般包括分销报酬（如加价和服务费）和增值税等税收，分销报酬的数量和具体安排通常也受到政府部门控制。大多数国家采用适当的方法控制药品的出厂价格，也有一些国家管制批发价格，而出厂价格和批发报酬不受管制。直接价格管制方法一般包括成本加成定价（cost-plus pricing）、外部参考定价（external reference pricing，ERP）、价值定价（value based pricing，VBP）、价格谈判、最高固定价格、加成控制（mark-up control）和价格削减或冻结。

在日本，大多数新的化学实体是根据现有的对照药品和创新溢价进行评估定价的。建立参考药品的规则是明确规定的，并以药物指征、化学结构和作用机制的评价为基础。获得的创新溢价通常很少，虽然理论上可以达到

120%。很少有药品符合成本加成评估的条件，这实际上是一个实现更有利的价格水平的机会。有资格获得成本加成的条件非常严格，因此，只限制在不能合理指定对照药品的几种药品。如果日本的价格远高于或远低于美国、法国、德国和英国的平均价格，就会执行国外价格调整计算，对最终批准的市场价格产生重大影响。仿制药的定价也非常严格，根据现有化合物的数量，对现有市场支付者的折扣越来越大。

法国的制度也是根据指定一种参考药品，通常要么是一种治疗的黄金标准，要么是一种非常相似的以前上市的化合物。与日本相比，法国对指定参考药品的方法的规定要宽松得多，而且与临床应用的联系更为直接。透明委员会决定适当的参考药品以及参考医疗价值提高评级（ASMR）。从实际医疗福利改善水平评级的第一级到第五级，通常与一个相对缩小范围的潜在价格溢价或折扣明显相关。实际价格由经济委员会（CEP）根据实际医疗福利改善水平评级和与制造商的合同安排确定。法国的定价合同经常包括限制和处罚，例如，当销售量高于商定的数额或超过平均剂量时，就会导致价格下降或折扣。在法国，制造商选择不补偿就销售药品并不是一个现实的选择，大多数治疗领域，药品应该被视为受到直接形式的价格管制。

在加拿大，专利药品价格审查委员会（Patented Medicine Prices Review Board，PMPRB）使用的价格管制方法是许多控制措施之一。在这个计划下，专利药品的过高定价是追溯性的。例如，缓释制剂的价格不允许高于原始配方，因为根据加拿大法律，这是对专利权的利用。同样，与现有医疗标准相比，卫生保健改进的药品价格也只允许稍高。此外，药品价格不能超过美国、法国、德国、意大利、瑞典、瑞士和英国等国家同一药品的中间价格。

5.1.2 间接价格管制

在间接价格管制制度中，通过一种或多种方法来控制药品的补偿价格，常用的管制方法主要有内部参考定价（internal reference pricing，IRP）和利润率控制（profit control）。其中，内部参考定价又可细分为仿制药参考定价（generic reference pricing，GRP）和治疗性参考定价（therapeutic reference pricing，TRP）。

一种日益普遍使用的补偿管制方法是治疗性参考定价，即第三方付款人为治疗效果相似的药品组指定一个相同的固定补偿金额（参考价格）。对于价格高于补偿金额的药品，病人必须支付参考价格和药品零售价格之间的差额。这一政策利用了可替代的低价药品（如仿制药）的效率收益。德国的参考价格制度是基于治疗性参考定价补偿制度的一个最著名的例子。在该制度中，同一治疗领域的所有品牌和仿制药都被用来建立该类药品的补偿限额，补偿限额根据该类所有药品在一个固定的历史时间点的平均成本计算。2010年12月22日通过的德国医疗产品市场改革法（AMNOG），进一步实施了治疗性参考定价的理念，自动把被裁定不会提供额外好处的新药的价格与现有药品的现行价格挂钩。同时，该法案将这一政策从补偿控制改为价格控制。治疗性参考定价是一种广泛使用的间接价格控制方法。

间接价格管制的另一个例子是使用卫生经济驱动的补偿方式，如在英国使用的补偿方式，其指导方针是由国家卫生和保健卓越研究所（NICE）根据已证实的成本效益编写的。英国每个国家医疗服务制度地区都有一个临床责任小组（Clinical Commissioning Group），负责决定每种药物的处方和病人使用情况。由于价格是决定成本效益的直接因素之一，当成本效益没有在非官方的可接受范围内实现时，制造商有内在的降价压力。除了基于成本效益的价格管制，英国还通过其药品价格管制计划（PPRS）利润控制方法限制定价自由。通过这一方法，所有制药公司的投资回报都受到管制。在新化学实体推出后的第一个五年内，初始价格可以自由设定，但在此之后，价格的变动必须在财务评估的基础上获得批准。

5.2 成本加成定价

成本加成定价（Cost-plus Pricing）是指在确定药品价格时考虑到生产成本、研发成本、与监管流程和合规相关的成本、管理费用和其他运营费用以及利润的定价方法。这种定价方法通常涉及单个产品的生产成本的复杂计算，并允许一定的利润空间，从而得出这些产品的合理价格水平。定价机构需要有关制药公司成本和利润的广泛而可靠的信息。监管机构可以要求制药公司提供此类数据，但他们很可能会发现，制药公司提供的信息很难核实。成本和利润率并不独立于公司的政策，生产、研究和营销的基本成本可能在不同的制药公司之间差异很大。如果与之打交道的公司是一家跨国制药公司的子公司，那么局外人几乎不可能获得任何关于成本是在哪里、如何产生的以及利润是如何获得的可靠信息。此外，还存在将管理费用和研究成本分配到个别产品的问题。

成本加成定价曾经是一项主要的定价政策，但越来越多的国家已经停止了这项政策。20年前，法国、希腊、西班牙、斯洛伐克和土耳其等国家在定价决策中使用成本加成，但他们现在都没有采用成本加成定价政策。尽管如此，许多欧洲国家的定价部门仍将生产成本和其他成本的数据作为价格谈判的补充信息（如西班牙）。一些国家的补偿定价计划也考虑制药公司的生产成本，以确定或谈判某些药品的价格，通常是原研药品的仿制版本。例如，斯洛伐克共和国就采用这种方法根据国内（专门的仿制药制造商）来限制制造商收取的出厂价格，波兰也采用这种方法。

5.3 外部参考定价

外部参考定价（External Reference Pricing，ERP）（也称为国际参考定价，International Reference Pricing），它是指使用一个或几个国家的药品价格来得出基准或参考价格，以便在某一特定国家设定或谈判产品的价格的方法。外部参考定价是一种价格管制工具，用于控制成本，并确保在一个国家或支付机构支付的药品价格不会不合理地超过在参考国家或组织内支付的价格。它可以正式或非正式地用于制定出厂价格和零售价格，在产品上市时或在产品生命周期中定期使用，也可以作为价格制定或修订的主要标准或几个标准之一。

选择或计算外部参考价格的方法可以在几个方面有所不同，需要考虑的因素有：(1) 用来选择参考国家的标准，包括药品监管体系的充分性；(2) 用作参考国家的数量和特定集合；(3) 参考国家的价格日期（例如当前价格与上市价格);(4)参考价格的选择或计算(国家集合中的最低价格、所有产品的简单平均数和加权平均数等)。例如,所得数字可由一个具体参数加以调整,以考虑到该国相对于参考国家的较低经济能力。外部参考定价可以作为影响目标价格估计的唯一标准,也可以是成本加成或内部参考定价等几个标准中的一个。这些不同的价值标准可以汇集在一起,作为决策机构审议工作的一部分。参考价格可以作为授权在该国销售产品的条件,或者(更常见的情况)作为卫生系统保险范围和补偿的条件,严格执行,它也可以作为协商过程中的明确的或未公开的基准。

由于 2008 年全球金融危机、预期寿命的提升以及慢性病患病率的增长等问题,作为一种最常用的专利药品的价格控制方法和成本控制措施,外部参考定价是许多欧洲国家以及其他地区的高收入和中等收入国家(如巴西、埃及、沙特阿拉伯、泰国、土耳其和阿拉伯联合酋长国)广泛采用的政策。2018 年,在 42 个药品定价与补偿信息(PPRI)网络成员国家中,有 41 个国家采用了外部参考定价。大多数国家使用外部参考定价来设定较低的国内价格以限制药品支出。希腊通过外部参考定价实施价格管制来限制药品和预算支出,土耳其于 2004 年引入外部参考定价以控制药品支出,斯洛文尼亚使用外部参考定价作为管制公共和私人药品支出增长的一种工具,以及 2010 年俄罗斯推出外部参考定价管制价格。在西班牙,外部参考定价的实施是为了控制市场上没有替代品的药品价格;拉脱维亚实施外部参考定价以制造商价格补偿药品;在保加利亚,外部参考定价旨在估计创新和非专利处方药的最高价格。

1. 药品的覆盖范围

外部参考定价常常适用于门诊药品,但一些国家也将其应用于住院药品,通常包括两类药物,即可补偿药物(至少部分由国家资助的药物)和需要医疗处方的处方药(prescription-only medicines,POM)。截至 2018 年,丹麦只将其用于住院部门的药品。外部参考定价的使用通常仅限于受医疗处方限制的可补偿的专利药品(包括在国家正面清单中),不太常见的是自费的非专利仿制药。将外部参考定价限制在专利药品的根本原因有两个:首先,在仿制药市场上有更多动态和有效的方法来提高有竞争力的价格；其次，专利药和仿制药之间的价格比较可能会破坏专利保护和知识产权特性。

2. 决策过程中的支持性标准

在一些欧洲国家，外部参考定价并不是唯一的定价政策，越来越多的国家使用外部参考定价作为支持性或补充性工具，如比利时、波兰、西班牙、爱沙尼亚、法国、德国、匈牙利、拉脱维亚和俄罗斯等国家。在这些国家，定价机构在确定应该合理的药品价格时，往往考虑到广泛的因素。其他被考虑的因素包括：（1）治疗周期的费用；（2）从病人的角度来看，药物使用的好处；（3）相对于替代治疗的好处；（4）预算影响，即对卫生保健系统影响的分析；（5）可供补偿的资金；（6）奖励创新（假如关于制造商的研究和开发成本结构的充分详细的信息已经提交）。绝对收益的衡量是在所获得的质量调整生命年中进行的，并且各国的阈值水平不同，往往反映出经济差异和支付能力。在奥地利、捷克共和国、希腊、葡萄牙、罗马尼亚、斯洛伐克、斯洛文尼亚和土耳其，外部参考定价仍然被用作药品定价的主要方法。保加利亚和葡萄牙一直使用外部参考定价作为定价的主要方法，但最近开始实施基于成本效益原则的卫生技术评估，作为确定价格和报销的主要标准之一，但外部参考定价仍然是制定价格的关键标准。在意大利，外部参考定价的最初作用已从定价的主要方法转变为在制药业和意大利药品管理局之间进行谈判时所考虑的一个辅助作用。在法国，国际比较用于具有重大、重要或中等额外效益的药品的价格谈判。在比利时，已证明的附加价值可以导致在外部参考定价确定的价格上的加价（溢价）。与法国类似，德国联邦疾病基金协会（German Federal Association of Sickness Funds）在与制药商谈判确定已证明具有额外效益的药品的报销金额时，将欧洲价格视为次要标准。德国也是唯一一个根据市场规模和购买力平价来衡量参考价格的国家。

3. 参考国家的选择

参考国家的选择基于四个主要标准：地理位置接近基准国家；类似的经

济发展水平；相似的社会经济条件（GDP 状况）；基准国家的特别考虑，如理想的价格水平。大多数欧盟国家都以其他欧盟成员国为参考国家，例如，三个波罗的海国家（爱沙尼亚、拉脱维亚和立陶宛）在参考国家中相互有对方，因为他们有共同的社会经济因素，而北欧和南欧国家中也出现了类似的情况。然而，巴西、南非、约旦和黎巴嫩等一些国家在欧盟和非欧盟国家的基础上实施了外部参考定价。在波兰，国家 GDP 被认为是决定参考国家的一个重要因素。

参考国家的数量没有统一规定，欧盟国家通常选择一个包含 5~20 个国家的参考篮子。近年来，有一种趋势是增加参考国家的数量，这可能是进一步降低药品价格的一种手段。奥地利将其参考国家从 14 个扩大到 24 个，而捷克共和国在 2009 年之前只使用了 8 个参考国家。希腊将其参考国家扩大到所有欧盟国家，以进一步降低药品价格，应对金融危机。其他国家也增加或表示有兴趣增加他们使用的参考国家的数量：斯洛伐克（从 2009 年的 8 个国家到最近的所有欧盟成员国）和拉脱维亚（正在就扩大参考国家的数量进行谈判）。法国、德国和英国是被参考最多的前三个国家，因为他们推出药品较早，后两个国家对专利药品采用自由定价的方法。德国在新药推出的第一年实行完全的定价自由，而英国则根据药品定价管制计划允许在利润控制的情况下实行自由定价。

4. 价格调整的频率

除了参考国家的数量和选择之外，价格修正的频率也会影响到使用外部参考定价得出的价格。许多欧盟国家有一个法律框架，要求定期更新价格，定期间隔从 3 个月到 5 年。频繁的价格修正会扭曲市场的作用，因为它们可能降低可预测性并产生错误，特别是当使用较多参考国家时。然而，适当的价格调整间隔取决于各自的国家政策，价格调整的速度存在显著差异。

5. 基准价格的确定方法

外部参考定价通常是基于官方公布的药品价格，不包括支付方与制造商之间协商的保密折扣和回扣。由于价格谈判和折扣在一个国家内是保密的，大部分国家使用的参考价格会高于在参考国家享有的谈判价格。因此，参考（市场）价格往往不能反映现实，有支付过高的风险。德国是唯一一个对这一问题有法律规定的国家，法律规定可以向制造商询问折扣价格信息。大多数国家使用出厂价格（制造商价格）实施外部参考定价，使用出厂价格被认为比使用批发价格等其他方法更合适，因为各国的分销利润率和税率不同，容易产生价格偏差，导致国际比较的困难。用于计算参考价格的方法也因国家而异，一般都使用参考国家的最低价格，但使用平均价格或中位数价格也并不罕见。一些研究认为，应该采用基于平均价格的计算方法来提高外部参考定价的公平性。然而，大多数国家采用的是基于参考国家的最低价格的计算方法，或 n 个最低价格计算的平均值。只有奥地利、比利时、意大利、约旦和韩国采用了参考国家的平均价格，但外部参考定价在意大利已经停止实施，在比利时只起到了边际作用。

6. 外部参考定价对价格水平的影响

一个国家的药品价格水平主要受已实施的外部参考定价制度的性质、规则和程式化特征的影响。在实施外部参考定价之后，对药品价格随时间演变影响最大的因素是价格修订的频率、参考国家的数量、用于确定市场价格的外部参考定价公式和汇率波动。在分析药品价格对不同外部参考定价模式的反应的各种模拟练习中，当进行频繁的价格修订和根据这些修订反复地降价，参考国家非常多，一个国家在计算市场价格时采用参考国家中三个最低价格中的最低价格或平均价格，而不是平均价格或中位值价格，以及主动采用汇率波动以实现当地货币价格下降时，外部参考定价制度能够导致药品价格下降。当外部参考定价首次在一个国家引入时，它至少在短期内降低了药品价格。如果作为唯一的价格管制机制，该方法可以长期压低价格（10 年内降低 15%）(Toumi et al., 2014)。在同一时期，各国之间巨大的价格差异（30%）保持不变。

外部参考定价在欧洲许多国家以及巴西、埃及、沙特阿拉伯、泰国、土耳其和阿拉伯联合酋长国等地区的中高收入国家被广泛采用，并且越来越多的国家正在考虑实施外部参考定价。虽然这项政策已得到更广泛的应用，但近年来有关外部参考定价政策局限性的讨论也越来越多。最近推出外部参考定价的部门认为该政策对实现他们的目标是有效的，而具有较长期外部参考定价经验的部门则表示，开始时的好处由于一段时间后出现的限制而日益受到破坏。首先，由于公布的市场价格可能与实际价格有很大差异，比较药品价格是困难的。这是因为不同的定价机制和很少的价格透明度，药剂师和批发商的利润率以及药品的增值税因国家而异，此外，制药行业还会与药品经销商协商折扣，这些折扣不会向公众公布，也不会影响市场价格。偿还机制可能事后降低药品的实际价格，但没有公布其对价格水平的影响。而且，平行贸易可能会降低高价格国家的实际价格。不同国家的包装也不同，因此价格比较在一定程度上是无效的。其次，制药行业可能会不断地战略性地适应外部参考定价，从而在一定程度上削弱成本控制的潜力。该行业可以先在药品价格高的国家推出产品（如德国）。因此，在直接或间接参考高价格的所有国家，价格可能会上涨。此外，制药行业可能会避免价格竞争，而是在折扣上竞争，这有利于批发商和药房，而不是消费者。这些适应策略导致市场价格上涨和跨国价格趋同。因此，外部参考定价可能会导致价格过高，不能反映国内市场情况。再次，价格下降并不自动转化为参考国家的价格下降，这是因为药品价格没有得到定期审查。因此，应确保定期监测，可能包括隐藏的价格变化，例如通过折扣，这些变化不会转化为市场价格的变化。最后，外部参考定价的日益普及可以使价格循环。用作参考国家的国家越多，哪一个国家的价格作为参考就越不清楚（例如，BE 使用 SK 作为参考国家，反之亦然）。此外，至少在理论上，一个国家的价格调整可能会引发一系列（循环的）价格调整，这将受到业界的严厉批评，并导致新药品的策略性上市。尽管如此，外部参考定价在技术上仍然是一个值得使用的工具，特别是在经济危机时期，因为它可以通过参考低价国家而导致快速节约。

5.4 内部参考定价

内部参考定价（internal reference pricing，IRP），也被称为内部价格参考，是指使用一组在治疗上具有可比性和可互换性的药品的价格，以得出一个基准或参考价格，以确定或谈判一种产品的价格或补偿率。治疗可比性和互换性由化学实体和药理学类别根据解剖治疗化学分类系统（ATC）或治疗指征来确定。内部参考定价常常被细分为仿制药品价格联动（generic price link）、生物仿制药品价格联动（biosimilar price link）和参考价格制度（reference price system）（Vogler, 2019）。

5.4.1 仿制药品价格格联动

仿制药品价格联动政策是一种普遍适用于将仿制药品价格与原研药品价格挂钩的定价政策，第一个进入市场或要求补偿的仿制药，其价格必须低于原研药，第二个仿制药的价格必须低于第一个，并为后续仿制药提供额外的降价。第一批仿制药的降价幅度往往在20%～50%，但也可能高达80%，后续仿制药的降价幅度通常较小。例如，法国规定仿制药品价格必须按照原研药出厂价格的45%计算，然后再降低15%。在奥地利，第一个进入市场的仿制药品价格必须比过专利期的原研药至少低48%，第二个仿制药必须比第一个低15%，而第三个必须比第二个低10%，并且原研药的价格必须在第一个仿制药进入补偿目录后的3个月内至少降低30%。在一些国家（如挪威、加拿大的一些省份）活性成分在专利期满前的销量决定了百分比率。仿制药品价格联动政策还可规定在专利到期时或在专利到期后的规定期限内强制降低原研药的价格。

5.4.2 生物仿制药联动

价格联动政策也适用于生物仿制药（生物仿制药品价格联动），但使用的频率较低。生物仿制药通常被授予比仿制药更高的价格，即生物仿制药和生物参考药之间要求的价格差低于相应的仿制药降价幅度。要求的价差通常小于 50%，在一些国家则是 15%～20%。

5.4.3 参考价格制度

内部参考定价更多作为一种药品补偿政策被使用，即参考价格制度。在参考价格制度下，第三方付款人决定一个特定活性成分内（相同药品/ATC 5 组）或者一个特定治疗类别内（ATC 4 组）或者基于更广泛的定义分组但仍被认为是可互换的药品的最高补偿价格（即参考价格）。在购买确定了固定价格或金额（所谓的补偿价格）的药品时，投保人必须支付固定价格或金额与药品的实际零售价格之间的差额，此外还要支付任何固定的共同支付率或百分比共同支付率。

内部参考定价治疗组药品主要有三种类型：一是具有相同活性化学成分的药品（即解剖学、治疗学及化学分类系统第 5 级，ATC 5）；二是具有化学相关活性成分但在药理学上相同的药品（即解剖学、治疗学及化学分类系统第 4 级，ATC 4）；三是在化学上或药理学上都不相同，但有类似治疗效果的药品。就其本质而言，第一类参考药品组通常只包括过专利期的原研药品及其仿制替代药品，这种类型被称为仿制药参考定价（generic reference pricing, GRP）。仿制药参考定价有力促进了仿制药品的价格竞争，因为药剂师经授权并有激励替代和选择类别上相同、价格最便宜的药品，所以大部分国家都采用这种分组方法（如比利时、丹麦、芬兰、法国、爱尔兰、意大利、荷兰、波兰、葡萄牙和西班牙）。第二类（很少使用）和第三类（如希腊、波兰和瑞典）包括专利药品，虽然它们在广度上不同，但在性质上是相似的。后两种类型也被称为治疗性参考定价（therapeutic reference pricing, TRP），它比仿制药参考定价更宽泛。在治疗性参考定价条件下，由于药品按照作用和疗效进行分类，所以它允许医生、病人以及保险公司在类似药品之间作出选择。一些国家（如德国和斯洛文尼亚）在建立参考药品组时考虑复制产品（copy products）和模仿产品（me-too products）。

德国的法定健康保险制度（Statutory Health Insurance System）在 1989 年最早引进了处方药内部参考定价制度。随后在欧洲，荷兰（1991 年）、丹麦和瑞典（1993 年）、西班牙（2000 年）、比利时和意大利（2001 年）相继引进了内部参考定价。挪威在 1993 年采用了内部参考定价，但在 2001 年放弃了它，因为预期的成本节省没有实现。在欧洲以外，内部参考定价已被澳大利亚、加拿大的不列颠哥伦比亚省和新西兰采用。为了确定最大补偿金额，德国采用了一种包含三个分组层级的方法，药品根据三个层级的可比性进行分类。专利过期的原研药和它们的仿制药根据活性物质分组为第一层级（解剖学、治疗学及化学分类系统第 5 级）；几种活性物质如果在药理学或治疗学上具有可比性且化学上相关，则聚集在一起为第二层级（解剖学、治疗学及化学分类系统第 4 级）；在第三层级，将具有一种以上活性物质和化学上不相关但具有相似治疗效果的物质归类在一起。

内部参考定价政策利用了可替代低价药品（如仿制药）的效率收益。作为一种间接影响药品定价的方法，它只对特定药品组的补偿价格进行限制，而不直接控制药品价格，制药公司有权自主设定药品价格。内部参考定价政策主要有以下几个优点，首先，内部参考定价是一种诱导医生和病人在治疗组内选择更便宜的药物，从而降低社会成本的工具。它使病人和医生对价格更加敏感，特别是当病人对替代药品非常了解时。如果病人在同一参考组中选择了价格较高的药物，他们必须支付实际价格和参考价格之间的差额。其次，制药公司通常通过营销而不是定价来竞争，而内部参考定价迫使制药公司进入价格竞争，激励治疗组内较昂贵药品的供应商选择将产品价格降低到参考价格水平，以保持或增加他们的销售。第三，内部参考定价使处方者和病人都更加意识到他们最初倾向于选择的药物的可能替代品，从而增加了药品市场的透明度。由于这些原因，最近 25 年，内部参考定价政策被广泛使用，丹麦、德国、荷兰和瑞典等国为此铺平了道路。内部参考定价最常用于仿制药定价，通常与正面清单结合使用，并作为基于解剖学治疗学化学分类体系的一项规则。但是，在意大利，内部参考定价也与外部参考定价一起作为新药品补偿价格谈判的基础。

尽管各国内部参考定价政策的具体应用方式存在较大差别，但是它们被普遍认为是降低药品价格的一种有效机制，因为它鼓励病人和医生的自我约束，控制对高价药的需求，以及促进合理用药。但是，内部参考定价在增强消费者对药品价格的反应和降低药品价格与支出方面的有效性最终取决于政策实行之前的补偿现状、政策设计特性和药品市场特点三个主要特征。各国的内部参考定价政策差别体现在五个方面：(1)药品分组的等价标准：化学的、药理的还是治疗的等价性；(2)药品组是否包括专利药；(3)计算参考价格时选取药品的原则：有些国家的参考价格是根据本国其他药品价格计算的（内部参考定价），而另外一些国家的参考价格是根据其他参考国家的药品价格计算的（外部参考定价）；(4)是治疗性参考定价还是仿制药参考定价；(5)参考价格的计算方法：是药品组中最低价格还是最低价格的线性结合。除了这些差别之外，一系列的其他因素也可能决定参考定价的有效性。有些因素会对药品需求产生一定的影响，如药品的质量差异、药品之间的有效替代，以及病人特征和医生处方某些药品的激励等。市场结构特征如仿制药公司数量和参考定价的类型（治疗性参考定价和仿制药参考定价）在提高竞争性和对价格的影响方面也决定着参考定价的有效性。

虽然存在这些差别，但在理论基础上和实践中，内部参考定价都成功地刺激了低成本的处方，生产商和进口商的价格降低，以及药品市场的价格竞争。内部参考定价中共同支付的增加、价格降低和药物使用的减少，为第三方付款人节省了费用（Aaserud et al., 2006；Espin and Rovira, 2007）。治疗性参考定价和仿制药参考定价都会产生这个结果，但治疗性参考定价降幅更大。内部参考定价适用于医药市场的很大领域，但对于控制没有真正等价药品的高度创新和独特产品的价格没有帮助。降价效果很大程度上还取决于消费者对价格的反应，参考价格的计算方式，以及使用的等价药品的标准。内部参考定价被发现对药品的可及性的影响有限，增加了自付费用并产生了一些供应问题，没有证据表明在药物创新方面存在不利的健康影响或阻碍因素。

然而，内部参考定价在实现完全价格竞争方面存在一定的局限性，这是因为内部参考定价将受该政策限制的药品价格降低到管制的水平（价格上限）

（Dylst and Simoens，2010；Puig-Junoy，2010），但是，如果没有其他补充措施，就没有动机将价格降低到管制的价格上限以下。在仿制药市场份额已经很高的国家，仿制药公司在价格上竞争（Dylst and Simoens，2011b）。在这些市场中，自由定价似乎比设定价格上限更有效，因为这可能会减少价格竞争。因此，任何增加仿制药在药品消费中的份额的措施都改善了基于内部参考定价的价格竞争条件，同时也改善了基于自由定价的价格竞争条件。

内部参考定价可能会导致更高的出厂价格。原因是生产商预期，如果他们降低价格，卫生机构将进一步压低参考价格。此外，在参考价格制度下，制造商更喜欢通过给予药店折扣来竞争（例如，英国的折扣为50%或更多，法国为20%～70%），而不是通过降低市场价格。然而，折扣对消费者是不利的，因为药店不会通过降低消费者价格来转移折扣。

内部参考定的有效性还取决于是否有补充保险计划。补充保险部分或全部覆盖了药品价格中未补偿的部分，因此消除了病人购买更便宜替代药品的任何激励。这可能间接地对第三方付款人的成本节约努力产生不利影响，因为补充保险将降低价格竞争，也会降低较便宜药品的市场渗透。

总的来说，内部参考定价可以被认为是一种有效的成本控制政策。通过加强价格竞争和支持仿制药渗透，它可以产生节省，但没有报告对健康产生任何不利影响或对创新产生不利影响。因此，内部参考定价可能比自由定价计划更可取，即使它放弃了所有可能在自由定价市场中获得的潜在节省。内部参考定价应该得到其他增加仿制药渗透的政策的支持，因为这些政策将增加仿制药的市场份额，从而允许进一步降低参考价格。参考定价引起给予药店折扣的主要缺点可以通过实施追回这些折扣的政策来纠正。因此，第三方付款人和消费者可能会从这些隐性降价中受益。最后，应当根据补充保险计划的可得性来看待参考价格，因为这些计划可能对第三方付款人的费用的节省产生不利影响。

5.5 利润管制

利润控制（profit controls）是指定价机构对一家制药公司能够从每个产品或者在某个特定时期内获得的利润数额进行限制。在利润控制计划下，制药公司可以为一种新产品自由设定市场进入价格，政府不对药品价格进行直接控制，而是通过限制制药公司从每个产品或者特定时间段内获得的利润控制药品价格。制药公司必须依据其同政府协商所达成的资本收益率来制定药品价格，如果制药公司获得的利润超出了协商规定的资本收益率，那么制药公司就必须降低其产品价格或者把超出的利润补偿给政府。虽然利润控制与成本加成定价有相同的问题，但利润控制更加灵活，它控制的是整个公司的利润，而不是单个产品的利润。

采用利润控制管制模式的国家比较少，并且相对稳定。英国的利润控制通过国家付款人（卫生部）和制造商之间的药品价格管制计划，对销售给国家医疗服务的药品的制药公司的资本收益率进行控制，从而实现间接的价格管制。制药公司允许的投资收益率在17%～21%。如果投资回报超过限制，超额利润必须直接或通过降价返还给国家医疗服务系统。另一方面，如果制药公司不能收回允许的投资收益，可以申请价格调整。

5.6 加价管制

加价是指附加在商品价格上的费用和成本，用于支付间接费用、分销费用和利润或盈余。在药品供应链方面，政策涉及与药品分销有关的费用包括批发和零售的加价（mark-ups，也称为加成或毛利润，买入价和卖出价之间的差额占买入价的百分比）以及药品报酬的监管。药品分销加价或利润率（margin，买入价和卖出价之间的差额占卖出价的百分比）在很多国家都受到严格管制，因为它们在很大程度上影响着药品的消费价格，这些利润可能占消费者最终支付价格的40%以上。采用的管制方式主要有固定加价、固定费用、递减加价以及固定药剂师配药费等。

5.6.1 批发加价

限制批发环节的利润率可以通过允许批发商为其服务获得最高利润率或报酬，或者通过设置批发商可以向药房销售产品的最高价格来实现。也可以采用一种组合方法，为整个流通环节的加价设置一个最大值，然后，批发商和药房必须相互协商，以获得这笔加价的份额。例如，在捷克共和国，有一项联合法定的批发和药房报酬管制，批发商和药房必须分享各自的利润。

批发报酬是指批发商通过批发加价或批发利润对其所提供的服务获得的支付。很多国家都管制批发报酬，允许批发公司收取有限的加价和利润。大多数欧洲国家有法定的批发报酬，法定批发报酬是指在出厂价上的线性加价（linear mark-up）（即以固定的金额或百分比表示的固定数量的成本加到产品上以创造利润）或者是递减利润计划（regressive margin scheme）。在递减利润计划中，批发商的相对报酬随着价格的上升而下降。各国通常采用递减利润计划，而线性加价计划（如意大利）则不太常用。

一些国家没有管制批发报酬，是因为这些国家在药房采购价格（批发价格）的水平上管制药品价格，出厂价和批发商报酬主要由制药商和批发商协商决定。一些国家的批发报酬管制涉及所有药品，其中几个国家对不同类型的药物有不同的计划。例如，奥地利对不同补偿类别的药物有不同的计划；在意大利，一个是原研药品和生物仿制药的计划，另一个是仿制药计划。但在另外一些国家，批发报酬管制只涉及可补偿的药品（如瑞士），即那些药品的费用至少部分由公共付款人支付。对于非补偿药品，没有法定的批发报酬，批发商和制造商可以自由协商利润。少数几个国家的法定批发报酬仅限于处方药，而对于非处方药，其利润又是谈判的结果。

5.6.2 药房加价

药房报酬是指药房通过药房加成、药房利润或按业绩支付对其所提供的服务获得的支付。药房的报酬制度分为两类，一类是以产品为导向，另一类是以病人为导向。许多报酬制度实际上是使用了两种方法的元素的混合计划。以产品为导向的药房报酬制度可以分为三类。第一类是固定利润率制度（fixed margin systems），在所有配发药品的批发价格上加收固定百分比的加价。这一原则被广泛应用于竞争性零售系统中，无论是在美国，还是在欧洲等监管更严格的系统中。在欧洲市场，加价通常是固定的，并定期与政府重新协商。处方药的零售加价各不相同，但通常在30%左右。大多数国家都避免对非处方药的利润进行管制，因为对于非处方药，自由市场的规则比处方药更适用。固定利润体系的一个缺陷是，药剂师可能会就一种药品的批发价格协商折扣，这样就增加了药剂师的毛利率，而消费者却没有从较低的价格中获益。因此，一些国家引入了收回这些折扣的制度（如英国和荷兰的追回制度），以使国家医疗服务系统或其同等机构受益。丹麦等其他国家只是简单地禁止批发商和药房提供或接受折扣。第二类是最高加价制度（maximum mark-ups），这种变化的灵感来自这样一种想法，即第三方付款人可能会与批发商和药房协商更低的利润，从而降低价格。然而，谈判的效果将取决于各方的谈判能力，因此，在实践中，利润的最大化本身并不会导致消费者价格的下降。第三类是递减加价制度（digressive mark-ups），即随着药品价格的上涨，利润上升的百分比会下降。通常，递减利润的主要目的是使药剂师配发高定价药品的吸引力比低定价药品低。在采用这种制度的国家之间，利润率的结构差别很大。

以病人为导向的药剂师报酬制度可分为两类，但也可结合使用。一类是按人头收费制度（capitation systems），即药房每年向每位病人收取一笔固定的费用。根据每家药房的病人人数，这个数目可能是递减的。在按人头计费的制度中，通常有必要特别确保药房不会对他们分发的药品额外加价。按人头收费制度的目的是使药剂师的报酬尽可能独立于所配发药品的数量和价格。虽然理论上药房的按人头收费制度能有效实现这一目标，但在实践中（与固定利润制度一样），药房可能会获得他们所购买药品的价格折扣。另一类是固定的处方费用（fixed fees per prescription），在这些系统中，药房按每一张处方获得固定的费用。与按人头收费制度一样，对每一个处方固定收费的目的是使药剂师的报酬尽可能独立于所配发药品的数量和价格。同样，与按人头计算的制度一样，按处方收取固定费用的制度使有必要通过法规禁止药店对其所配售的药品额外加价。

5.7 药品价格管制的其他工具

5.7.1 基于价值定价

基于价值定价（value-based pricing，VBP）是一种旨在根据病人和卫生系统赋予药品的可测量和量化的"价值"来确定药品价格的方法。近些年来，基于价值定价作为外部参考定价的一种替代政策已变得越来越重要。但是，目前还没有国际公认的、单一的"价值"定义，因此，可以将各种方法理解为纳入基于价值的要素。Paris 和 Belloni（2013）在 OECD 一份关于价值定价的报告中指出了如何解释这一政策的两种不同方法：在狭义的定义中，它是指在一个成熟的基于价值定价中，定价和补偿制度被整合成一体，价格和补偿决策是基于价值评估共同做出的。

瑞典被认为是唯一一个拥有成熟的基于价值定价制度的国家，它在 2002 年废除了外部参考定价，把定价与补偿过程完全整合起来。药品价格由牙科和药物福利机构（Dental and Pharmaceutical Benefits Agency）根据三个关键原则决定：（1）基于人类价值、需求、团结和成本效益等原则的社会观点；（2）基于个人对获得的质量调整生命年（QALY）的最大支付意愿的阈值；（3）认为治疗的好处因指征或严重程度而异的治疗的边际递减效用。英国在 2014 年实施基于价值定价制度，取代了已有 50 年历史的药品价格管制计划（PPRS）。英国基于价值定价制度侧重于与成本相关的质量调整生命年（QALY）收益，但在决策中也考虑到与创新、疾病负担和罕见疾病有关的各种因素。经过几年的讨论和许多批评，基于价值定价计划被调整为基于价值的评估方法（Value-Based Assessment，VBA），国家卫生和保健卓越研究所（NICE）的价值和成本效益评估与补偿决策联系在一起，而不是价格。在广义上，基于价值定价是指使用药物经济学评价与卫生技术评估（health technology assessment，HTA）等支持性工具来支持循证决策。在澳大利亚、加拿大和韩国等国家，药物经济学评价和卫生技术评估首先被用于进入医保药品目录的决策，再由相关部门与制药公司进行价格谈判，纳入定价管理。目前，越来越多的国家主要是利用卫生技术评估和药物经济手段（如成本效益分析）来支持新药的补偿决策（补偿价格），尤其是高价药品。

在基于价值定价中，价值是由一种新药的增量成本效益决定的，为了确定新药的附加值，需要提供新药的健康增量收益（ΔE）和现有治疗方案的增量成本（ΔC）的信息。在成本效益分析中，增量成本效益比（ICER）通常表示为获得的每个质量调整生命年（QALY）的成本，决策者随后将决定增量成本效益比是否被认为是可接受的。然而，为了确定药品的价格，在基于价值定价中需要明确的支付阈值（k）的意愿。当决策者可以获得关于成本和健康影响的所有信息时，考虑到公式 $k =\Delta C/\Delta E$，并且考虑到 ΔC 由价格（未知）和所有其他成本（已确定）组成，确定基于价值的价格将是一个简单地求解公式的问题。此外，鉴于一种新引进的药物对预算的总影响包括价格和数量，基于价值定价使决策者能够得出一份价格和数量组合的菜单，因此可以确定该药物的若干亚群体和适应症。

基于价值定价被认为是一种比较合适的定价机制，首先，由于一种新药的价格取决于它所产生的附加价值，基于价值定价允许产生更多健康收益的药物获得更高的价格，这将为开发能够产生更多附加值的产品创造动力，同时也将抑制已经有（好的）治疗方案的适应症产品的开发。其次，由于新药的市场独占期是有限的，从长远来看，医疗体系将获得正的净收益，因为一旦仿制药竞争对手进入市场，由于价格竞争，药物的价格预计将下降。因此，虽然短期内不会产生净收益，但考虑到该药物的生命周期较长，而且在不久的将来不会被创新药物取代，一旦专利到期，将会产生巨大的净收益。

允许制造商按阈值定价的另一个主要理由是，它将产生静态效率（即保持价格相对于收益较低）和动态效率（比如通过各种行动鼓励创新，包括积极的产业政策）。允许制造商在药品的专利期限内占有所有的价值，从长远来看，将提供一种激励创新。因此，适当和一贯适用的基于价值定价制度可以提高分配效率，并在长期内为制药公司在开发新药方面的投资创造足够的激励。此外，基于价值定价将为公司在未满足医疗需求的治疗领域和在没有或只有无效治疗方案的治疗领域进行投资创造明确的激励。最后，可以减少策略上市行为和获取方面的延迟，因为在实行基于价值定价的国家，将不再需要依靠外部参考定价来确定价格。但是，普遍认为，为了取得积极的长期效果，必须满足某些条件：一是更便宜的仿制药将在专利到期后进入市场；二是开处方将转向仿制药；三是未来的专利药品将反映其与旧品牌药品（更便宜）的仿制药相比的价值。采用明确的支付阈值意愿的基本原理是允许制造商将新药定价在净收益为零的水平（即新药的增量成本效益比等于阈值），即以社会可接受的价格提供新药，奖励创新的公司，而从长远来看（即在市场独占期结束后），卫生保健系统将获得正的净收益。

事实证明，基于价值定价很难实施，特别是在没有其他治疗方法和病人遭受严重威胁生命或虚弱疾病的治疗领域，如肿瘤或罕见疾病。在这种情况下，付款人面临着强大的公众压力，往往接受为有限的临床效益支付高昂的价格。目前，基于价值定价一直被提议为一项合理和公平的政策，以促进药品的可及性和奖励有用的创新，然而，实施这一政策非常具有挑战性。

5.7.2 差别定价

差别定价（differential pricing，DP），也称为分层定价或拉姆齐定价，是指将相同的产品以不同的价格卖给不同的客户的策略。就补偿药物而言，差别定价可以理解为政府（或国际机构）根据支付能力和（或）国家的经济状况制定药品价格的政策。差别定价并没有在世界各地广泛使用，它通常用于低收入和中等收入国家，特别是针对疫苗、避孕药具和抗逆转录病毒药物等特定治疗组。差别定价不仅意味着国家之间的分层定价结构，而且还可能导致一些计划以较低成本提供的公共部门与价格较高的私营部门之间的国家内部价格差异。这些国家使用差别定价的目的是确保这些市场能够获得本来不会供应的药物，因此，差别定价背后的主要原理是预期能够给予或增加病人获得药物的能力。然而，文献研究表明，差别定价在提高药品可获得性方面的实际能力是混合的。为了确保差别定价的有效性，确定了某些先决条件，例如竞争性生产的可行性、迅速获得少量药品的必要性以及在实施方案之前缺乏市场。

在应用差别定价的情况下，它被用作一项政策，以改善获得机会，但从未打算将其作为成本控制的工具。对于根据差别定价计划采购的药物，药物支出明显增加，因为以前没有在这些适应症的药物上花钱。对一些国家的案例研究表明，差别定价有助于降低药品价格，但竞争（特别是仿制药品的进入）已证明对降低价格更为有效。一些研究者认为，在某些条件下，差别定价可能也有利于制造商，因为在新市场上的销售，尽管价格较低，但会增加整体收入。

差别定价在欧盟市场受到严重限制，主要有两个原因：首先，在欧盟内部，"穷竭（exhaustion）"的法律概念限制了差别定价，因为穷竭意味着一旦专利产品上市销售，该公司就不再对该产品的分销拥有控制权。由于欧盟遵循与商品自由流动相联系的全欧盟范围内穷竭的概念，因此在整个欧盟范围内药品的平行贸易是可能的。平行贸易指的是从另一个国家合法进口产品而没有得到制造商的授权。差价是平行贸易的驱动力，当国家之间的差价足够大时，批发商从低价国家进口药品将有利可图。欧盟内部的平行贸易严重限制了差别定价的可能性，导致较贫穷国家的病人获得药品的机会减少。

欧洲差别定价的第二个主要限制是普遍采用外部参考定价，几乎所有欧洲国家在某种程度上都采用这种定价。因此，制药公司将在通过参考联系起来的各国寻求一个相似的市场价格，在定价机制限制较少的市场首次上市（first launch），并将有动机推迟一种药物在低收入国家上市，或者根本不会在这些国家上市，特别是在低价国家是小市场的情况下，尽管有人认为观察到的上市延迟的原因可能是多方面的。

5.7.3 价格谈判

价格谈判（price negotiations）是指对药品价格进行讨论并达成一致（例

如在制造商和第三方支付方之间）的一种定价程序形式。在药品市场上，病人个人处于非常弱势的地位，无法与药品供应商进行谈判。此外，由于是开处方的医生决定药物，而且病人通常有某种形式的保险，病人可能对价格不太敏感。消费者对药品的不完全了解进一步加剧了这种对价格的不敏感。另一方面，医院、健康保险公司以及地区和全国政府等机构购买者比个人拥有更多的技术专长和信息，而且由于预算限制，对药品价格很敏感。此外，由于机构购买者的规模和资源，他们可以行使相当大的议价能力，并能够与市场供应方谈判价格。当有仿制药替代品时，价格谈判对买方来说更容易。在定价机构代表一大群人或为一个主要市场进行谈判的情况下，议价能力会相当大。在大多数欧洲国家，除社会医疗保健系统之外，几乎没有药品市场存在，定价机构往往可以拒绝将一种药品纳入报销体系，如果他们认为价格过高的话。谈判也可以以分散的方式进行，由医院和其他保健服务机构处理，只要他们有组织和动机（如预算限制）以具有成本意识的方式行事。

谈判模式的一个例子是法国政府，在产品上市前通过直接谈判控制价格。在美国，健康维护组织（HMO）就他们购买的药物的价格进行谈判。即使是大型公共买家享有较强的议价能力，但也有其局限性。特别是在供应商由于专利保护而具有垄断权，并且产品满足治疗需要（如治疗以前无法治愈的疾病）的情况下，供应商在向买方强加价格方面处于有利的议价地位。

5.7.4 招标

招标（tendering）是指任何正式和竞争性的采购程序，通过这个程序，商品、工作或服务的采购要求投标、接受投标和评价投标（报价），结果是投标（报价）最有利的投标者将中标。招标主要用于医院部门，但在门诊部门使用它的趋势也逐渐增加。在医院部门，公开招标可覆盖一些国家所有采购药品的25%，而在门诊部门，公开招标的相关性要小得多（Leopold et al., 2008; Kanavos et al., 2009）。通过招标程序购买的药品有疫苗、流行病计划中的药品，也有品牌药品和针对非传染性疾病的仿制药品。价格是中标最重要的标准，其他标准包括药物的可获得性。

门诊药品招标制度已经实现了相当大的价格下降。丹麦（AMGROS）和挪威（LIS）的国家采购机构报告说，与其他国家相比，他们通过集中式医院招标提高了效率，降低了价格。成本控制随着第三方付款人的购买力和可互换产品之间的竞争而增加。如果有仿制药，投标可能会将支付降低到边际生产成本水平（OECD，2008；Dylst et al.，2011a）。

招标的一个重要好处是它增加了价格的透明度。招标将权力天平转移到了保险公司身上，后者可以收回通常给予分销商的价格折扣，这些折扣可以通过招标直接观察到。这是很重要的，因为大多数欧盟成员国使用外部参考定价，这引起制造商和分销商之间的折扣，而不是制造商和保险公司之间的折扣。总的来说，招标是在医院部门和越来越多的门诊部门采购药品的一种成熟和成功的工具，具有很大的成本控制潜力。

5.7.5 集中采购

集中采购（pooled procurement）是指将财政和非财政资源在不同采购机构之间进行整合，以创建一个代表每个采购部门采购卫生产品（如药品）的单一实体的正式安排。集中采购的实施是为了通过规模经济和范围经济创造更大的购买力，并通过分享人力资源（即专业知识和工作量）和可能的精简采购过程提高效率。

原则上，集中采购有四种模式，反映了不同程度的协作和整合：通过共享价格和供应商信息的知情采购；通过联合市场调研的协调知情采购；通过联合谈判的团体合同；通过成熟的采购代理的中央合同和采购。

集中采购在各级行政管辖范围内普遍采用。在国家和国家以下各级，例如：丹麦和挪威在公立医院实施医院所用药品的集中采购制度；印度的专门国家计划（如结核病、病媒传播疾病和艾滋病毒/艾滋病），意大利的地区中央采购机构；泰国罕见病和复杂病症药物的"高成本药物 E2 获得计划"；等等（WHO，2020）。

第6章 药品价格管制工具比较

6.1 一个比较药品价格管制工具的概念框架

各国在定价政策方面一般采取三种做法，即自由定价（制造商根据市场承受能力随意定价）、直接控制价格（政府通过监管或与制造商谈判来定价）和间接控制价格（政府影响报销价格或保险公司支付的价格）。在大多数国家，自由定价即制造商在没有受到国家干预的情况下，在给定市场中向买方出售其产品的价格相对较为有限。在少数所谓的"自由定价"国家，如丹麦、德国和英国，即使制造商可以自由设定价格，这些价格也会受到间接措施的影响（例如内部参考定价、平行进口、法律强制折扣和回扣以及支付方和制造商之间的个人合同协议）。在德国，自由定价在2011年引入的AMNOG法规之后受到限制：对于含有新活性物质或适应证扩展药物进入市场后第一年仅适用自由定价。此后，只有已证明具有额外治疗益处药物根据协商后报销金额（适用于法定和私人保险病人），而没有额外益处药物则根据内部参考定价设定最大报销金额（仅适用于法定保险）。在不受监管市场中，如美国，价格可能由团体购买者（如保险公司）协商确定。

大多数国家采用多种工具来调节药品价格，这些工具适用于不同的市场领域，包括门诊和住院药物、专利和非专利药物以及创新和无附加治疗价值的药物等。尽管所有这些工具都存在以下所述的优缺点，但由于各国通常同时采取多种政策措施，因此很难孤立地分析任何单一政策对药品可及性和可负担性的影响。

保险公司或其他第三方支付医疗保健的机构为药品设定报销价格，这成为他们将支付的药品成本的上限。有时，保险公司指定的报销价格可能包括病人自付部分（或共同支付，即一定比例金额；或共同保险，预先确定的价格份额）。监管机构可以影响或控制保险公司所采用的报销价格，这可视为一种间接的价格管理形式。在一些国家，所谓的参考价格是由监管机构制定的，它设定了一个价格上限，作为支付方（社会健康保险计划或国家医疗服务）补偿的基础。参考价格指的是一组特定药品，其定义可能多种多样。当药品零售价超过参考价格时（根据参考价格定义），病人可能需要支付高于报销价格的费用。当参考价格适用于生物等效产品（即相同活性成分）的狭窄组时，与应用于根据治疗效果收集产品的较大组相比，潜在节省并不那么重要。然而，在较大组中，等效性往往会引起利益相关者之间的争议。将新专利药物纳入现有组也是一个关键特点。显然，这给可能被纳入此类组的新药定价施加了压力，并且通常会引发业界高度争议。最后，选择设定参考价格水平对于潜在节省和市场供应都至关重要。表7.1概述了部分国家中用于确定（初始）制造商价格的机制。

表7.1 部分国家采用的定价策略

国　家	自由定价	外部参考定价	内部参考定价	基于价值定价	其　他
澳大利亚	否	是	否	是	
加拿大	否	是	是	否	
丹麦	是	否	是	否	竞争性招标
芬兰	否	是	是	否	谈判、招标
法国	否	是	是	是	谈判
德国	是	否	是	否	
意大利	否	是	是	否	谈判
日本	否	是	是	否	
荷兰	否	是	是	否	谈判
波兰	否	是	是	否	谈判
葡萄牙	否	是	是	否	在线拍卖设定最高价格
西班牙	否	是	是	否	
瑞典	否	否	是	是	招标

续表

国　家	自由定价	外部参考定价	内部参考定价	基于价值定价	其　他
英国	是	否	否	是	谈判利润率
美国	是	否	否	否	谈判

除瑞典和英国之外，所有的欧盟成员国都以其他国家的价格为参考制定本国药品价格。这种做法被称为外部价格参考（EPR）。外部参考定价也在其他欧洲国家（如挪威、冰岛、瑞士和土耳其）使用。然而，各个国家在范围、相关性和方法设计方面存在差异。例如，在丹麦，外部参考定价仅适用于医院部门。在德国，虽然立法中存在外部参考定价，但实际上并未使用。外部参考定价通常用于监管新产品的定价，在专利过期后市场上较少使用。这种跨国比较提供给决策者一个参考或基准，以了解本国制药行业所提出的价格相对排名。通过外部参考定价获得的价格信息经常被视为公共付款人进一步谈判和缔结协议的起点，以达成一个更可接受和在某种程度上可负担得起的价格。

经济合作与发展组织将外部参考定价描述为一项政策，指出其"容易被制药行业利用，并通过降低企业根据市场定价的意愿，导致了获取和负担能力问题"（OECD，2008）。外部参考定价激励市场授权持有人首先在价格较高的国家推出药物，并在价格较低的国家推迟或不推出药物，以避免降低药物的国际参考价格（Danzon and Towse，2003；Espin et al.，2011；Re´muzat，2015）。研究表明，在价格较低或市场容量较小的国家，可获得的药物数量更少且延迟时间更长（Ferrario et al.，2016）。某些制药公司还会有意地推迟在比利时提交文件，以避免对其他欧洲国家造成影响并保持比利时相对较低的定价（Toumi et al.，2014）。尽管研究强调了外部参考定价对市场上药物可获得性产生的负面影响，但很难将这种影响与其他因素如"平行贸易"、欧盟内部法律做法（Glynn，2009）、德国和意大利的定价监管等分开讨论。现有文献关于外部参考定价影响方面仅提供有限信息。目前评估主要集中在成本控制方面，显示了外部参考定价如何能够在特定条件下节省开支（Brekke et al.，

2010；Merkur and Mossialos，2007）；而诸如可获得性和吸收等问题尚未得到充分解决。一项研究指出，在应用外部参考定价政策进行新专利药品使用时，通常具备该政策的国家标价相对较低。

为了减轻欧洲药品采购机制（和平行贸易）对欧洲低收入国家可及性的不利影响，有人认为公共支付者可以保持较高的"标价"，并通过特定产品协议获得保密折扣。这样一来，制药业能够以更低的价格向低收入国家提供药品，而不会对平均参考价格产生负面影响。尽管保密安排越来越多地被使用，并被高收入国家作为确保可负担获得药品的工具（Vogler et al.，2012），但没有证据表明低收入国家的可及性有所改善，因为它们仍然面临着延迟和有限的可及性。从消极方面看，保密折扣和回扣模糊了市场价格透明度，并限制了支付者确定"合理和公正"价格的能力。

经过比较现有治疗方法，基于价值的定价（VBP）是根据新产品所提供的额外治疗价值来确定价格。通过以药物对自身卫生系统和社会带来的"价值"为依据支付药物费用，这种方法被认为是确保药品支出具备静态效率并向公司传递适当信号以进一步投资于研发（即动态效率）的方式。

在狭义上，基于价值的定价（在英国国家医疗服务制度的背景下）被定义为确保新技术的预期健康效益超过国家卫生服务体系中其他地方由于其额外成本而预计将被取代的健康效益。因此，它依赖于成本效益分析和增量成本效益比（ICER）阈值的设定，超过该阈值的新药将不获得资助。相比之下，瑞典拥有一个真正实施了基于价值的定价系统。该系统于2002年引入，并完全整合了定价和报销过程。报销资格根据三个标准进行评估：遵循人类价值原则，以防止个人歧视；优先考虑最需要帮助者需求和团结原则；成本效益原则。

如果采用更广泛的方法，任何将药物价格与其附加治疗价值相联系的政策都可以被视为基于价值的定价。根据这一定义，许多欧洲国家均采用了此类政策。然而，在没有替代治疗方法的领域，特别是对于患有威胁生命或衰弱的疾病（如肿瘤或罕见疾病）的病人来说，基于价值定价已被证明难以实施。在这种情况下，支付方面临着巨大的公众压力，往往会接受为有限临床效益支付高昂价格。从某种程度上来看，可以认为这类产品的价值不能仅仅通过临床效益来衡量。一些分析人员已经提出了考虑其他标准（如孤儿药物治疗）的框架。然而，这种框架并未提供任何简单规则来设定新药品价格。

使用基于价值定价政策的一个主要论点是，它可能激励开发更多附加值产品。此外，它还能够帮助决策者采取新方法，并明确表明他们的优先事项，即根据 2004 年世卫组织欧洲和全球优先药物研究中提出的建议来确定哪些药物应该得到报销。目前，药品政策框架似乎以供应为驱动，并建议采取更积极的措施。原则上，被认为具有高价值的药物可能获得更高的价格，这为创新提供了奖励，这可能解释了制药行业对这一政策的偏好（Vogle, Zimmermann, Habimana, 2014）。然而，基于价值定价也为制药行业提供了"博弈"的机会，特别是与比较物和阈值的选择有关。例如，制造商将尽量避免使用通用分子作为比较物，即使这意味着将他们的产品定位为二线或三线疗法。在这种情况下，人口目标将较小，但价格溢价将与专利药品的价格相关。此外，在明确公布成本效益阈值的情况下，市场授权持有人往往会根据阈值设定价格。

有人认为，基于价值定价政策将鼓励获得所需药物，并符合决策者的优先考虑。然而，由于潜在价值评估过程资源密集且时间密集，以及当局和制造商之间关于价值观的不同讨论，这可能导致获取药物受限或延迟。到目前为止，基于价值定价被视为一项逻辑和公平的政策措施，旨在促进可获益创新并给予奖励；然而，在实施该政策时已证明具有极大挑战性。

在欧洲，招标（tendering）传统上主要应用于医院部门，在单个医院和医院集团层面，或通过代表所有公立医院的采购机构（在丹麦和挪威）自愿进行国家层面的区域集中采购。在门诊非专利部门，一些欧洲国家（如德国、荷兰、斯洛文尼亚和罗马尼亚）实施了招标制度和拍卖要素，以促进竞争（集群招标），从而达到更低的药品价格（Leopold, Habl, and Vogler, 2008; Dylst, Vulto, and Simoens, 2011; Gombocz et al., 2016）。

丹麦（AMGROS）和挪威（LIS）的国家采购机构报告指出，相较于其他国家，通过集中医院招标可以提高效率并降低价格。这在一定程度上归因于权力平衡的转变，有利于为更大的市场进行采购的国家采购机构，以及新型招标程序的使用。

门诊部的招标也证明了其通过竞争大幅降低价格的能力。有人担心，如果招标将价格压得过低，可能会损害仿制药行业的可持续性，导致一些公司退出市场，在较长时期内减少竞争。然而，最近的一项研究未发现任何证据表明荷兰非专利药品市场中招标药品比非招标药品更容易出现短缺情况。然而，在存在招标药品短缺的情况下，替代药物可能无法获得或只能以高得多的价格获得。因此，招标需要一个清晰而有力的框架，就像在丹麦门诊系统中观察到类似于招标的系统那样，特别是旨在保持市场上几个供应商，并采取后备战略来解决潜在供应问题。如果没有经过良好设计并建立在健全框架基础上进行招标，则存在节省中和风险（即某种药物较低价格与类似药物较高价格相抵），同时还面临着利益相关者对法律条款提起诉讼挑战以及医疗用品供应不足等风险。比利时已经意识到这些情况，并因此撤销了其针对专利外医疗用品的招标政策（Kanavos，2012；Carradinha，2009；VanHaeren et al.，2009）。

6.2　不同药品价格管制工具的特点比较

6.2.1　外部参考定价：被广泛使用的价格管制工具

外部参考定价的目的是根据选定的基准价格评估药品价格的适当性，以期在某一管辖区确定或谈判产品的价格。单一来源或多来源供应产品均可采用外部参考定价，但外部参考定价特别用于单一来源非专利药物的定价。根据政策的设计，外部参考定价试图确保管辖区不会比其他可比管辖区支付更多的费用，或者在管辖区收入较低时支付更少的费用。需要强调的是，从外部参考定价得出的价格也可能不是管辖区所能承受的。

选择适当和可比较的国家基准是执行外部参考定价的主要步骤之一。选择标准可包括地理邻近程度、国家收入、药品可得性、原产国和市场规模。价格将在分销链上的共同点进行比较，如出厂价格。将基准价格转换为最终价格的计算方法因使用外部参考定价的国家而异，包括最低价格、平均价格、最低价格的平均值以及根据市场规模和购买力平价等市场因素调整的价格。外部参考定价是许多欧洲国家以及其他区域的中高收入国家（如巴西、埃及、沙特阿拉伯、泰国、土耳其和阿拉伯联合酋长国）广泛采用的一项政策。

世卫组织建议在下列情况下使用外部参考定价：（1）外部参考定价与其他定价政策一起使用，包括价格谈判；（2）有足够的资源和熟练的人员执行外部参考定价；（3）参考国家或管辖区的选择是基于一系列明确说明的因素；（4）参考价格是从可核实的数据源获得的；（5）参考价格包含了各种形式的折扣、回扣和税收，具有很高的可信度；（6）确定价格的方法遵循透明和一致的过程。世卫组织还建议，各国在使用外部参考定价时，按预先规定的频率定期修订价格，同时监测实施外部参考定价对药品价格、可负担性和可及性的影响。

6.2.2 内部参考定价：确定补偿率

内部参考定价是指使用一组在治疗上具有可比性和互换性的药品的价格，得出一个基准或参考价格，以确定或谈判产品的价格或补偿率。治疗的可比性和互换性由化学实体和根据解剖治疗化学分类系统（ATC）或治疗指征的药理学分类决定。内部参考定价的目的是协调具有相同或类似治疗效果的产品的价格，以期减少可比产品之间的价格差异，它还鼓励具有相同或类似治疗效果的产品之间的竞争。

执行内部参考定价的一个主要步骤是选择治疗上可比较和可互换的产品组，以便确定价格基准。不同产品的有效药物成分具有相同化学物质时，可通过解剖治疗化学分类系统第5级制定参考价格，同时考虑剂量、包装大小等因素。为了确定参考价格，对于解剖治疗化学分类系统第4级的治疗等效性，可以考虑评估非劣效性和治疗等效剂量的临床试验证据，同时考虑给药频率等因素。这些产品的价格将根据等效的证据和在分销链上的共同点进行比较和确定。

许多国家采用内部参考定价将可紧密替代药物的价格联系起来，即仿制药、生物仿制药或治疗等效或可紧密替代产品。除确定价格外，内部参考定价也被用来确定具有公共药品保险或私人保险公司补偿受监管的卫生保健系统的可替代产品的补偿率。例如，偏爱品牌产品的病人将承担品牌产品与参考仿制药品或最低价格药品之间的差价。

世卫组织建议在下列条件下，根据仿制药参考定价原则对仿制药和生物仿制药使用内部参考定价。一是内部参考定价与促进使用有质量保证的仿制药或生物仿制药的政策结合使用。二是参考价格是从可验证的数据源获得和验证的。三是根据既定方法明确评估和说明仿制药和生物仿制药定价的一致和透明标准。

6.2.3 基于价值定价：重点关注药品的附加值

基于价值定价是一种旨在根据测量和量化的"价值"或病人和卫生系统赋予药品的价值来确定药品价格的方法。理论论点表明，基于价值定价可能会鼓励利润最大化的公司创新和生产具有社会和政府最重视的属性的药物。

价值评估可以通过卫生技术评估（HTA）进行，它是指通过评估一项卫生干预或卫生技术的社会、经济、组织和伦理问题的多学科过程，对卫生技术的特性、效果和（或）影响进行系统评估，以期为政策决策提供信息。在确定价格时，技术方法通常通过明确的（如英国）或隐含的（如澳大利亚）或效率优化的边界（如德国）的支付意愿阈值或预算来限制"价值"，进而限制价格。根据卫生技术评估的基于价值定价最常用于非专利或单一来源药物的定价，并经常与各国的其他定价政策结合使用，包括谈判和参考定价。值得注意的是，卫生技术评估已被应用于更广泛的目的，而不是设定药品价格。卫生技术评估也不限于卫生技术的经济评价（即成本效益分析），它们通常包含预算影响分析，以便更好地了解资助决策的全部机会成本（即从系统角度来看的"价值"）。卫生技术评估已被用作一种工具，为广泛的卫生系统改革和撤资决策提供信息。

全球许多国家与专业组织或网络合作，启动或建立了开展卫生技术评估的正式或非正式程序或专门机构，以便告知卫生技术的覆盖范围，包括根据卫生技术的价值提供的价格和补偿金额。然而，只有在几个高收入国家（如澳大利亚、英国、韩国）和非常有限的中等收入国家（如泰国）系统地、正式地将卫生技术评估提供的基于价值定价与覆盖范围决定联系起来。

世卫组织建议在下列条件下使用基于价值的药品定价，以支持价格制定和酌情作出补偿决策。（1）以价值为基础的定价与其他定价政策（如价格谈判、内部和外部参考定价）以及促进使用有质量保证的非专利药和生物仿制药的政策一起使用。（2）有足够的资源和熟练的人员执行基于价值的定价。（3）利用卫生技术评估的基于价值定价必须包括从付款人和病人的角度分析预算影响和负担能力。（4）建立完善的治理结构，利用卫生技术评估进行基于价值定价，以确保过程透明，并公开传播评估报告和决定。（5）确定价值的方法和角度是明确的。（6）应定期审查和重新评估决定和证据。

6.2.4　加价管制：制定正确的激励措施

加价是指用于商品价格的额外费用和成本，以覆盖间接成本、分销费用和利润或盈余。在药品供应链的背景下，政策可能涉及对批发和零售加价以及药品报酬的管制。加价管制旨在通过明确的定价规则，减少供应和分销链上的价格波动。这可以提高消费者和卫生系统的价格透明度，并为支出管理提供更大的可预测性。如果加价水平与成本和利润预期密切相关，结构良好的加价管制可能会提高效率，并激励某些产品（如小批量产品）的供应。

可以在供应链上的任何点规定固定或百分比加价（例如，按出厂价格水平加价，并将按服务收费的报酬纳入加价，如配药或达到预先规定的服务质量标准的费用）。其他类型的价格管制，如直接价格管制，可以在供应链的任何点设定，目的是规定最高价格，也称为价格上限。

许多卫生保健系统通过在整个药品供应和分销链上设定价格和加价门槛来管制药品价格。这些政策包括规定公共医疗机构提供的药品零加价（如中国、科威特），为私营零售药房提供的药品设定最高加价（如科威特、阿曼），为大多数分销阶段设定固定或百分比加价（如澳大利亚、巴西、约旦、黎巴嫩、莫桑比克、阿拉伯叙利亚共和国和突尼斯），固定或最高收费或价格，或综合政策（例如南非的管制组合，包括每年调整出厂价格水平的单一出口价格，禁止批量折扣或奖金，药剂师的最高配药费基于递减利润，非药剂师持牌配药从业人员的单独最高配药费）。

世卫组织建议在以下情况下，在整个药品供应和分销链中使用加价管制。（1）加价管制应与其他定价政策结合使用。（2）加价结构应该是递减的，加价随着价格的上涨而下降（而不是所有价格的固定百分比加价）。建议各国考虑利用报酬和加价管制作为提供特定药物（如仿制药、小批量药物和可补偿药物）或保护特定病人或人群（如弱势群体、生活在偏远地区的人群）获得药物的激励措施。各国在沿供应和分销链加价时确保价格和方法的透明度，包括披露任何回扣和折扣，定期审查加价管制，以保护病人免于自付费用。

6.2.5 招标和谈判：越来越多地应用于门诊部门

招标和谈判是通过鼓励竞争机制管理药品价格的两项政策。招标是任何正式的竞争性采购程序，通过这一程序，就药品和疫苗的采购请求、接受和评估进行投标，并因此向其投标最有利的投标者给予奖励。谈判是旨在与潜在供应商达成协议的讨论。除可接受的一般条款和条件外，招标和谈判的结果可能包括通过折扣和回扣的具体降价。招标的目的是通过正式程序鼓励潜在投标者之间的竞争，根据价格、产品质量和物有所值等客观预定标准选出有利的投标者，并将合同授予这些投标者。谈判通常用于在谈判各方之间就采购的各个方面（如价格、质量、风险和付款时间表）确定条款和条件，或促进解决对要约条款和条件的任何分歧。

文献中详细记载了进行正式招标的一般步骤，其中包括：制定相关立法；通过在投标中选择药品来界定范围；编制和发布招标文件以邀请潜在投标人提供报价；准备和发布招标文件，邀请潜在投标人提供报价；整理报价和评审供应商选择，为授予合同做准备；监督供应商的表现，并在必要时执行合同条款。谈判的形式通常不那么结构化，取决于多种因素，包括合同的规模和复杂程度、所涉及各方的数量、现有关系以及其他保健、监管、法律和商业要求。根据具体情况，招标和谈判可以单独进行，也可以联合进行，也可以作为其他定价政策的补充。招标和谈判是许多国家，特别是低收入国家或代表低收入国家进行采购的国际机构普遍使用的核心采购方法之一。在高收入国家，招标主要用于医院环境和公共服务，例如大流行计划和人乳头瘤病毒疫苗。

世卫组织建议各国在下列条件下对药品进行招标。（1）价格水平应与其他标准一起考虑，包括产品质量、产品特性、可用性、供应安全、供应可靠性和供应链上的收费。（2）招标应与其他定价政策结合使用，以提高可负担性和可用性。还建议各国利用价格谈判来补充招标和其他定价政策。

6.2.6 成本加成定价：很少使用的定价方式

成本加成定价是指在制定药品价格时考虑生产成本、研发成本、与管制流程和合规相关的成本、管理费用和其他运营费用以及利润来确定价格的定价做法。成本加成定价以其概念简单而著称，其定价规则明确而合理，为供应商的预算规划和利润提供了一定程度的确定性。

少数国家将成本加成定价作为国家药品定价政策的一部分（如澳大利亚的"成本加成法"和日本针对没有可比较产品的"成本会计制度"）。然而，在实践中使用的程度和实际细节并不广为人知，许多国家（如欧洲）只把成本作为价格谈判的标准之一。这可能是由于从供应商那里获得有关直接材料成本、直接劳动力成本，与研发、制造、管制流程和合规相关的间接成本，以及其他业务运营成本的可靠信息的实际挑战。确定最终价格也可能具有挑战性，为此，供应商和定价部门需要根据双方可接受的水平和结构（即百分比或固定金额）就估计成本之外的利润率达成协议。

成本加成定价尚未广泛用于出厂价格水平的药品定价。鉴于目前在确定价格投入方面缺乏透明度和利益攸关方之间缺乏商定的框架，世卫组织建议各国不要将成本加成定价作为确定药品价格的主要政策。

6.3 管制工具与不同医疗制度环境的适用性分析

根据卫生保健系统组织和筹资的主要特征,各国的卫生保健系统通常分为社会健康保险(SHI)和国家医疗服务(NHS)两种类型。在47个PPRI国家中,大多数国家(约57%,27个国家)的卫生保健系统主要依赖雇主和雇员的缴费(社会健康保险)。然而,有些国家倾向于呈现这两种制度的特点。

各国之间的药品价格管制政策差别很大,每个国家都有自己独特的价格管制工具。在法国、德国和日本等国家,政府机构直接制定药品价格。所有这些制度的共同之处在于,药品溢价不容易获得,需要代表制药公司提前做好充分准备。每个卫生保健制度都要求制药公司按照本国标准格式提交一份材料,通过该材料,公司可以论证如何在官僚定价系统中为产品定价。但最后完全由政府机构自行决定。考虑到政府也在努力控制其卫生保健和药品预算,降低价格的倾向是显而易见的。

在日本,大多数新的化学实体是根据现有的药物比较和创新溢价来评估定价的。建立比较药的规则是明确的,并基于对药物适应症、化学结构和作用机制的评价。获得的创新溢价通常很小,尽管理论上可以达到120%。很少有药物有资格获得"成本加成"评估,这是一个实现更有利价格水平的机会。获得成本加成资格的条件非常严格,因此只限于无法合理指定比较药品的几种药物。如果日本的价格远远高于或低于美国、法国、德国和英国的平均价格,"外国价格调整"计算就会对最终批准的市场价格产生重大影响。

法国的制度也是基于指定一种参考药物,通常是治疗的一个黄金标准或者是一种非常相似于以前推出的化合物。在法国,指定一个参考药品的方法远没有日本那么严格,而是更直接地与临床使用联系在一起。"透明委员会"(Transparency Commission)决定适当的比较药物,以及反映相对于比较药物的治疗改善等级的医疗价值提高评级(ASMR)。从1级到5级的医疗价值提高评级通常与相对较小的潜在溢价或折扣范围明显相关。实际价格是根据医疗价值提高评级和经济委员会(CEPS)与制造商的合同安排确定的。法国的定价合同通常包括限制和处罚，例如，当销售量高于商定的或超过平均用量时，会触发价格下降或回扣。

在加拿大，专利药品价格审查委员会（PMPRB）使用的价格控制机制是众多控制措施之一。根据这一计划，专利药品的"过高定价"将被追溯追究。例如，缓释制剂不允许在其原始制剂的基础上有溢价，因为根据加拿大法律，这被视为侵犯专利权。同样，与现有医疗标准相比，只有轻微医疗保健改善的药品，仅允许价格略微提高。此外，药品价格不能超过美国、法国、德国、意大利、瑞典、瑞士和英国同类药品的价格中位数。

在间接价格控制制度中，补偿是通过一种或多种机制来控制的。一种日益流行的补偿控制制度是"治疗性参考"，即认为治疗效果相似的药物组被分配相同的固定补偿金额。最著名的基于治疗参考的补偿制度的例子是德国的"巨型组"（jumbo groups）制度，在该制度中，同一治疗领域的所有品牌和仿制药都被用来建立该类别的补偿限额，补偿限额是根据该类药品在固定历史时间点的平均费用计算的。治疗性参考对处方有很大的影响。

间接价格控制的另一个例子是使用以卫生经济驱动的补偿，例如在英国，由国家卫生和保健卓越研究所（NICE）根据已证实的成本效益制定指导方针。英国的每个国家医疗服务地区都有一个临床委托小组，该小组决定每种药物的处方和病人获取途径。由于价格是决定成本效益的直接因素之一，当成本效益不能在非官方的可接受范围内实现时，制造商就有降低价格的内在压力。

除了基于成本效益的价格控制，英国还通过其药品价格监管计划（PPRS）利润控制制度限制定价自由。通过这一制度，所有制药公司的投资回报率都受到监管。在新化学实体成立后的头五年，最初的价格自由设定，但在此之后，价格变动必须在财务评估的基础上获得批准。

第四篇
各国药品价格管制实践

第 7 章 澳大利亚药品价格管制

7.1 药品价格管制的制度环境

7.1.1 卫生保健系统的组织

澳大利亚的卫生保健系统为所有澳大利亚人提供安全且负担得起的医疗保健，它由澳大利亚联邦政府（Commonwealth / Australian government）、州和地区政府（state and territory governments）、地方政府（local governments）共同管理。卫生保健系统主要由税收资助，医疗服务通过国家健康保险计划（national health insurance scheme）得到补贴。卫生服务由联邦政府系统进行管理，并通过众多公共和私人提供者提供。根据宪法，卫生保健是各州的责任。联邦政府提供大部分资金，而不直接提供卫生保健服务，并且还补贴药品和老年人的家庭护理（养老院）。联邦政府和各州之间的卫生政策和卫生保健服务责任相互依赖和重叠。6 个州和 2 个地区政府在联邦财政资助下补贴并管理公立医院、精神卫生服务和社区卫生服务，这是卫生保健支出中最大的一个组成部分。私人医生提供大部分社区医疗和牙科治疗，同时还有一个庞大的私营部门，包括保险基金、医院和诊断行业。医疗保健系统涉及联邦和州政府之间正在进行的谈判,并牵涉到许多公共和私人利益相关者。澳大利亚卫生保健系统的一个关键原则是,无论支付能力如何,都能获得高质量的医疗保健(Healy,Sharman,and Lokuge,2006)。

澳大利亚的卫生保健系统很复杂,资金安排也很复杂。它由各级政府、非政府组织、私人健康保险公司和个人(当病人为没有得到全额补贴或补偿的产品和服务自掏腰包支付费用时)提供资金。2016—2017 年,澳大利亚卫生总支出将近 1 810 亿澳元,约占国内生产总值(GDP)的 10%。卫生支出的主要来源是公共支出,占卫生总支出的三分之二以上。在卫生总支出中,澳大利亚政府占 41%,州和地区政府占 27%,个人(产品和服务没有完全补贴或报销)占 17%,私人健康保险公司占 9%,非政府组织占 6%。澳大利亚政府通常为医疗服务和补贴药品的大部分支出提供资金,它还资助了 2016—2017 年澳大利亚用于健康研究的 55 亿澳元中的大部分。州和地区政府为社区卫生服务的大部分开支提供资金。澳大利亚政府和各州及地区政府共同资助公立医院服务。

1. 联邦政府

尽管澳大利亚实行联邦制,但在大多数卫生政策领域,由联邦政府确定方向。澳大利亚联邦政府的责任主要包括:在健康保险下直接运营医疗保险福利计划(Medicare Benefits Schedule,MBS)和药品福利计划(Pharmaceutical Benefits Scheme,PBS)两个国家补贴计划;支持和监管私人健康保险;支持和监控初级卫生保健服务的质量、效力和效率;资助安老服务,如住院护理和家居护理,以及规范老年护理行业;通过澳大利亚健康和福利研究所(Australian Institute of Health and Welfare)收集和公布健康与福利信息及统计数据;通过医学研究未来基金(Medical Research Future Fund)和国家卫生和医学研究委员会(National Health and Medical Research Council)为健康和医学研究提供资金;通过退伍军人事务部(Department of Veterans' Affairs)资助退伍军人的医疗保健;资助社区控制的土著和托雷斯海峡岛民(Aboriginal and Torres Strait Islander)初级卫生保健组织;保持澳大利亚医生的数量(通过联邦资助的大学名额），并确保他们在全国公平分配；为国家免疫计划购买疫苗；通过治疗用品管理局（Therapeutic Goods Administration，TGA）管制药品和医疗器械；补贴听力服务；协调器官和组织移植；确保安全和负担得起的血液制品的安全供应；协调国家对包括大流行病在内的突发卫生事件的反应；确保澳大利亚和新西兰的食品供应安全；通过核安全研究、政策和法规保护社区和环境免受辐射。联邦还负责通过商品和服务税（GST）、一般收入分成安排以及特定用途支付向各州和地区付款；通过澳大利亚卫生保健协议（Australian Health Care Agreements）（主要用于公立医院服务）向各州和地区付款；通过公共卫生结果融资协议（Public Health Outcome Funding Agreements）向各州和地区付款（用于某些公共卫生活动）；向非政府组织的卫生服务直接拨款；为卫生研究提供资金；为卫生专业人员的培训提供支持。

联邦政府任命两名部长和一名议会秘书负责卫生和老龄事务。卫生部长（Minister for Health）对整个部门起总揽作用，并对一系列问题负有具体的行政责任，包括：健康保险福利；医院、私人健康保；药品福利计划；医务人员问题；人口健康；国家卫生优先事项；农村和地区卫生；卫生和医学研究；生物技术；土著居民卫生问题；战略政策分析与评价。老年护理部长（Minister for Aged Care）负责老年护理和听力服务，以及干细胞研究。一名议会秘书协助联邦卫生部长（Federal Health Minister）负责食品政策、血液和器官捐赠、心理健康和预防自杀以及酒精、烟草和非法药品等事务。退伍军人及其家属的卫生服务由国防部门的退伍军人事务部长（Minister for Veterans' Affairs）负责。

卫生部（Department of Health）向联邦政府提供政策咨询，管理卫生与老龄计划；制定国家健康政策，补贴州和地区政府以及私营部门提供的保健服务，并关注人口健康，研究与监测人口健康和卫生系统方面的活动。除国家政策和资金之外，该部还负责公共卫生、应急准备、研究和信息管理。在过去十年左右的时间里，卫生部已经被重新命名过几次，各部门之间的职能也发生了转移，例如，老年人和社区护理以及土著居民和托雷斯海峡岛民的保健都被转移到卫生部。除了堪培拉总部，在每个州和地区都有一个联邦办公室。卫生部下级有：急性护理司、老龄化和老年护理司、审计和欺诈控制司、商业集团、卫生服务改善司、医疗和药品服务司、土著居民和托雷斯海峡岛民健康办公室、健康保护办公室、初级保健司、人口健康司和投资组合策略部门。

土著居民和托雷斯海峡岛民健康办公室（Office for Aboriginal and Torres Strait Islander Health）为土著澳大利亚人特别方案和社区控制的保健服务提供资金，以提供针对土著居民的初级保健。

治疗用品管理局是澳大利亚政府卫生部的一个下属机构，负责管理在澳大利亚上市的药品。一种药品上市销售之前，必须由治疗用品管理局对其安全性、质量和有效性进行评估，以确保在澳大利亚可获得的治疗物品符合可接受的标准。

国家健康与医学研究委员会（National Health and Medical Research Council，NHMRC）是澳大利亚政府资助健康和医学研究的主要机构。除了向政府提供有关健康、卫生伦理和医学研究的建议、管理研究基金以及管理拨款申请的同行评审过程之外，国家健康与医学研究委员会还发布与卫生伦理和卫生保健有关的指导方针和信息。该委员会由政府、专业协会、工会、大学、商业与消费者团体的提名者组成。

根据澳大利亚政府委员会（Council of Australian Governments，COAG）等国家协议，联邦还与各州和地区共同承担其他活动的责任，这些活动包括：资助公立医院服务；预防服务，如免费癌症筛查计划，包括国家肠癌筛查计划下的那些计划；注册和审核卫生专业人员；为姑息治疗提供资金；国家心理卫生改革；应对国家突发卫生事件等。

2. 州、地区和地方政府

澳大利亚的6个州和2个地区政府负责资助和管理卫生保健服务。卫生部门在州政府行政管理中具有重要的政治和财政意义，通常占各州经常性预算的三分之一左右。每个州还设有负责卫生的部长，这既是其本身的一个主要部门，也是更广泛的人类服务部门（可能包括老年人和社区护理等相关领域）的最大组成部分。各州基本上在本州立法的限制范围内以及在与澳大利亚联邦政府达成的协议范围内自主管理保健服务。

在联邦的财政援助下，各州和地区政府主要负责经营管理公立医院；提供预防服务，如乳腺癌筛查和免疫接种计划；资助和管理社区和精神卫生服务；公共牙科诊所；救护车及紧急服务；病人交通和补贴计划；食品安全和处理条例；监管、检查、发放许可证和监测卫生场所。

澳大利亚的联邦制传统意味着，卫生保健领域在每个州的发展有所不同，在地理、政策、组织结构、人均支出、人口和资源的分配以及利用率方面都有所不同。鉴于成本控制和质量控制的共同压力，各州的卫生服务结构和模式正在趋同。地方政府在卫生保健系统中发挥着重要作用，承担一些公共卫生服务和公共卫生监督的职责。它们不负责临床医疗服务，提供一系列环境和公共卫生服务、社区保健和家庭护理服务。地方政府还参与疾病预防，如免疫计划等，并支持妇幼健康检查中心，有些地方政府还开展健康促进活动。法定机构可能负责横跨几个地方政府区域的自来水的质量、污水处理和排放、废物处理以及管制空气质量。各州地方政府的角色各不相同，例如，维多利亚州地方政府在卫生和福利服务方面最为活跃，包括为老年人提供的社区服务。

3. 私人部门

澳大利亚的卫生保健系统有一个庞大的私人部门，在提供卫生服务方面发挥着重要作用，并且在资助卫生服务方面也起着次要作用。私人部门资金占所有卫生支出的近三分之一，其中包括私人健康保险支出和个人自付费用。

大多数州的政策重点是通过减少政府在服务提供方面的作用和增加对非政府和私人部门的依赖来改变公私责任的混合。业务外包很常见，核心服务（如洗烫衣服、饮食服务、保洁和病理服务）被外包给私人部门。继 20 世纪 80 年代新西兰和英国的改革之后，许多澳大利亚卫生部门尝试了购买方与提供方分离，但购买方与提供方关系中存在的困难，加上无法充分明确合同，导致许多这样的安排在 90 年代中期恢复到更传统的公共部门筹资安排。地方政府还在以前由公共部门垄断的卫生服务领域中促进了私人部门竞争，一个例子是澳大利亚听力服务（Australian Hearing Services）的公司化。

公立医院、私立非营利性医院和私立营利性医院之间的界限越来越模糊，例如，许多公立医院将工作外包给私立医院，接收自费病人。其他私有化方案包括州政府与私人部门签订合同，为建造新医院提供资金；与一家私立医院签订合同，以州名义经营该医院；或与私立医院签订合同，为公立医院病人提供某些服务。

澳大利亚的大多数医生都从事私人执业，私人诊所的医生、药剂师、牙医和其他卫生专业人员提供大量的医疗和药学服务。私人全科医生提供大多数初级保健，私人医疗专科医生提供大多数的门诊二级卫生保健，但也可以将他们的服务承包给公立和私立医院。因此，私人医生是卫生部门管理中主要的利益相关方，对卫生保健政策具有重大影响。

私立医院是医院领域的重要参与者，301家私立医院提供了约30%的床位储备。私立医院一般比公立医院规模小，处理的病例范围更有限，很少提供急诊服务，并承担大量的选择性手术。大型企业的增长赋予私立医院更大的谈判能力，现在医院所有权更加集中，三分之二以上的私立医院床位由大型营利性连锁医院和天主教会所有。

私人健康保险基金也是重要的参与者，联邦目前的政策是支持私人健康保险行业，该行业通过保费退税得到大量补贴。最大的两家私人健康保险公司是私人医疗银行（Medibank Private）和澳大利亚医疗福利基金（Medical Benefits Fund of Australia）。私人健康保险行业由一个法定机构——私人健康保险管理委员会（Private Health Insurance Administration Council）主要根据《1953年国家健康法》和《1973年健康保险法》规定的管理框架进行监管。私人保险基金必须是注册的健康福利组织（Registered Health Benefit Organization），其活动受到严格控制，例如，保险公司必须接受所有申请人，并且在保险费和支付福利方面不得有歧视。

4. 专业协会及工会

影响联邦和州一级决策的众多专业协会和消费者团体参加了许多法定机构和政策委员会，向调查提出意见，参与专业人员认证和通过培训方案进行质量保证，主要团体有国家一级的高峰机构。一些专业协会的例子包括澳大利亚皇家外科医生学院（Royal Australasian College of Surgeons）、澳大利亚皇家医疗行政人员学院（Royal Australian College of Medical Administrators），而更广泛的专业和游说团体包括澳大利亚公共卫生协会（Public Health Association of Australia）。

澳大利亚医学协会（Australian Medical Association，AMA）是政策过程中一个重要的参与者，会员属自愿性质，大约有50%的执业医生成为会员。医学协会支持按服务付费、病人选择医生和医患关系至上的原则。政府主要通过医学协会和专业学院，就可能影响临床实践和医务人员的事务向医学界进行咨询。澳大利亚的护士协会组织得很好，最具代表性的是澳大利亚护理联合会（Australian Nursing Federation，ANF）。

7.1.2 医疗服务提供模式

在澳大利亚，卫生保健的提供权力下放给各州和私人部门。私人部门提供大部分初级保健和许多专科医疗护理，经营私立医院，并提供大多数联合卫生保健。州和地区政府经营公立医院，提供大多数公共卫生计划，并提供少量初级卫生保健。各州对公共卫生负有主要责任，包括通过《公共卫生法》和其他立法提供人口卫生服务。地方政府监控环境卫生、食品安全和水质。免疫接种也主要是各州的责任，接种工作涉及州和地方政府以及私人全科医生，但提供者的相对平衡在各州之间有所不同。联邦和各州政府普遍寻求减少它们在直接提供卫生服务方面的作用，增加自愿和营利性提供者的作用。

初级医疗网络（primary health networks，PHNs）是协调地方卫生服务的组织，澳大利亚有31个初级医疗网络。初级医疗网络的主要职责：支持社区卫生中心、医院、全科医生、护士、专科医生和其他卫生专业人员，帮助改善对病人的照护；协调卫生系统的不同部分，例如，当病人出院时，医院和全科医生之间的协调；评估当地的卫生需求；提供所需的额外服务，例如，下班后服务、精神健康服务、健康促进计划以及支持包括继续教育在内的初级保健（全科医生）。

澳大利亚有许多卫生保健提供者,包括由全科医生、专科医生、保健工作者和护士提供的初级保健服务。全科医生提供大部分的医疗保健咨询,他们通常是医疗接触的首个对象(排在药剂师之后)。他们扮演着卫生保健系统其他部分的"守门人"的角色,因为健康保险只会补偿转诊咨询的列表费用,而医院门诊部如果想要获得大量的健康保险支付账单,就需要从全科医生那里转诊。全科医生负责提供常规的医疗保健、计划生育和咨询,在他们的诊所做小手术,提供包括免疫在内的预防服务,向病人提供健康建议,并开具药品处方。他们还发起了大部分的病理学和放射学调查。大多在农村地区的一些全科医生也承担更复杂的外科手术,如阑尾切除术。

其他卫生保健专业人员也提供初级卫生保健。护士在全科医生诊所、社区公共卫生中心和其他场所提供大量但无法计量的初级保健。护士提供的服务包括健康检查、免疫接种、生殖健康检查和健康咨询。护士咨询在健康保险中是不报销的,除了在全科执业中雇用的护士的有限治疗,而且联邦确实为全科执业雇用护士提供补贴。目前澳大利亚只有少数合格的护士从业人员。家庭护理服务和公共部门母婴保健诊所的护士也提供初级保健。在公共和私营部门工作的保健辅助人员,如物理治疗师和营养师,也提供初级卫生保健。

门诊二级医疗保健由私人执业专科医生在他们自己的私人咨询室,或在公立或私立医院的门诊部门提供。二级保健也可在日间医院或作为住院治疗提供,三级保健是指通常在大型急诊医院进行的高度复杂的医疗和相关服务。

在澳大利亚,包括医院、门诊机构、社区和家庭护理在内的各种环境中提供急性医疗事件后的康复和中间护理服务。近年来,针对心肌梗死、中风和脊髓损伤等疾病的具体康复方案有所扩大,主要由符合国家指南的医院康复单位提供。联邦康复服务局(Commonwealth Rehabilitation Service)提供的公共职业康复服务由1986年《残疾服务法》(*Disability Services Act*)提供资金。

7.1.3 健康保险制度

1. 健康保险

健康保险（Medicare）是澳大利亚从 1984 年开始实行的全民健康保险制度，它为澳大利亚和新西兰公民、澳大利亚永久居民以及来自有互惠协议国家的人提供免费或低成本的大部分医疗保健服务，主要包括医疗服务、公立医院和药品三个部分。健康保险涵盖了公立医院服务的所有费用，包括其他医疗服务的部分或全部费用。这些医疗服务包括由全科医生和专科医生提供的服务，以及物理治疗、社区护士和为儿童提供的基本牙科服务。健康保险的另一个重要部分是药品福利计划，它使一些处方药更便宜。

健康保险为符合条件的人提供了获得补贴的机会，可选择医生进行院外治疗、获得补贴的处方药和免费的公立医院治疗。病人的自付部分主要是非政府补贴的药品和药品共同支付、牙科治疗、健康保险福利与医生收费之间的差额，以及支付给其他卫生专业人员的费用。然而，卫生保健在很大程度上仍是对使用者免费的，其使用也基本上是无限制的。健康保险系统的资金来源是一般税收和对收入征收 1.5% 的健康保险税，不参加私人健康保险的高收入者将被额外征收 1% 的所得税。

健康保险覆盖的类别包括：全科医生和专科医生的诊疗费；医生为治疗疾病而进行的测试和检查，包括 X 射线检测和病理检测；大多数由医生进行的外科手术和其他治疗过程；由验光师进行的视力检查；一些由认可的牙医进行的外科手术；"唇腭裂计划"（Cleft Lip and Palate Scheme）的指定项目；为全科医生在加强初级保健（Enhanced Primary Care）计划下管理的慢性病患者提供指定专职医疗及牙科护理服务。健康保险的大部分支出用于全科医疗服务、病理学和诊断影像学检查以及专科医生会诊。

健康保险不包括私立医院的费用、人寿保险的检查、互助会退休金或会员资格、海外旅行的疫苗接种、海外医疗和医院的费用，或由其他机构（如保险公司）支付的医疗费用。常规的足部护理、长期护理、非临床必要的医疗服务、美容手术、牙科治疗、救护车服务、家庭护理、物理治疗、职业治疗、言语治疗、脊骨按摩与足病服务、心理学家治疗、试听辅助设备和假肢等不在保险范围内。然而，其中一些项目由私人健康保险基金支付。因此，医生实际上垄断了公共部门支付医疗服务和相关检测的费用。

（1）医疗保险福利计划（MBS）。医疗保险福利计划列出了政府资助的所有医疗服务，包括私人医生和验光师，以及在某些情况下其他医疗专业人员提供的门诊医疗服务。一组医疗专科医生保持最新的列表，安全和最佳的做法。医疗保险福利计划有一个安全网，一旦病人的自付费用达到一定数额，它可以帮助减少对服务的支付。

执业医师需要一个提供者编号，以便通过健康保险获得回扣。全科医生具有"守门人"作用，因为当患者被一个医疗执业医师转诊时，被认可的专科医生可以要求更高的回扣。执业医师和患者可以通过互联网查询健康保险计划的费用和福利。健康保险在已建立的健康保险福利费用的基础上提供补偿，住院治疗和门诊全科医生服务的补偿率是100%，专科医生服务费用的补偿率是85%，住院医疗服务费用是75%。然而，在非住院服务方面，包括看全科医生、专科医生咨询、检测和x射线检查，已经建立了一个保护病人不受高额自付医疗费用影响的安全网。一旦达到了年度安全网的门槛，健康保险承担所有超过今年剩余时间补偿的自付费用的80%。退伍军人事务部为向符合条件的退伍军人和战争寡妇提供的全科医生和专科医生服务提供的补贴高于健康保险。

医生可以选择收取不超过健康保险补偿的费用，在这种情况下，健康保险将直接向医生支付福利（全额补偿），而病人无须自掏腰包。然而，医生被允许收取高于补偿额的费用，这样，患者就必须支付差额。全额报销在全科医生服务中更为普遍，大多数消费者要自费去看私人专科医生。随着医生全额补偿收费的下降，政府向全额报销优惠卡持有者和16岁以下儿童根据他们的位置增加对全科医生的财政刺激，还把所有全科医生服务的收益从标准费用的86%提高到100%。

作为州资助的医院的公共病人，符合健康保险条件的个人可以选择享受免费住宿和医疗、护理及其他保健，公立医院的公共患者也免费享受门诊治疗。

或者，他们可以选择作为公立或私立医院的私人患者在健康保险的一些帮助下接受治疗。在健康保险制度下，作为公立医院的公共患者免费接受由医院提名的医生和专科医生的治疗。公立或私立医院的私人患者接受的治疗可以选择医生。对于私立医院的私人病人，健康保险将支付医院提供的医疗服务的费用标准的75%，部分或全部的余款可向私人健康保险公司索赔，但医生必须与保险公司签订合同。作为私人患者治疗时，健康保险不补偿医院住宿费用，但可以通过私人健康保险得到补偿。

（2）药品福利计划（PBS）。药品福利计划旨在以个人和社区都能负担得起的价格，及时提供必要的和挽救生命的药品。药品补贴最早始于1919年澳大利亚设立的遣返药品福利计划（Repatriation Pharmaceutical Benefits Scheme，RPBS），它免费向退伍军人提供药品。1944年《药品福利法》（Pharmaceutical Benefits Act）通过向所有澳大利亚居民免费提供药品的授权条款。然而，药品福利计划本身直到1948年才建立，当时免费提供了139种拯救生命和预防疾病的药品目录。药品福利计划把品牌药、仿制药、生物药品和生物仿制药列入药品目录，目前共有5 200个品种。

在获得治疗物品管理局的上市批准后，制药公司就要申请把新药列入药品福利计划目录，这通常是商业上可行的销售所必需的。自2011年以来，引入了治疗物品管理局和药品效益咨询委员会并行处理流程。列入目录申请由一个法定独立专家委员会—药品效益咨询委员会（Pharmaceutical Benefits Advisory Committee，PBAC）和其下属委员会进行评估，评价药品的比较功效、安全性和成本效益。如果申请被判定符合列入目录的标准，药品效益咨询委员会将向卫生部长提出建议，说明应将哪些药品列入药品福利计划（Schedule of Pharmaceutical Benefits）以及应适用的任何条件。在审核一项列入药品福利计划提议时，委员会将考虑有关新产品相比较的临床效果、安全性和成本效益的信息。一种价格较高的产品，通常只有在它能显著改善治疗效果或减少毒性时，才会被推荐给予补贴。委员会确定的其他相关因素还包括：临床需要；与费用和健康结果有关的不确定性程度；药品福利计划年度总费用；开具的药品超出任何补贴限制的可能性以及限制这种情况的可用方法。

药品效益咨询委员会提出的正面目录建议仅是建议性的，至于是否以及如何列入药品福利计划目录的最终决定将由卫生部长作出。委员会提出的将产品列入目录或延长现有目录的期限的建议随后被提交给药品效益定价管理局（Pharmaceutical Benefits Pricing Authority，PBPA），后者就合适的价格的谈判提供建议。药品效益定价管理局是一个非法定机构，其作用是向卫生部长提供有关在药品福利计划下提供的药品福利定价的建议。药品效益定价管理局建议新药的价格，并至少每年审查药品福利计划中列出的药品价格。然后，药品效益咨询委员会和药品效益定价管理局的建议提交给卫生部长作出决定。药品福利定价管理局于2014年4月1日被撤销，定价谈判纳入药品效益咨询委员会评价过程。

澳大利亚是较早实行严格的成本效益要求作为其定价和补偿审批过程一部分的国家之一，证明成本效益是创新性高成本药品获得价格批准的一个关键成功因素。自1988年3月1日起，法律要求药品效益咨询委员会考虑成本效益。推荐在成本最小化（参考定价）的基础上列入新药，药品被认为与现有列出的药品具有相似的安全性和有效性，因此定价相同。如果新药品与现有的治疗相比具有可接受的增量成本效益比（incremental cost effectiveness ratio，ICER），则可能推荐它们。没有固定的增量成本效益比阈值，因为考虑了除增量成本效益比之外的其他因素。然而，研究表明，当增量成本效益比值高于每个质量调整生命年（Quality-Adjusted Life Year，QALY）75 000澳元时，药品不太可能被列入目录（Chim et al.，2010）。对药品预算的财政影响也已被证明是药品效益咨询委员会列入药品目录决策的一个重要决定因素（Mauskopf et al.，2013）。药品福利计划列出的药品可以分为三大类：不受治疗用途限制的药品的"无限制福利"；只能用于特定治疗用途的药品的"限制福利"；需要获得人类服务部（Department of Human Services）事先批准的药品的"政府授权福利"。处方限制可能会将使用限制在药品已被认为有效或具有成本效益的适应症，并可能包括开始或继续治疗的规则。

通过对消费者购买的药品福利计划目录上药品进行补贴，澳大利亚人广泛获得各种药品，这些补贴包括大多数药品的购买和所有基本药品。药品福利计划补贴药品的处方可以由执业医师开具，也可以由执业护士、牙医、验光师和足外科医生开具，但处方有限。药品福利计划补贴药品的处方只能由经批准的社区药房和医院配发。专科药品有一个专科的处方集，只向公立和私立医院供应。在大多数州，药品福利计划所列药品的资金用于门诊患者和出院患者。此外，还为土著群体、姑息治疗病人和资助人类生长激素做出了特别安排。

如果按照批准的条件开处方，且药品价格高于共同支付水平，那么药品福利计划所列药品的普通和优惠消费者的费用都得到补贴。普通受益人的共同支付额为36.90澳元，优惠病人包括老年和残疾养老金领取者、失业和疾病受益人以及低收入者，共同支付额为6澳元。安全网阈值提供了保护，防止在一个日历年内产生非常高的成本，安全网的阈值适用于家庭，而非个人，普通受益人为1421.20澳元，优惠患者为360澳元。每年根据消费价格指数调整共同支付和安全网阈值，一旦普通患者达到一般安全网阈值，患者支付的处方药品总费用就达到优惠的共同支付水平。当优惠卡持有者达到优惠安全网阈值时，他们将免费获得所有剩余处方。此外，当制药公司和政府不能就药品福利计划所列药品价格达成一致时，可以申请特殊病人缴款。这些是由品牌溢价政策（Brand Premium Policy）（为价格高于最低价格的品牌支付的额外费用）和治疗组溢价政策（Therapeutic Group Premium Policy）（为吸引治疗组溢价的治疗组内的药品品牌支付额外费用）导致的。药品福利计划为一些治疗子组定义了一个治疗组溢价（Therapeutic Group Premium，TGP），这些药品组中的单个药品在疗效和安全性方面被认为是相似的，治疗组溢价是所开的溢价品牌药品的价格和这个类别中药品的基准价格之间的差价。对于在这个药品组中开出的药品，患者需要支付除正常的共同支付外的治疗组溢价。开药者可以获得治疗组溢价的豁免，主要是基于不良事件和药品的相互作用。

2. 私人健康保险

近一半的澳大利亚居民利用私人健康保险可选项目，以避免冗长的公立医院等候名单、改善的住宿条件和辅助治疗服务。私人健康保险（private health insurance）主要有两种类型：一种是医院保险，支付自费病人住院治疗的部分（或全部）费用；另一种是常规治疗（辅助或额外）保险，覆盖健康保险不包括的一些非医疗保健服务，如牙科、理疗和眼科服务。有些有私人健康保险的人有医院保险或额外保险，有些人则二者兼而有之。政府提供了一个经济状况调查后的回扣，以帮助私人健康保险的成本。

私人健康保险基金成员可以为医院自费患者的治疗和住宿费用、健康保险福利和住院费之间的差额以及辅助服务项目等投保。自1995年以来，立法允许保险基金与医院和个人从业人员签订合同，尽管这一做法最初遭到医学界的反对，他们认为这威胁了他们设定费用的自由。2005年底，采取措施加强政策的可转移性，在基金之间转移私人健康保险的人不再需要预约等候时间。

私人保险不包括医生提供的初级医疗服务。自1984年实行健康保险制度以来，不允许私人健康保险基金支付执业医生提供的院外医疗服务的费用，包括实际收取的费用与健康保险委员会（Health Insurance Commission）（构成消费者共同支付）的回扣之间的任何差额。但是，健康保险计划中没有提供的一些辅助项目的费用在一定程度上由私人健康保险基金支付，例如牙科和眼科服务（如眼镜和隐形眼镜）、理疗、脊椎按摩治疗和器械，以及药品福利计划不包括的处方药。

作为一系列医院、医疗服务和一些药品的保险公司，私人健康保险公司在决定引进新医疗技术时越来越多地利用卫生技术评价程序。虽然资金主要依赖于政府的卫生技术评价程序，但有些项目对新药、服务和设备（如冠状动脉支架）进行评估。政府一直在审查私人健康保险的安排，其目的是为卫生基金引入激励措施，以促进更具成本效益的卫生保健，以便更公平地反映高危群体的成本，并鼓励保险公司保护投保人免受意外自掏腰包的费用。

7.2 药品价格管制方法

7.2.1 药品市场概况

澳大利亚的制药业包括40多家原研药公司（大部分是跨国公司的子公司）和大约10家仿制药公司。澳洲药品协会（Medicines Australia）是原研药公司的最高组织，仿制药行业协会（Generic Medicines Industry Association, GMIA）是仿制药供应商的代表机构。批发商有资格从社区服务义务（Community Service Obligation, CSO）资金池获得政府资助，前提是他们同意遵守一些服务标准，包括在有要求时能在24小时内提供所有种类的药品福利计划药品。目前有三个全国社区服务义务分销商（澳大利亚制药工业，Sigma 和 Symbion）和几个以州为基础的分销商。

在澳大利亚，无论是住院患者还是门诊患者，都可以通过社区药房和医院获得药品。澳大利亚有5 350家社区药房，药店所有权由州和地区立法管理，在很大程度上将社区药房所有权限制在注册药剂师手中。大多数社区药房由药剂师拥有，少数由非营利性实体拥有。区位规则限制在现有药房半径小于1.5千米的地区开设新药房。澳大利亚药房协会（Pharmacy Guild of Australia）代表了大多数社区药房所有者的利益。在这些由药剂师拥有的社区药房中，超过3 000家是一个旗帜集团（banner group）或特许经营的一部分，而其他不隶属于任何集团的则被归类为独立药房。一些旗帜集团作为三大医药批发商的零售品牌运作，目前最大的两个旗帜集团是原料药批发商的子公司普林斯林药房（Priceline Pharmacies）和化学家仓库（Chemist Warehouse）。药房的大部分收入来自发放药品福利计划补贴的药品，其余收入来自私人处方、销售非处方药品和其他零售商品，如美容和保健产品（Beecroft, 2007）。

除了向病人配发处方药品，社区药房还提供一系列专业服务，包括提供药品信息、临床干预、药品管理服务和预防保健服务。每隔5年，澳大利亚政府和澳大利亚药房协会之间就会协商并达成一份社区药房协议（Community Pharmacy Agreement, CPA）。最初，这些协议涉及药房报酬和地点规则，但已扩大范围，提供更专业的药房服务。

每一种药品福利计划补偿药品的配发价格由出厂价格、批发商利润（目前低于1 000澳元的药品批发商加价7.52%）、药房加成、以及配药费构成。配药费每年7月1日根据消费者价格指数进行调整，其他药房费用包括临时配制费和危险药品供应费。几乎所有的处方配药和支付流程都是通过电子药品福利计划在线平台实时完成。

7.2.2 参考定价和基于价值定价

药品福利计划对其补偿药品的价格进行控制，参考定价和基于价值定价一直是最主要的两种定价方法。参考定价是指药品在定价时被认为具有类似的安全性和功效，并由药品效益咨询委员会基于成本最小化评估提出建议。药品的价格取决于其与另一种药品的价格或疗效的关系。成本最小化是参考定价的最简单形式，并且通常适用于药品效益咨询委员会根据其收到的证据，认为一种药品与药品福利计划列出的另一种药品（比较药品）具有类似的疗效。新药将通过治疗相关性与比较药品连接起来，要么加入现有的一个参考药品组，要么组成一个新的参考药品组。成本最小化确保每一数量的新药品价格不超过疗效上同等数量的比较药品的价格。药品福利计划按治疗类别对药品进行分组，政府为参考组中的每一种药品支付的价格是该组中所有药品的最低价格。要获得比某一药品组更高的补偿，需要通过药品效益咨询委员会获得批准。治疗相关性完全建立在疗效的基础上，因此，一种仍在专利期内的药品的价格可能与一种过专利期且有仿制药可用的药品的价格挂钩。

2007年8月，政府对药品福利计划进行重大改革，改革的主要目标是使政府支付仿制药的费用与药房采购价格挂钩。改革方案包括一系列相互关联的措施，例如，改变药品福利计划所列药品的定价，改变药房和药品批发商的补偿安排（主要是提高加成和配药费用以及社区服务义务资金池）。此外，还开展了仿制药的宣传运动。新的定价政策包括三个主要组成部分：建立两个药品福利计划药品处方集（即F1和F2处方集）；法定降价；引入价格披露。

药品福利计划改革带来的最重要的变化是为单一品牌和多品牌药品建立了单独的处方集，这使得政府通过在治疗参考类药品专利到期时强制降价，从仿制药中追求更多的成本节省，而不会对专利药品的价格和药品创新的相关激励产生直接影响。处方集Ⅰ（F1）是指那些在大多数情况下由于专利只列出单一品牌药品；处方集Ⅱ（F2）包含多品牌药品和在病人层面可与多品牌药品互换的单一品牌药品。在2011年1月之前，根据2006年以前的折扣水平，一项过渡性定价安排适用于F2处方集所列药品，并创建F2A和F2T两个子处方集。F2A包含所有不向药店提供高折扣的药品，而F2T包含所有向药剂师提供高折扣的药品。2011年1月1日F2A和F2T子处方集合并，形成单一的F2处方集。不同的定价机制适用于每个处方集，基于价值定价用于为F1处方集中的药品定价，而F2处方中的大多数药品的价格是基于多个供应商之间的市场竞争。F2处方集药品实行强制降价，其中，F2A处方集所列药品实行为期3年的每年降价2%和F2T处方集所列药品实行一次性强制降价25%，紧随其后的是从2007年8月起对F2A处方集所列药品和从2011年1月起对F2T处方集所列药品强制性价格披露引发的年度降价。当同一产品的新品牌上市时，列入F1处方集中的药品就变成了F2处方集药品。

2010年12月，政府推出了与澳大利亚医药协会（Medicines Australia）通过一项谅解备忘录（Memorandum of Understanding）达成的第二批改革方案。其中，第一部分是2010年10月对F2处方集所列药品进一步降价（F2A处方集所列药品额外降价2%，F2T处方集药品降价5%）；第二部分是从2011年4月起，首次列入目录的仿制药的降价幅度从12.5%提高到16%；第三部分是扩大价格披露政策，将所有F2处方集药品纳入其中，价格披露周期从24个月缩减至18个月，被称为扩大和加速价格披露（Expanded and Accelerated Price Disclosure，EAPD）。

价格披露改革要求制造商向卫生部提供关于实际销售价格（出厂价格）信息，根据这些信息，计算加权后一年平均披露价格（weighted, one-year average, disclosed price，WADP）。如果当前出厂价格超过加权后一年平均披露价格的10%，则药品福利计划价格就会被降低到加权后一年平均披露价格的水平。2014年10月，澳大利亚开始实施简化价格信息披露（Simplified Price Disclosure，SPD）政策。简化价格信息披露简化了价格披露过程，并允许药品福利计划价格更快地根据市场价格进行调整。价格披露周期由18个月缩减为12个月，数据收集从每周期12个月减少到6个月。

7.2.3 新药定价

为了应对一些新药品价格高企的问题，澳大利亚对一些药品实施了有管理的准入协议，目的是允许病人接受经发现具有成本效益的病症的治疗，但限制在这些适应症之外的使用。一些协议是涉及价格或数量回扣的定价安排，而另一些协议是要求病人达到健康目标以继续获得补贴的结果协议。特殊价格协议是保密的，因此，澳大利亚支付的价格不能与其他国家的价格相比较。

7.2.4 仿制药定价

2005年8月推出了仿制药的新的定价和上市安排。当任何现有的药品福利计划药品的首个新品牌上市时，至少需要降价12.5%。首个新品牌是指在2005年8月1日或之后上市的第一个新品牌，不论在该日期之前已上市的该药品的品牌数量如何。降价对每种药品仅适用一次，包括另一种药品的流动引发降价的参考定价组中的那些药品。

在澳大利亚，一些政策倡议鼓励更多地使用仿制药，例如，药剂师可以在不顾及处方者的情况下替代完全相同的仿制药，除非医生在处方上注明不可以进行替代。鼓励使用仿制药的品牌价格溢价政策规定，如果消费者想要使用品牌药品，他们必须额外支付品牌价格。2012—2013年，加权平均品牌溢价为2.41澳元，有1 320万张处方被免除了品牌溢价（20%的处方是药品福利计划补贴药品，其中包括具有品牌溢价的品牌）。此外，还向社区药房提供奖励（自2014年8月1日起，每个仿制药处方1.68澳元）。鼓励使用仿制药的其他措施包括：确保医生使用的处方软件能够通过通用名或国际非专利名称（INN）开处方，除非处方者特别选择一个品牌的政府规定；一项以处方医生、药剂师和消费者为目标的宣传运动，强调仿制药的安全性和质量以及为消费者提供选择的重要性；有关药房配药标签法规的拟议更改，有助于增强消费者对药品中有效成分的认识；为促进药品替代强制标记药品福利计划中的生物等效药品；为消费者提供有关个别品牌药品的更多费用信息的药房价格表。

7.3 药品价格管制效果

2010 年，澳大利亚政府评估了 2007 年药品福利计划改革的初步影响。在 2008—2009 年度，F2T 处方集所列的 450 个药品福利计划药品降价 25%，F2A 处方集所列的 449 个药品福利计划药品降价 2%，预计可为政府节省 2.74 亿澳元。在接受第一轮价格披露改革的 38 种药品中，有 7 种药品的价格降幅在 14.6%～71.8%。

2012 年 4 月第一个扩大和加速价格披露周期的结果是，涵盖 75 个分子的 237 种药品福利计划所列药品的价格下降了 10%～83%。2013 年 4 月的第二个扩大和加速价格披露周期总共为 62 个分子提供了 10%～87% 降价。总体而言，定价改革在 2010—2011 年、2011—2012 年和 2012—2013 年期间分别为药品福利计划支出节省了 7 250 万澳元、3.018 亿澳元和 6.613 亿澳元。在 2012 年 4 月和 2014 年 8 月期间，价格披露后，总共有 160 种药品降价，平均降价 42%（范围为 10%～98%）。

2010—2011 年，澳大利亚病人在药品福利计划补偿目录药品费用上的支出为 16 亿澳元，共同支付处方药支出 17 亿澳元，非药品福利计划补偿目录药品的私人处方支出 9.62 亿澳元。在 2001—2002 年和 2011—2012 年期间，病人支出占药品福利计划补偿目录药品费用的比例从 6.3% 小幅上升至 6.7%。在 2000—2014 年，药品优惠的共同支付从 2000 年的 3.3 澳元增加到 2014 年的 6 澳元（4.4% 的年平均变化，高于消费者价格指数 2.8% 的增长）和普通共同支付从 20.60 澳元增加到 36.90 澳元（4.5% 的年平均变化）。

2014年，参议院社区事务参考委员会（Senate Community Affairs References Committee, 2014）审查了澳大利亚卫生保健消费者的自付费用，包括药品费用。意见书和证据对药品共同支付数额的进一步提高对病人获得卫生保健的影响表示关切，因为现有的自付费用已被证明影响了获得药品的机会。澳大利亚家庭支出的1.3%用于自付药品费用，而经合组织的平均水平为1.1%（Lam，2014）。通过共同支付、支付按共同支付限额定价的药品以及支付私人（非补贴）处方等方式，几乎有一半与医疗保健有关的自付费用用于处方药购买（Lam，2014）。共同支付对药品使用产生影响，一项研究发现，2005年的共同支付额提高了21%减少了某些治疗的处方药使用（Hynd et al.，2008）。国家卫生绩效管理局（National Health Performance Authority）在2011—2012年进行的一项调查显示，因费用问题而未开医疗处方的成年人比例为5%～15%。2012—2013年，全科医生开具处方的8.5%的人因费用问题而拖延配药或不配药（CoAG Reform Council，2014）。

2012—2013年，72%的普通病人处方的配药品价格格低于一般的共同支付。对于这类药品，药剂师有权任意定价，尽管大多数消费者对这种情况下的价格竞争潜力知之甚少。最近的一项研究比较了有公开折扣政策的旗帜集团药房和没有公开折扣政策的社区药房的31种处方药的价格，这些处方药都是在一般共同支付价格下定价的（Thai et al.，2014）。2012年4月之前，旗帜集团药房为病人提供每张处方的折扣约为药品福利计划目录价格的40%，而其他药房提供的折扣约为15%。在旗帜集团药房，每个处方的总价格可平均节省9澳元，在其他药房则可节省3.5澳元。2012年4月降价后，百分比折扣变化不大。

澳大利亚有一个广泛的普遍药品资助方案，在大多数州和地区，该方案既包括社区部门的药品使用，也包括私立医院的药品使用，以及门诊病人和公立医院出院病人的药品使用。二十多年来，参考定价和价值定价一直是补偿药品定价的主要政策。仿制药品价格改革包括强制性降价和价格披露周期，目的是使仿制药的药品福利计划价格与药店采购价格保持一致。总的来说，这些政策在降低药品价格和降低药品支出增长率方面是有效的。然而，与新西兰和英国相比，澳大利亚的仿制药品价格仍然较高。F1和F2处方集药品价格与固定剂量联合药品和个别成分的价格的脱钩导致了不符合参考定价政策的价格变动折扣。目前，将药房薪酬与药品价格挂钩的社区药房薪酬模式可能需要进行调整，以便专业药房服务仍能得到适当的奖励。新药的高价格现在可能是澳大利亚公共药局面临的最紧迫的挑战，需要进一步制定定价协议。

145

第 8 章 德国药品价格管制

8.1 药品价格管制的制度环境

8.1.1 卫生保健系统的组织

德国的卫生系统及其治理非常复杂。它是欧洲唯一一个同时存在法定健康保险（Statutory Health Insurance，SHI）和替代性私人健康保险（Private Health Insurance，PHI）的国家。这两种方案在不同的组织、监管和财务层面上是分离开来的。卫生部门在组织、治理和融资方面也呈现分散状态。由于公共卫生、门诊和住院医疗以及长期护理各自立法，因此服务提供存在着明显的分割性。

在历史上，法定健康保险计划中的医疗保健融资和交付一直是改革的主要焦点。其特点是联邦政府、16个州政府以及合法公民社会组织或"法人团体"（corporatist bodies）之间共享决策权。这些法人团体主要基于会员制、支付方和提供方自我监管组织，在法定健康保险的自治系统中扮演着重要角色：联邦一级将任务委托给这些法人团体，由它们负责法定健康保险所覆盖福利的融资和交付。

在疾病基金协会（Associations of Sickness Funds）和医师或牙医协会以及医院联合会（Associations of SHI Physicians or Dentists and Hospital Federations）的联合委员会中，合法参与者有责任和权力来确定福利、价格和标准。代表支付方和提供方的社团主义行为者（corporatist actors）进行横向谈判并管理其成员。决策的垂直实施与参与医疗保健各部门的合法行为者之间强有力地结合了横向决策和合同（Blümel et al., 2020）。

除了已建立的决策社团组织，其他组织也被授予正式权力，以通过协商（如护士和卫生专业人员）、参与和提案（如病人组织），或成为决策和融资伙伴（医院病例支付的私人健康保险）来为决策机构的活动做出贡献。参与德国卫生保健系统组织的广泛参与者，最好根据联邦、州和社团各级之间的权力分立来描述。

1. 联邦层级

联邦政府主要负责处理各种法定保险计划中的福利，以及制定提供和资助这些福利的统一规则，联邦议会（Federal Assembly，Bundestag）、联邦委员会（代表各州的上院）（Federal Council，Bundesrat）和联邦卫生部（Federal Ministry of Health，BMG）在卫生保健系统中发挥关键作用。

联邦卫生部不仅负责为法定健康和长期护理保险计划提出和协调立法，还负责预防、促进健康、保障病人权益、管理药品和医疗器械注册、实施药物警戒和分发，以及监管卫生专业人员注册和协调国际卫生政策。此外，联邦卫生部还承担着监督联邦一级主要社团组织（如联邦联合委员会和联邦法定健康保险医师协会）的职责。

联邦政府药物专员（Drug Commissioner of the Federal Government）、病人专员（Patients' Commissioner of the Federal Government）和长期护理专员（Federal Commissioner for Long-Term Care）已被指派至联邦卫生部，该部门设有一系列特设委员会以及评估卫生保健发展咨询委员会（Advisory Council to Assess Developments in Health Care，SVR）提供咨询。为了履行其众多的许可和监督职能，联邦卫生部得到以下5个下属机构的支持与合作。

（1）联邦传染病与非传染病研究所（Robert Koch-Institute，RKI）负责监测、检测、预防和控制（传染）疾病，如新冠病毒大流行（COVID-19 pandemic）。作为德国分析和编译有关特定疾病信息的权威机构，该机构承担着国家癌症登记以及总体人口健康监测的重要职责。

（2）联邦药品和医疗器械研究所（Federal Institute for Pharmaceu-ticals and Medical Devices，BfArM）负责药品授权，并承担着对药品和医疗器械的监督与监测职责。自2019年以来，联邦药品和医疗器械研究所还负责评估移动医疗应用程序是否有资格纳入可报销服务目录。

（3）德国医学文献和信息研究所（German Institute for Medical

Documentation and Information，DIMDI）2020年并入了联邦药品和医疗器械研究所，该机构现在还负责更新和运营多个数据库，包括涵盖药品、药房、医疗设备以及临床试验等领域的病人数据库。此外，它还出版德文版本的分类系统，如国际分类疾病（International Classification of Diseases），国际功能、残疾与健康分类（International Classification of Functioning, Disability and Health）以及德国手术过程分类（German Procedure Classification）。

（4）联邦疫苗和生物医学研究所（Paul-Ehrlich-Institute，PEI）负责批准疫苗、血清（如癌症治疗）、先进治疗药物以及其他生物医学产品，并提供关于新药开发和临床试验注册的咨询服务。

（5）联邦健康教育中心（Federal Centre for Health Education）是通过提高意识，如性传播疾病和器官移植等方面，并通过健康教育运动来促进健康和预防疾病的权威机构。

与卫生保健系统相关的其他联邦机构还有联邦金融监管局（BaFin）和联邦保险局（Federal Insurance Authority），前者主要负责监督私营保险公司，而后者负责监督管理各种法定健康保险计划的私营公用事业公司决策的合法性。除其他行政职责外，联邦保险局还承担管理中央再分配池、风险调整方案，以及对疾病管理计划的认证的责任。

与卫生保健系统相关的其他联邦机构包括联邦金融监管局（Federal Financial Supervisory Authority，BaFin）和联邦社会保障办公室（Federal Office for Social Security，BAS），前者负责监督私人保险公司，而后者负责监督管理各种法定保险计划的准公共公司所作决策的合法性。此外，该机构还负责管理中央再分配池（Central Reallocation Pool）、风险调整计划（risk-adjustment scheme）以及疾病管理计划（Disease Management Program，DMPs）的认证。按照传统，为公务员或面临更高健康风险的雇员（如警察、消防员和军人），提供几个平行的覆盖计划（Freie Heilfursorge）；这些平行计划由联邦国防部（Federal Ministry of Defence）或各州内政部（State Ministries of the Interior）管理。

2. 州层级

德国政治体制的联邦结构主要以16个州政府和州立法机构为代表，每个州的各部负责通过自己的法律，监督下属机构，并为医院部门的投资提供资金。州又可以细分为行政区和地方机构（镇、市、县），它们在医疗保健系统中都有许多权限，从健康促进到医院规划。医院由地区医院董事会（Regional Hospital Boards）管理，地方议会控制社区卫生服务，初级保健由签约的全科医生提供。16个州都没有自己的卫生部，在大多数情况下，卫生责任和劳动与社会事务的责任相结合，而在其他情况下，卫生责任和家庭与青年事务、环境事务和保护消费者保护相结合。在一个典型的部门,卫生责任通常由4~5个单位负责。例如，在下萨克森州，卫生部门分为以下几个单位：公共卫生服务、传染病、环境卫生、备灾和民事应急规划；健康促进、药品、医疗设备、生物技术；职业安全、产品安全/消费者保护、药品滥用预防、国家麻醉品专员；医院；卫生职业；精神病学；等等。影响健康的大多数其他领域，如交通、城市规划和教育，都由不同的部委控制。

3. 社团层级/自治团体

（1）联邦联合委员会（Federal Joint Committee）。联邦联合委员会是自治体系内最为重要的决策机构。由13名任命成员组成的全体会议作出决策，每位委员任期6年。联邦联合委员会下设多个小组委员会（2020年有9个），负责为全体会议做好决策准备工作，同时也欢迎外部专家参与磋商。此外，联邦联合委员会还编纂决策所需的证据基础，并得到以下支持。

卫生保健质量和效率研究所（Institute for Quality and Efficiency in Healthcare，IQWiG）对医疗干预措施（如药物）对病人的益处和危害进行审查。它以科学报告的形式，特别是为联邦联合委员会提供关于检查和治疗方法优缺点的信息，并向公众提供易于理解的健康信息。

医疗保健质量保证和透明度研究所（Institute for Quality Assurance and Transparency in Healthcare，IQTIG）负责开发工具和指标，以确保医院和门诊护理的质量。

(2) 付款人。截至 2020 年 1 月，105 个疾病基金是法定健康保险系统中主要的支付机构，在联邦一级由联邦疾病基金协会（Federal Association of Sickness Funds, GKV-Spitzenverband）代表。该联邦协会负责处理与所有疾病基金及其被保险人相关的法定健康保险工作任务，包括合同条件的集体谈判、医院和门诊护理的支付方案以及药品报销水平的确定。随着时间推移，法定健康保险被保险人数量逐渐增加，部分原因是通过合并实现的。截至 2019 年 12 月，三大疾病基金已经覆盖了超过三分之一的法定健康保险被保险人总数：Techniker Krankenkasse 保险基金有 1 060 万被保险人，其次是 Barmer GEK 保险基金的 900 万被保险人和 Deutsche Angestellten Krankenkasse 保险基金的 570 万被保险人。

(3) 其他法定保险计划中的公司机构。在其他类似于疾病基金的法定保险计划中，存在着一种准公共社团主义本能的类似行政结构。

管理法定长期护理保险计划的长期护理基金（long-Term Care Funds, Pflegekassen）本身属于准公共团体口粮，但从组织结构上来看，它由疾病基金组成并直接隶属于疾病基金。

工人补偿基金（Workers' Compensation Funds）（私营部门）和事故基金（Accident Funds）（公共部门）管理职业事故和疾病的法定保险计划，涵盖治疗和康复服务。

法定退休保险计划由多个机构管理（如 Deutsche Rentenversicherung Bund），覆盖医疗康复服务，并优先考虑降低雇员永久残疾风险。

(4) 提供者。由法定健康保险认可的可补偿的门诊医生和心理治疗师被组织成法定健康保险医生区域协会（Regional Associations of SHI Physicians, KV）。17 个州协会中的每个州协会都通过代表大会选出执行委员会成员。区域协会负责确保门诊服务，规划各专业能力，并确保非工作时间的护理。区域协会在联邦层面由被称为联邦法定健康保险医师协会（Federal Association of SHI Physicians, KBV）的伞状组织代表，该组织是联合自治系统内的一个准公共公司，在与联邦政府打交道时代表法定健康保险认证的医生和心理治疗师的政治利益。

法定健康保险牙医地区协会（Regional Associations of SHI Dentists，KZV）和法定健康保险牙医联邦协会（Federal Association of SHI Dentists，KZBV）类似于医生组织，共同承担着牙科保健的责任。

医院在联合自治系统中通过私法组织而非准公共公司被代表，其中最重要的组织是德国医院联合会（German Hospital Federation，DKG），它代表着医院与其他利益相关者和联邦政府之间的利益关系。该组织成员包括16个地区联合会和12个医院协会，覆盖了各种类型和所有权的医院，包括大学、公立市政以及私人营利机构。

在法定健康保险的范围之外，还有合法成立的医师、牙医、药剂师、兽医和心理治疗师的专业协会（professional chambers）。法律要求这些职业群体的卫生保健专业人员加入各自所在区域协会。这些组织具备准公共公司的法律地位，并受其所在州的法律监管。它们负责二级培训、认证和继续教育，制定专业和道德标准，并代表其成员与决策者进行沟通和开展公共关系。为了在联邦层面协调其活动，区域协会形成了联邦协会，如联邦医师协会（也称为德国医学协会）。

从历史角度来看，护士并没有一个代表其利益的协会组织。然而，自2016年以来，在莱茵兰-普法尔茨州、石勒苏益格-荷尔斯泰因州和下萨克森州建立了护理协会，这一情况逐渐发生了变化。其他几个州也正在讨论成立护士协会，并且这是在进行全面改革的护理教育、提供和筹资背景下进行的。此外，还有各种由护士、助产士和其他卫生专业人员自愿加入的团体。

4. 其他活动者

（1）病人组织。联邦卫生部对病人组织给予认可，这些组织因此有资格提名最多5名代表参加联邦联合委员会全体会议。目前存在着4万~6万个病人自助团体，成员数量约为300万人，其中包括残疾人组织。在这些团体中，只有大约360个是在联邦一级组织下运作的。此外，许多自助团体属于独立志愿福利组织协会（Association of Independent Voluntary Welfare Organizations），并积极参与慢性病和残疾人论坛（Forum for the Chronically Ill and Disabled)。德国社会福利联合会和德国社会协会是两大重要社会机构，前者拥有 160 万名成员，后者则拥有 52.5 万名成员。它们向其成员提供关于与社会法相关问题的咨询和法律支持，并代表社会福利接受者以及社会保险覆盖的个人在政治层面上捍卫他们的权益，范围逐渐扩大至覆盖到被法定健康保险所覆盖的群体和病人。

（2）私人部门。在支付方方面，42 家主要的私人健康保险提供者（截至 2020 年）通过私营健康保险公司协会（Association of Private Health Insurance Companies）代表，该协会是医疗保健行业一个强大的游说团体。在这 42 家私营保险公司中，有 26 家在股票市场上市，另外 16 家属于互助保险公司（截至 2019 年）。

根据 2020 年数据，研究型制药公司协会（Association of Research-based Pharmaceutical Companies）代表了 44 家制造商，约占制药总收入的三分之二。联邦制药工业协会（Federal Association of the Pharmaceutical Industry）是一个仅为中小型公司组织的机构，其成员数量约为 260 人。此外，还有两个代表具有特殊利益的药品制造商协会：联邦药品制造商协会（Federal Association of Pharmaceutical Manufacturers），代表约 400 家非处方药生产商；德国仿制药协会（German Generics Association），代表仿制药生产商。

医疗设备和技术制造商的利益由德国联邦医疗技术协会（Federal Association for Medical Technology）与德国光学、医疗和机电技术工业协会（German Industry Association for Optical, Medical and Mechatronic Technologies）代表。此外，拥有更广泛产品范围的生产商可以选择由德国电气和电子制造商协会（German Electrical and Electronic Manufacturers' Association，ZVEI）代表。

8.1.2 医疗服务提供模式

德国的卫生保健系统严格按照部门划分，包括公共卫生、门诊初级和专科护理以及住院护理。不同的卫生保健部门根据规划、筹资、组织和治理方针进行组织，然而这种分散方式对卫生保健的协调性、质量和效率产生了影响。

在国家层级，有几个机构承担公共卫生职能。例如，罗伯特·科赫研究所（Robert Koch-Institute）向（州、联邦和国际各级）官方机构提供预防和检测传染病及其传播措施的咨询，并根据2020年修订的《感染保护法》，就涉及一个以上州的措施向最高卫生机构提供咨询。联邦健康教育中心（Federal Centre for Health Education，BZgA）是主要权威机构，通过大众媒体运动和与健康相关行为项目，预防疾病并促进健康。此外，该中心还受联邦疾病基金协会委托负责制定、执行和科学评估预防和促进健康方案。然而，提供公共卫生主要是各州的责任，公共卫生服务的具体任务及其执行水平因州而异（尽管大部分任务都委托给了市政当局）。广泛的公共卫生责任包括与各州主权权利有关的活动以及为选定群体提供的护理。这些服务由德国各地的375个公共卫生办事处提供，它们在规模、结构和任务方面存在差异。据2019年估计，总劳动力约为17 000人，其中包括2 561名医生在公共卫生办公室工作。此外，德国的公共卫生服务由市、州和联邦各级的多个行动者以及私营、公共和社团机构提供，并且这些服务通常只是它们众多任务中的一部分。

德国的医疗保健系统没有强制性的"守门人"制度，相反，有法定健康保险的病人可以自由选择符合法定健康保险资格的医生进行治疗。社会医疗保险病人在一个季度内可以选择一位全科医生，并且不应该更换，但实际上缺乏控制机制。患者也可以直接选择法定健康保险认可在办公室办公的专科医生（某些专科除外，如放射科），但无论是全科医生还是专科医生都会根据需要将患者转诊给其他医生。自愿加入"以全科医生为中心的护理模式"（GP-centred model of care，HZV）的法定健康保险患者首先需要咨询他们所属的全科医生，并经过其转诊才能获得专科护理。有替代性私人健康保险覆盖的病人也可以自由选择就诊医生，并不局限于法定健康保险认证的医生。此外，通过全科或专家转诊方式，或者在非工作时间和急诊没有转诊的情况下，患者也可以直接进入和选择住院治疗。

门诊卫生保健（ambulatory health care）主要由私人营利性提供者提供，包括医生、牙医、药剂师、心理治疗师、助产士和专职保健人员，如物理治疗师、言语和语言治疗师、职业治疗师、医疗治疗师和技术专业人员。门诊医生服务包括主要由全科医生提供的初级保健（家庭医生护理）和办公室专家提供的二级医疗保健，而医院服务和三级医疗保健通常仅限于住院医疗提供。病人可以自由选择医生、心理治疗师、牙医、药剂师以及紧急或非工作时间护理服务。尽管法定健康保险覆盖的患者也可以选择其他专职医疗专业人员，但只在经过医生转诊后才能获得补偿的医疗服务。大约42%的法定健康保险附属医生从事家庭医生和初级保健工作。虽然全科医生通常是病人与卫生系统的第一个接触点，但他们不是官方的"守门人"。

根据联邦法定健康保险医师协会的数据，2019年12月在德国工作的402 118名在职医师中，有44%（即177 826名）从事与法定健康保险签订的门诊护理工作。其中，127 636人为法定健康保险认可的医生（包括非医学合格的心理治疗师），40 828人为有薪资的医生，此外还有9 362人是被授权提供专科门诊服务的医院医生。个体执业（solo practices）仍然是初级保健主要形式，但在过去十年中，团队执业和全科医生在跨学科卫生保健中心工作的趋势日益增加。2009—2018年，提供家庭护理的个体执业者数量减少了16.5%，而团队执业和卫生保健中心工作的全科医生分别增加了3%和117%。因此，在卫生保健中心或团队执业中从事有薪资全科医疗工作人数比法定健康保险认可的自雇全科医师数量增长更快。

门诊医生提供几乎所有专科服务，除了放射学或化验室服务等少数专科，病人可以直接咨询门诊专科医生，无须转诊。大约2.9%的法定健康保险附属医生有权在医院内治疗病人，这种情况主要发生在病例较少、每周手术频率为1～2次的小型外科专科医院。所有其他医生将病人转到医院医生那里住院治疗，出院后再接他们回来（例如，手术后护理通常由办公室医生完成）。2019年，除办公室医生外，约有9 141名医院医生获得了治疗门诊法定健康保险患者的资格。这些获得认证的医生主要是医院部门的负责人，他们被允许提供某些服务或在特定时间（如在诊所关闭时）治疗患者。

日间护理（day care）是向正式入院进行诊断或治疗（包括住院前和住院后护理）的患者提供的医疗服务，目的是在同一天让患者出院。由于门诊护理和住院护理部门之间严格分离，德国医院服务长期仅限于住院治疗。然而，在过去二十年中，医院提供的门诊服务范围大幅扩大。自 2007 年起，《加强卫生保健行业竞争法》进一步允许医院提供门诊护理服务，无须事先获得疾病基金批准，只要具备所需条件并经州政府批准即可。联邦联合委员会制定了相关细则、治疗范围以及参与医院的要求。此外，该委员会还列出了选择将新型复杂疾患纳入医院门诊治疗的标准。

住院病人治疗机构的规划和管理由各州卫生部负责，大学医院则有科技部负责，但其依据是《医院融资法》所规定的联邦法律框架，这适用于高度专业化的"三级"护理（如神经外科）以及常规的二级住院治疗。规划单位通常是机构或科室，而在某些州则以床位为单位。各州医院需求计划的内容和方法存在较大差异。

8.1.3 健康保险制度

1. 法定健康保险

随着《加强法定健康保险竞争法案》（*Strengthening Competition in SHI Act*）实施，自 2009 年 1 月起，无论是法定健康保险还是替代性私人健康保险，所有德国居民都被法律要求购买医疗保险。大约 87% 的人口选择参加法定健康保险，而 10.8% 的人口选择参加替代性私人健康保险。此外，还有 2% 的人（如士兵）在特殊保险计划下获得保障。对于总收入未超过选择退出门槛的雇员来说，疾病基金成员资格是强制性的。那些收入超过退出门槛的人可以选择继续留在法定健康保险中作为"自愿成员"，或者选择参加替代性私人健康保险。到 2020 年，选择退出门槛为每年 62 550 欧元，并且根据往年薪资总额的变动情况，该数值每年进行调整。此外，如果之前没有获得替代性私人健康保险覆盖，则学生、失业人员和养老金领取者必须获得法定健康保险覆盖。在法定健康保险范围内，在某些条件下无收入受扶养人可享受免费待遇。个体经营者如果在成为个体经营者之前已是疾病基金会员，则可以选择继续参加法定健康保险；否则他们可以转向私人健康保险。公务员通常拥有私人健康保险，但也可以选择加入法定健康保险，然而，在大多数情况下这对他们并没有经济上的好处。由于享有"Beihilfe"（一种公务员医疗报销制度，在国际卫生帐户中被归类为"雇主"）的补贴制度支持，公务员不需要全覆盖保险计划。因此，法定健康保险不提供部分覆盖，费用相对较高，导致大多数公务员选择私人健康保险。

几乎每位被社会医疗保险覆盖的人都享有选择疾病基金的权利（农民疾病基金除外）。此外，会员可以在提前2个月通知的情况下，每18个月转换一次新的疾病基金。收入超过退出门槛的自愿成员也可以在提前2个月通知的情况下，随时从一个基金转至另一个基金。然而，离开法定健康保险系统并支持私人健康保险的决定是不可撤销的。根据健康保险覆盖率的微观人口普查数据，据估计2019年有61 000人（占德国总人口的0.08%）没有健康保险。

不论社会地位、缴款数额或保险持续的时间，法定健康保险成员及其家属都有权享受相同的福利。疾病基金必须向被保险人提供相同的福利，尽管它们可以通过增加福利（如健康促进和替代疗法）来与其他会员竞争。目前，福利篮子中主要包括：预防疾病，促进工作场所健康；产妇和分娩；疾病筛查；疾病治疗（门诊医疗护理、牙科护理、药物、心理治疗、联合卫生专业人员提供的护理、医疗辅助、住院/医院护理、家庭护理以及某些领域的康复护理、社会治疗）；牙科修复和正畸；运输费用（如紧救护理）；其他福利包括病人信息和对自助团体的支持。

被保险人有权获得医疗辅助设备，例如假肢、眼镜（18岁以下）、助听器、轮椅或呼吸器，除非通过联邦卫生部发布的负面清单将其明确排除在福利篮子之外。治疗效果小或存在争议的辅助器具，以及低售价的辅助器具（如腕带）被排除在福利篮子之外。此外，生活方式药物和所有非处方药物不再由疾病基金补贴，但12岁以下儿童的药物除外。到门诊治疗的交通费仅限于特殊情况，并需要经过疾病基金批准。如果治疗是必要且相关人员：①有严重身体损伤以至限制了个人活动能力；②被评估为需要长期护理级别Ⅲ、Ⅳ或Ⅴ；③失明或无法在没有帮助的情况下移动；④需要往返于肿瘤放疗、化疗或动态透析的病人。除这些实物福利外，疾病基金还为其雇员提供病假工资。从患病的第7周到第78周，工资总额相当于最后工资总额的70%（最高为净工资的

90%）。而在患病的前6周，雇主继续支付100%的工资。

使用者收费是由法律规定的，并且在所有疾病基金中是统一的。法定健康保险所涵盖的病人必须为某些保健服务支付使用者费用，如住院、处方药、假牙、医疗辅助、交通及联合卫生专业人员提供的服务（例如物理治疗）和康复。共同支付金额标准化为住院病人每天10欧元（最多28天或每年最多280欧元）和用于门诊护理的辅助服务和产品，例如药品的10%，最低为5欧元和最高为10欧元。实际的医疗和牙科治疗是免费的。使用者费用在保健支出中所占的份额相对较低。2018年，私人家庭在使用者费用上花费了41亿欧元，相当于当年所有家庭自付支出的7.9%和卫生总支出的1.1%。在德国，免除共同支付具有悠久的传统，可以针对特定人群、穷人或者有大量保健需求的人进行。享受费用减免的人群包括18岁以下的儿童和青少年（不包括牙齿矫正治疗和运输），以及需要产科护理的妇女。此外，对于所有成年人来说，每年使用者费用上限为家庭收入的2%，而且对于患有严重慢性疾病的人则为1%。

在联邦一级，与卫生保健有关的资金包括卫生部、国防部（军事保健）、内政部（警察和公务员）以及教育和研究部预算的一部分。在州一级，卫生保健资金主要来源于卫生部（特别是对医院和公共卫生服务的资本投资）和科技部（对大学医院以及医疗和牙科培训的投资）的预算。市政当局也是重要的收入来源。其他目标包括为警察、军人及联邦志愿服务机构的年轻人、囚犯、寻求庇护的移民和社会福利受助人提供免费政府卫生保健计划。所有未在其他地方投保的社会福利受助人和部分寻求庇护的移民必须选择一种医疗基金，并享有与其他被保险人相同的权益和责任。市政当局不代表社会福利受助人缴纳费用，而是补偿给实际提供给个人的医疗服务的疾病基金。

自2009年以来，设定法定健康保险缴费率的规定发生了多次变化。从2011年起，根据联邦法律规定，统一缴费率被设定为总收入的14.6%。不享有病假工资的疾病基金成员的供款率降低至14.0%。如果支出超过中央再分配池所拨款项，疾病基金可以向被保险人收取补充缴款，补充缴款也将进行集中和风险调整。补充缴费率由各个疾病基金单独确定，但适用于该基金所有成员。联邦卫生部每年确定并公布预期平均缴费率，实际补充缴费率在

2015年平均为工资总额的0.83%，2016年为1.08%，2017年为1.11%，2018年为1.08%，范围在0（区域性疾病基金）和2.7%（公司性疾病基金）之间。由于预计2020年医保支出将增加，预计平均缴费率将增至1.1%。统一缴费率14.6%和补充缴费率由雇主和雇员共同承担。法定健康保险的缴款取决于收入而不是风险，会员的配偶及子女不赚取收入，无须缴付任何附加费。缴款完全依赖于有偿就业所获得的收入、养恤金或失业津贴的收入为基础，而不是以储蓄、资本收益或其他形式的非劳动收入为基础。缴款随着收入按比例增加，直到上限，即2020年每年56 250欧元或每月4 687.50欧元。对于个体艺术家、记者和作家，联邦政府通过补贴参与健康保险。

疾病基金直接从雇主或上述公共机构收取雇主和雇员两部分的缴款，通常在同一天将这些缴款转移到中央再分配池。作为《加强法定健康保险竞争法案》的一部分，这个中央再分配池于2009年推出，从根本上重组了法定健康保险缴款的收集和分配系统。由联邦社会保障局（Federal Office for Social Security）管理的中央再分配池集中了社会保险缴款，然后根据基于发病率的风险调整计划在疾病基金中重新分配。

2. 私人健康保险

德国俾斯麦式的社会保障体系是建立在这样的原则之上的：国家只应该为那些无法养活自己的人提供保障。因此，除国家计划外，私营企业也继续发挥作用。私人健康保险公司一般承保与法定健康保险相同的卫生商品与服务，但在某些领域提供一些扩大或限制的保险。

德国的私人健康保险市场分为两个部分：一是完全覆盖某些人口群体（替代性私人健康保险）；二是为已经参加法定健康保险人提供补充性和互补性的保险。这两种类型由42家私营健康保险公司提供，并组成了私营健康保险公司协会（Association of Private Health Insurance Companies）。根据保费收入数据，全覆盖保险部分是法定健康保险被保险人补充性和互补性保险部分的3倍（2018年分别为259亿欧元和87亿欧元）。从2008年到2018年，总收入从303亿欧元增加到398亿欧元。根据联邦统计局（Federal Statistical Office）

数据显示，2018年替代私人健康保险占卫生总支出的6.9%，而补充性或互补性私人健康保险则占1.4%。

（1）替代性（全覆盖）私人健康保险。2018年，有870万人获得了全面的私人健康保险覆盖，占人口的10.8%。拥有全覆盖私人健康保险的绝大多数人主要包括以下三类群体。

①在职及退休的长期公职人员及公务员，如教师、大学教授以及部委雇员等，实际上被排除在社会医疗保险之外，这是因为他们至少有50%的私人卫生保健费用由政府报销，并且购买私人保险来支付剩余费用（这一群体占私人健康保险计划的一半）。

②除非自雇人士曾是法定健康保险成员，否则他们将被排除在法定健康保险之外。

③收入超过或达到选择退出门槛的雇员。最初薪资低于门槛的员工，随着工资增长超过门槛后，可以自愿选择留在法定健康保险；如果雇员在首次有偿就业开始时职业收入超过门槛，可以在3个月内申请自愿参加法定健康保险。这一选择不适用于公务员和士兵。

直到2011年，替代性私人健康保险保单数量稳步增加。自那以后，这一趋势发生了变化，2018年私营保险公司登记的参保人数比2011年减少了约24万人。与此同时，更多的人从私人健康保险转换到法定健康保险，而不是相反。这在一定程度上是由于越来越多的员工从事需要缴纳法定保险的工作，而他们的收入低于退出门槛。另一个原因是近年来私人保险费用的增加，使得越来越多拥有该种保险的个体无法负担得起，并产生了转向强制性法定健康保险的动机。

法律强制私营健康保险公司在被保险人年轻时从保险费中拨出老年储蓄（即法定健康保险是按现收现付方式提供资金的，而私人健康保险的资金是根据资本覆盖提供的）。由于保费仍会随年龄增长而上涨，而私人投保人在一般情况下不被允许参加法定健康保险，因此私人保险公司有义务提供与法定健康保险相同福利的保单，但保费不得高于疾病基金的平均最高供款。在2009年1月1日之前加入私人健康保险计划，并连续拥有私人保险覆盖至少10年，且年满65岁（或55岁的收入低于法定健康保险门槛）的人士,可选择所谓的"标准费率",以确保保费不高于法定健康保险计划的最高缴款。这项费率管制要求将福利和收费价格限制（或扩大）在法定健康保险的一篮子范围内。此外,法律要求私营健康保险公司提供"基本费率",为法定健康保险一揽子计划中的人提供同等福利,保费不得超过法定健康保险系统中的最高缴款（2020年约为每月730欧元）。只有新私人健康保险的投保人、55岁以上的投保人和有需要的人才有可能退出或切换到基本费率政策。保险费仅按被保险人的年龄计算,健康状况在这方面不起作用

没有基本费率的完全私人保险病人通常享受与法定健康保险所覆盖的相同或更好的福利。然而,这取决于所选择的保险方案,不包括牙齿护理是可能的。在私人健康保险市场中,保费随承保时的年龄和病史而变化。与法定健康保险不同的是,私人健康保险必须为配偶和子女单独支付保费,这使得私人健康保险对单身人士或双职工夫妇特别有吸引力。与法定健康保险不同,私人被保险人通常必须直接向医疗服务提供者付款,并由他们的保险公司补偿。虽然私人提供的医疗服务的价目表作为联邦卫生部颁布的法令存在,但医生通常收取更高的费用——按1.7倍或2.3倍（这是政府和大多数私人健康保险公司分别为技术和个人服务补偿的最高水平）或更高。

（2）补充性和互补性私人健康保险。私人健康保险公司的第二个市场是为那些法定健康保险投保的人提供补充性和互补性保险。补充性保险包括诸如有一张或两张床的医院病房或由服务负责人提供治疗等补充设施,互补性健康保险包括被保险人的主要保险公司未支付或未全额支付的福利（如牙科修复）的共同支付。

自《法定健康保险现代化法案》（*SHI Modernization Act*）实施以来,疾病基金已被允许与私营保险公司合作,提供超出标准法定健康保险福利篮子福利的补充性和互补性政策。越来越多的人选择购买这类保险。2018年,法定健康保险参保人购买的补充或互补性保单数量达到了2 010万,比上一年增长了2.4%（与2004年的620万相比增长了3倍多）。其中,牙科保单（1 600万美元,增长了2.2%）是最常被选择的选项,其次是门诊护理（790万,降

低了 1.0%）和医院护理（620 万，增长了 1.1%）保单。法定健康保险和私人健康保险被保险人选择的补充和补充政策包括住院期间每日津贴（2018 年为 770 万）、病假工资保险（360 万）和补充长期护理保险（280 万）。

3. 药品补偿

在住院和门诊部门之间以及非处方药和处方药之间，药品服务的融资方式是不同的。住院治疗中的药物包括在基于疾病诊断相关组系统中，并且除基于疾病诊断相关组补偿外，对一些昂贵的药物还需额外收取费用，门诊用药由药店提供。药房的报酬受到《处方药价格条例》（*Pharmaceutical Price Ordinance for Prescription-only Pharmaceuticals*）管制，适用于整个处方药市场，与支付来源无关。该条例它适用于人类和动物药物以及社区药房，但不包括机构药房，也不包括疫苗、血液替代和与透析相关的药物，这些药物的价格由疾病基金与制药商谈判。参考价格制度规定了疾病基金补偿上限。联邦疾病基金协会（Federal Association of Sickness Funds）为具有相同或类似成分或具有可比功效的药物制定实际参考价格。参考价格意味着疾病基金只在预先设定的上限内补偿药房，而病人支付参考价格与市场价格之间的差额。低于参考价至少 30% 的药品可免于共同支付。根据联邦联合委员会的说法，对于有额外好处的药品，联邦疾病基金协会协商报销金额作为折扣价格，相关制药公司必须以折扣价格出售该产品。

对于处方药物，疾病基金向药剂师支付 8.35 欧元的固定费率，外加药房紧急服务（Pharmacy Emergency Service）0.21 欧元，再加上制造商价格 3% 的固定利润。如果疾病基金在 10 天内支付给相应的药房，那么疾病基金从药房获得每一种配发的处方药折扣为 1.77 欧元。《法定健康保险现代化法案（2004）》（*SHI Modernization Act*）将处方药的成本分摊设定为 10%（每包最低 5 欧元，最高 10 欧元）。对于非处方药，药店可以自由定价。原则上不需要处方，但对于某些适应症，医生可以开出处方，然后由疾病基金支付的药物不受这一规则的限制。非处方药（OTC）由个人自付，疾病基金只对 12 岁以下的儿童补偿。

与许多其他国家不同,德国没有一份法定健康保险覆盖药品(即补偿药品)的"正面清单"。大多数药物的市场进入意味着法定健康保险覆盖范围。然而,也有一些重要的例外。

(1)疾病基金不补偿非处方药,12岁以下儿童除外。联邦联合委员会还列出了非处方药物及其可用于成人的适应症。

(2)治疗"轻微"疾病的药物(普通感冒、口腔药物,但抗真菌药、泻药和晕车药除外)在法律上被排除在18岁以上参保成年人的福利范围之外。

(3)所谓的生活方式药物(如治疗勃起功能障碍的药物),即使是处方药,在法律上也被排除在福利范围之外。

8.2 药品价格管制方法

8.2.1 药品市场概况

德国制药业是发达国家中最强大的,对出口市场贡献巨大。2018年,全国有119 535名从业人员在364家医药生产企业工作。该行业2018年总营业额为540亿欧元,其中176亿欧元来自国内市场,364亿欧元(占营业额的67%)来自出口(Statistisches Bundesamt, 2020i)。就生产规模而言,2016年德国在欧洲排名第三,仅次于瑞士和意大利(European Federation of Pharmaceutical Industries and Associations, 2018)。药品支出在2018年达到600亿欧元,占卫生总支出的15.4%。在药品总支出中,72.2%由法定健康保险支付,6.7%由私人健康保险公司支付,15.9%由私人家庭自付,并有5%由雇主和其他社会保障计划支付。

根据德国联邦统计局的数据显示,约83%的药品支出用于社区药房,9%用于急性医院护理,其余8%则分配给其他部门如康复。而在2018年,社区药房的绝大多数支出(88%)被用于处方药物,剩下的12%则用于非处方药物(OTC)。对于非处方药来说,在自我治疗情况下有81%被使用,而19%则属于需要处方但可不经过医生开具的药品(OTX drugs)。

在德国，药品可以由医院配发，也可以通过机构和"公共"（尽管是私人的）社区药房配发。如果药品没有标注"仅限药店"，那么药店、保健食品店、超市、食品零售市场和宠物店也可以销售，但这需要通过"专业知识审查"（expertise examination）。负责的工商会（Chamber of Industry and Commerce，IHK）根据《制药法》（*Pharmaceutical Act*）通过考试向企业家、代表或销售人员颁发专业知识证书。这适用于维生素、矿物质和一些植物疗法产品。排除在"专业知识审查"规定之外的产品包括治疗水、用于预防怀孕或性传播疾病的产品以及消毒产品。仅供药房使用的产品包括所有处方药和非处方药，如非处方药（如扑热息痛）、尼古丁替代品、顺势疗法药物和特定替代药物。大多数药物处方是在门诊部门开出的。2018 年，社区药店销售了 14.96 亿包装的产品，其中包括 7.44 亿包装处方产品和 7.52 亿包纯药店产品，前者占总营业额的 87.5%。

2018 年全国共有药店 19 423 家，其中分店 4 541 家。这相当于每 10 万人中有 23 家药店（或每 4 274 人拥有一家药店）的密度。各州之间可以看到细微的差异，从不来梅每 10 万人中有 21 家药店到萨尔州每 10 万人中有 30 家药店不等。在过去十年中，德国的社区药店数量减少了 10%，目前处于自 20 世纪 80 年代中期以来的最低水平。总体而言，2018 年社区药房共有 159 141 名从业人员（即每家药房平均 8 人），其中 52 048 名为注册药剂师，平均年龄为 47 岁；其中 73.0% 为女性。此外，另有 2 445 名药剂师在 375 家医院药房中工作。所有"公共"药房实际上都是由自雇药剂师拥有和经营的，他们是药剂师协会的强制性成员。允许医院药房直接向办公室医生提供某些药物，特别是化疗药物。办公室医生可能不会亲自分发药物，只有极少数例外情况。每位药剂师最多可以经营 4 家药店，其中 3 家分支药店必须与主要门店在同一个县或邻近县内。邮购和在线药店需要获得邮购许可证，并且受到与传统实体药房相同的法律要求和控制机制限制。2018 年共有 2 899 家获得了邮购许可证（约占总体的 15%），但真正从事邮购业务的仅约 150 家。

8.2.2 整个药品市场的价格管制

住院部门和门诊部门在药品价格管制方面有所不同。虽然医院可以与批发商或制造商协商价格，但在门诊部门，分销链和价格受到更多管制。在这两个部门，出厂价格基本上是由制造商决定的，没有涉及政府机构的谈判、直接价格管制或利润管制（除非新获批的在门诊部门有良好效果的药物）。然而，公司的定价考虑了适用于市场某些部分的间接管制机制，例如法定健康保险所覆盖的参考定价药品。

《处方药品价格条例》(*Pharmaceutical Price Ordinance for Prescription-only Pharmaceuticals*) 是管制德国药品市场定价的法律依据。它适用于整个处方市场，与支付来源无关。该政策适用于人类和动物药品以及社区药房，但不包括机构药房或疫苗、血液替代和透析相关药品，这些产品的价格由制造商与疾病基金协商确定。

对于处方药物，药剂师可获得每包 8.35 欧元的固定报酬，并额外获得 0.21 欧元的药房紧急服务费用，以及外加 3% 的固定利润。利润率是在制造商价格上加 3.15% 的批发商利润率（不包括增值税）计算出来的。对于非处方药，药店可以自由决定价格，不设置药房利润率。虽然旅行套餐、一些生活方式药品和某些高价药品（与医院药房竞争）的价格有所下降，但总体价格水平并未下降，因为 2004 年取消固定价格也被用来煽动价格上涨。所有药品的零售价格都包含 19% 的额外增值税。与大多数欧盟成员国不同，德国没有降低药品的增值税（European Commission, 2019）。

8.2.3 法定健康保险覆盖药品的价格管制

除了适用于整个门诊药品市场的分销链上的价格管制外，对由疾病基金支付的药品实行特殊管制。这里依次描述的主要工具是参考价格、折扣和间接工具（如仿制药替代）。

1. 参考价格

正如前文所述，药品价格由生产企业决定，但受到参考价格间接控制方法的影响。参考价格意味着疾病基金只能在每组已上市的同等或类似产品规定的预先确定上限（即"Festbetrag"或固定金额）内补偿药品。病人需支付参考价与市场价之间的差额。对于低于参考价至少 30% 的药品，则可免除共同支付。

虽然联邦联合委员会负责选择药物并将其分类为参考价格组，但联邦疾病基金协会（Federal Association of Sickness Funds）确定这些药品组的参考价格，联邦药品和医疗器械研究所（Federal Institute for Pharmaceuticals and Medical Devices, BfArM）每 14 天公布一次最新药品清单。具有相同活性成分、在药理和治疗性具有可比活性成分和治疗效果相当的药物可以设定参考价格。参考定价适用于非专利药品以及与现有产品相比无附加治疗效益的专利药品。

2011 年《药品市场改革法》（*Pharmaceutical Market Reform Act*）进一步加强了参考价格制度作为价格管制机制的作用。例如，在创建参考价格组时，现在需要提供足够数量的药品，而无须患者分担费用（Coca et al., 2011）。此外，对含有新活性物质的新批准药物进行"早期获益评估"（early benefit assessment）。如果联邦联合委员会得出结论，新药与适当的比较治疗相比没有额外的益处，则该药物将被纳入参考价格系统。对于经评估的具有额外福利的药物，联邦疾病基金协会根据适当比较物的价格（目前的护理标准）协商补偿价格。谈判价格适用于第二年，即市场引入后的第 13 个月，但不追溯至第一年，在此期间制造商可以自由单方面设定价格。这代表了对制造商的直接限制，专利本身并不能保证制造商将避免参考价格。谈判还确定新批准的药品的报销价格，没有额外的好处，没有参考定价组存在或无法形成。

2. 折扣

根据法律规定，药品制造商和批发商有义务向疾病基金提供折扣。自 2014 年以来，制造商对于没有参考价格的可补偿药品给予 7% 的折扣，对于没有参考价格但具有相同活性成分的非专利药物（即仿制药），给予 6% 的折扣。针对具有相同活性成分的非专利药,还额外提供10%的折扣(所谓仿制药折扣)。这个折扣不适用于低于参考价格至少30%的药品。因此,不受参考价格管制的仿制药总体享受16%的折扣,而有参考价格但价格没有降低到至少低于参考价格30%的仿制药总体享受10%的折扣。疾病基金可以与药品制造商进行谈判并签订额外的个别折扣协议。对于具有相同活性成分的药品,这些协议保证了制造商对其产品的独家配售权,即药店有义务配售打折产品,除非开处方的医生明确禁止替代。此外,药店也有义务对最大客户法定健康保险给予折扣。从2015年开始,法律规定每种处方药享受1.77欧元优惠。

3. 其他间接工具

法定健康保险药品市场的另一种间接价格管制形式是2002年通过《药品支出限制法案》(*Pharmaceutical Expenditure Limitation Act*)引入的"相同"条款。该法案规定药店有义务销售比处方产品更便宜的药品(仿制药),前提是开具处方的医生仅说明活性成分的名称和(或)不排除用具有相同活性成分的另一种产品替代该药物。如果疾病基金和药品制造商之间存在折扣合同,则该合同优先于"相同"条款。

8.3 药品价格管制效果

德国的福利篮子包括所有经许可的处方药,没有法定健康保险覆盖药品的"正面清单"。这意味着新药和通常价格昂贵的药物可以获得补偿,因此,德国依靠价格机制来管理药学服务,例如强制性折扣和内部参考价格设定可比较的药品组。

根据2015年的《医疗保健加强法案》(*Healthcare Strengthening Act*),要求每个地区法定健康保险医生协会(Regional Association of SHI Physicians)在各自地区明确药品的单个目标量,并在医生超过这些目标量时建立程序和绩效审计。根据2012年《法定健康保险护理结构法案》(*SHI Care Structures Act*),对于超过目标量15%~25%的医生,将进行检查程序并提供咨询意见。

而对于超过目标量25%以上的医生,则需要为其处方行为进行辩护,如果辩护不被接受,则可能需要纠正这种情况,并向疾病基金偿还相应款项。然而,许多地区的法定健康保险医师协会遵循"先咨询后补救"的原则,在首次超过目标量25%以上之前不采取任何行动,必须至少进行一次个人咨询才能要求赔偿,且只需赔偿实际处方数量与规定数量之间的差额。

2018年,按限定日剂量(DDD)处方量为414亿限定日剂量,比2017年增加1亿限定日剂量(+0.3%),比2008年增加91亿限定日剂量(+28%)。这意味着,2018年,每个法定健康保险被保险人平均收到569份限定日剂量,即每天1.5份。2018年仿制药总限定日剂量为358亿限定日剂量,比2017年减少4亿限定日剂量(-1.6%)。非仿制药总限定日剂量为27亿限定日剂量,比2017年减少1亿限定日剂量(-3.5%)。

2018年,受专利保护的药品的限定日剂量成本约为4.38欧元,而仿制药的目录价格仅为0.16欧元。2018年,仿制药占法定健康保险药品支出的9.3%,覆盖了规定日剂量的78%(Pro Generika e.V.,2019)。数据显示,医生越来越愿意开非专利药,占2018年所有处方的87%(Schwabe et al.,2019)。根据经合组织2017年的数据,德国(82.3%)是欧盟和经合组织国家补偿药品市场中仿制药(数量)份额较高的国家之一,仅次于英国(85.3%)。与此同时,德国仿制药的份额(价值)为34.6%,低于奥地利(50.2%)和英国(36.2%)。

根据经合组织(OECD,2019)和Panteli等人(2016)的数据,德国在欧盟中的人均药品支出最高。2004—2015年,限定每日剂量(DDD)的消费量增加了50%以上(Busse et al.,2017b),这引起了对供过于求和医疗服务充足性的关注。因此,采取了措施来解决这些不断增长的支出,并将重点放在药学服务的效率上。早期效益评估于2011年引入,并要求新许可药品的制造商在市场批准后的12个月内向联邦联合委员会证明潜在的比现有药品增加效益情况。联邦疾病基金协会与药品制造商进行补偿金额协商,并提供额外福利。这一定价机制旨在确保药品价格具有经济效益而不抑制创新。然而,在药品上市首年,制造商可以自由决定价格且没有限制,可能导致某些创新药物产生较高法定健康保险支出(OECD/European Observatory on Health Systems and

Policies, 2019)。

尽管药品价格居高不下,但德国成功地将药品消费转向仿制药。从数量和价值两方面考虑,仿制药在市场份额上超过了其他欧盟和经合组织国家。近年来,虽然仿制药的限定每日剂量数量持续增加,但限定每日剂量支出有所下降(Schwabe et al., 2019; OECD, 2020 d)。因此,尽管仿制药的使用量增加了,但总体而言,在包括品牌药在内的所有药物数量扩大的情况下,并未减少卫生保健支出。除非开处方医生通过在处方上标记"无可替代治疗"来排除这种情况,否则药剂师必须配发具有相同活性成分且更为经济实惠的替代药物。

药剂师从通常的包装尺寸中分发单个片剂,是法定健康保险法案中促进成本节约的一项措施。促进合理处方的尝试主要集中在药品安全性方面,例如确保医院遵循抗生素使用策略指南或联邦医师协会提供的关于合理处方的信息。

第 9 章 英国药品价格管制

9.1 药品价格管制的制度环境

9.1.1 卫生保健系统的组织

国家医疗服务系统（National Health Service，NHS）是英国的卫生保健制度，最初创建于 1948 年。国家医疗服务系统主要由政府通过中央税收提供资金，为英国所有合法居民提供全面的免费卫生保健服务，包括控制药品的定价和供应。该服务系统由英格兰国家医疗服务（NHS England）、苏格兰国家医疗服务（NHS Scotland）、威尔士国家医疗服务（NHS Wales）以及北爱尔兰的卫生与社会保健(Health and Social Care in Northern Ireland)四个系统组成。英国财政部（United Kingdom's Her Majesty's Treasury，HM）分配一笔整体拨款，根据巴内特公式（Barnett formula）计算，并提供给下放政府。在英格兰，卫生和社会保健局（Department of Health and Social Care，DHSC）对英国财政部的财务表现负责。而在苏格兰、威尔士和北爱尔兰，卫生部对相关立法会议（威尔士和北爱尔兰）或议会（苏格兰）负责（Bevan，2010）。

1. 英格兰国家医疗服务系统

卫生和社会保健局负责英格兰的卫生和社会保健以及联合王国范围内的一些事务。卫生和社会保健局制定总体战略，资助并监督与大量机构、公共机构合作的卫生和社会保健系统。国家医疗服务系统的运营管理在很大程度上取决于英格兰国家健康服务系统（NHS England），这是一个独立的、执行的非部门行政公共机构。自 2018 年以来，英格兰国家医疗服务系统与负责监督国家医疗服务系统信托和独立提供者的独立机构国家医疗服务系统改善（NHS Improvement）之间的整合有所加强。从 2019 年起，英格兰国家医疗服务系统和国家医疗服务系统改进合并为一个组织，旨在支持当地卫生系统提供安全、高质量的护理，同时在财务上可持续（Anderson et al., 2022）。

英格兰国家医疗服务系统直接委托一些专科服务、军人和退伍军人医疗服务、监狱服刑人员医疗服务、一些公共卫生职能（如国家免疫和筛查计划）和初级保健。大约三分之二的国民医疗服务系统预算下放给临床委员会（Clinical Commissioning Groups, CCGs），临床委员会是临床领导的法定国家医疗服务机构，负责为当地人口规划和委托服务。临床委员会通过英格兰国家医疗服务系统向卫生国务大臣（Secretary of State for Health）（相当于其他国家的卫生部长）负责，并且必须遵守年度报告程序。越来越多的初级保健服务和一些专科服务由临床委员会和英格兰国家医疗服务系统共同委托。

整个21世纪10年代，英格兰的系统级规划不断增加和发展。目前，42个综合护理系统（Integrated Care Systems, ICS）汇集了包括地方当局在内的广泛的提供者和专员，以规划服务。2021年2月提出了立法改革建议，以便在法律上确立综合护理系统，临床委员会数量将减少，以便与这些综合护理系统区域保持一致。在较小的层面上，初级保健网络（Primary Care Networks）负责提供各种社区服务，如3万～5万人的社会处方和心理健康支持。

2. 苏格兰国家医疗服务系统

苏格兰国家医疗服务系统的立法框架由苏格兰议会（Scottish Parliament）制定。然后，卫生和社会保健局（Health and Social Care）为卫生和社会保健确定战略方向并分配资源。地方医疗服务的主要责任在于14个地区国家医疗服务委员会（NHS Boards），负责保护和改善其人口的健康，并提供第一线医疗服务。它们得到7个国家委员会（National Boards）和1个公共卫生机构（苏格兰公共卫生机构）的支持。特别医疗委员会（Special Health Boards）负责改善卫生保健、教育、苏格兰救护车服务和输血服务等职能。心肺外科、神经外科和法医精神病学等国家服务是通过区域和国家合作委员会规划和委托的。

自2016年以来，根据2014年《公共机构（联合工作）（苏格兰）法》（*Public Bodies（Joint Working）（Scotland）Act*），国家医疗服务委员会必须与各自的地方当局共同提交整合计划。这主要是通过将职能下放给综合联合委员会（Integration Joint Boards，IJBs）来实现的，这些委员会将卫生委员会和地方当局联合起来，规划和提供成人社区医疗和社会护理服务，包括为老年人提供的服务。综合联合委员会对卫生委员会和地方当局的首席执行官负责。只有高地（Highland）一个地区选择在"牵头机构"（lead agency）安排下，将卫生和社会保健的职能分别委托给卫生委员会和地方当局，而不使用综合联合委员会。

3. 威尔士国家医疗服务系统

卫生和社会服务局（Department for Health and Social Services）为威尔士的国家医疗服务系统提供资金，并领导制定政策和战略。3个全国性的国家医疗服务信托在整个威尔士安排救护车、癌症专家和公共卫生服务。7个地方医疗委员会（Local Health Boards，LHBs）在其所在地区规划、保障和提供医疗保健服务。这种结构在2009年取代了22个地方医疗委员会和7个国家医疗服务信托，并取消了买方-提供者之间的分离。法定要求地方医疗委员会与地方当局建立正式伙伴关系，通过汇集资源改善健康和福祉成果。这是通过区域伙伴关系委员会（Regional Partnership Boards）来实现的，这些委员会旨在改善人口的福祉以及如何提供卫生和社会保健服务。他们必须制定区域规划，每年报告并展示有意义的公民参与。在国家一级，有3个国家医疗服务信托，其职能覆盖全威尔士，包括救护车服务、癌症和公共卫生。威尔士国家医疗服务系统共享服务伙伴关系（NHS Wales Shared Services Partnership）在流程简化、采购、数字和技术服务等领域为地方医疗委员会和国家医疗服务信托等机构提供支持。

4. 北爱尔兰的卫生与社会保健

卫生局（Department of Health）是北爱尔兰九个行政部门（Executive Departments）之一，全面负责卫生和社会保健服务以及公共卫生和公共安全。卫生与社会保健委员会（Health and Social Care Board）是一个法定组织，对卫生部长（Health Minister）负责，并委托5个按地区确定的卫生和社会保健信托提供服务，这些信托提供综合卫生和社会保健服务，但家庭保健服务除外，由全科医生、牙医、眼镜商和社区药剂师提供。卫生与社会保健委员会还管理这些服务的合同，并对改善业绩负有更广泛的责任。地方委托小组与5个卫生与社会保健信托保持一致，并负有从卫生与社会保健委员会移交的责任，以评估、规划和满足其当地人口的卫生和社会保健需求。卫生与社会保健信托有责任改善其人口中的健康和社会福利，减少不平等现象（Anderson M et al.，2021）。北爱尔兰救护车信托（Northern Ireland Ambulance Trust）是第六个信托，覆盖整个北爱尔兰。公共卫生署（Public Health Agency）和卫生部、卫生与社会保健委员会以及卫生与社会保健信托合作，为委托和政策制定提供公共卫生支持和帮助，以改善健康和社会福利，并保护健康。

英国卫生系统经费主要来自一般性税收和国家保险缴款（National Insurance Contributions，NICs）等公共资金，一小部分来自私人健康保险，还有直接支付商品和私人服务，以及药品、牙科保健和眼科保健等共同支付的自付费用。公共资金由财政部收集，然后卫生部在英格兰分配资金，而苏格兰、威尔士和北爱尔兰则根据巴奈特公式以一揽子拨款的形式接收资金。

慈善捐款是英国卫生系统的另一个资金来源，国家医疗服务系统的信托和董事会可以管理独立注册的慈善机构，接受公共基金以外的捐赠。这些资金可用于医疗设备、医疗研究和专业培训等费用，以改善病人的设施。有些服务，如威尔士的空中救护车，完全依赖慈善基金，而临终关怀等其他服务则是在很大程度上依赖慈善基金。

9.1.2 医疗服务提供模式

英国各地的病人看病路径非常相似。病人可以通过各种第一接触点机制获得护理；无论是通过他们的全科医生、急诊科、无预约中心还是牙医。从这里开始，他们可以被转诊接受更专科的治疗，或者作为门诊病人，或者作为医院的住院病人。全科医生也可将病人转介到由综合医疗保健人员提供的一些社区服务，如物理治疗师、职业治疗师、言语和语言治疗师或社区精神科护士。全科医生也越来越多地为病人提供社会支持，如慈善机构、求助热线和社会服务，尽管社会处方医生正在被引入初级保健，以实现这一目的，并减轻全科医生的负担。

然而，在选择二级医疗服务提供者方面，英国各组成国家之间存在差异。从 2000 年代中期开始，英格兰的一系列改革扩大了独立部门提供国家医疗服务系统资助的服务的使用。为了促进卫生保健部门的竞争，《2012 卫生和社会保健法》（*2012 Health and Social Care Act*）正式规定，病人有权向任何优质提供者求医，无论这些提供者是一个国家医疗服务还是独立部门的医院。结果是，截至 2019 年，独立部门提供者占国家医疗服务资助的选择性活动总额的 6%，尽管对于髋关节置换术和腹股沟疝修复等一些手术，这一比例要高得多，分别为 30% 和 27%（Stoye，2019）。在英国的其他组成国家没有发生类似的变化，国家医疗服务系统资助的护理仍然主要在国家医疗服务系统医院进行。通过补充性私人健康保险或自费获得私人资助的护理的患者仍然需要通过其全科医生获得护理。

英国的初级保健有三个主要作用（Cylus et al.，2015）。它是病人的第一个接触点，为常见疾病提供持续获得的机会，并充当更专业护理的"守门人"。在英国，这种模式在国家医疗服务的整个生命周期和权力下放后的组成国家中大致保持相似。尽管"守门人"的职能在初级保健中很常见，但在英国，这一职能比其他国家更为正式和明显（Baird et al.，2018）。广泛的共识是，英国拥有一个全面和高质量的初级保健系统，这有助于提高患者的满意度。

初级保健逐渐不仅仅意味着一个全科医生，而是整个团队的医生、护士、助产士、家访护士和其他卫生保健专业人员，如社区中的牙医、药剂师和验光师。在某些情况下，例如涉及精神健康或长期疾病的情况下，也越来越多地利用志愿部门。初级保健护士包括执业护士和地区护士，执业护士在全科医生诊所工作，而地区护士为社区卫生服务提供者工作，在病人家中提供护理。

通常居住在英国的人可以向全科医生注册，并免费咨询他们的全科医生。全科医生可以拒绝申请人（除非申请人已经被分配给他们），但他们只能在没有歧视的情况下这样做，或者如果患者超出了执业范围，超出执业能力或认为这在临床上是不合适的。全科医生诊所提供一系列服务，包括常规诊断服务、小手术、计划生育、慢性病患者的持续护理、产前护理、预防服务、健康促进、门诊药物处方、疾病证明和转诊更专业的护理。

在整个联合王国，由国家医疗服务系统或独立部门医院提供专科护理。在英格兰和北爱尔兰，国家医疗服务系统拥有的医院被称为信托。威尔士的大多数医院都由地方医疗委员会管理，除了卡迪夫的领先癌症中心，该中心是国家医疗服务系统信托的一部分。在苏格兰，自2004年以来就没有信托了。相反，健康委员会负责规划和监督医院，而运营部门负责医院的日常管理。基金会信托只存在于英格兰，它们是当地经营的独立公司，比非基金会信托拥有更多的预算控制权。目前，基金会信托从私人来源获得的收入上限为所有收入的49%。

大多数专科的门诊护理服务是在国家医疗服务系统医院内进行的，尽管许多国家医疗服务系统医院有卫星诊所，以便在离病人更近的地方提供这些服务。在英国有广大农村地区的部分地区，例如苏格兰，情况尤其如此，在这些地区，在适当情况下已经确立重点使用远程会诊。

几十年来，英国发生了重大转变，增加日间手术中择期手术病例的比例，定义为入院接受计划手术的患者在同一天返回家中。这种转变是通过财政激励和临床指导来促进的，作为一种节省卫生服务成本的机制（Appleby，2015）。常见的日间手术包括扁桃体切除术、白内障手术、腹股沟疝修补术和腹腔镜胆囊切除术。与其他高收入国家相比，英国的日间手术率最高，2017年扁桃体切除术和白内障手术的日间手术比例分别为57.4%和98.8%（OECD，2019b）。

许多国家医疗服务系统医院已经开发了外科日间病例单位，以促进有效地提供日间病例手术。此外，从2000年代中期开始，在几家独立部门治疗中心建立的推动下，独立部门提供的国家医疗服务系统资助的服务扩大了，主要集中在除关节置换术之外的日间手术上，后者通常不作为日间手术进行。截至2019年，英格兰20%的白内障手术和27%的腹股沟疝修补手术由国家医疗服务系统资助，由独立部门进行。

二级住院治疗可在急诊或选择性基础上获得。独立部门医院通常不具备管理紧急护理的能力,如果患者在手术后出现术后并发症,他们通常会被转移到国家医疗服务系统医院。特别是在威尔士,如果英格兰的医院实际上比威尔士最近的医院更近,那么患者就会使用跨越边境的医院。在人口稀少的威尔士北部和中部地区,人们在必要时利用英格兰的专科医院,而在南威尔士,人口足够多,可以提供专科服务。英格兰和威尔士之间的跨境护理是根据两国之间商定的价值观和原则声明,以及《2010年平等法》(*Equality Act 2010*)和《公共部门平等义务》(*Public Sector Equality Duty*)中的规定进行管理的。这些规定概述了边境地区的居民如何有资格在英格兰或威尔士接受初级或二级医疗,以及转移医疗的相关财务安排。由于北爱尔兰的卫生保健系统非常小,有时需要将复杂或困难的专科情况转介到英国或爱尔兰的其他卫生保健系统,这些系统有更好的机构来处理这些问题。

三级医疗服务提供更专业的护理,通常费用也更高。它们通常出现在人口密度较高的地区,通常与医学院或教学医院有关。三级医疗服务往往侧重于复杂的病例和罕见的疾病与治疗。在整个英国,为了提高质量,已经采取了将专科医疗集中在更少的中心的举措。

9.1.3 健康保险制度

1. 法定融资制度

国家医疗服务制度的一项基本原则是,根据临床需要,无论其支付能力如何,所有合法的英国居民都可以获得保健服务。国民医疗制度的这一主要优势意味着英国居民享有世界上最高水平的保护,免受健康不良的经济后果的影响。任何居民都可以使用国家医疗服务制度的保健服务,通常在使用时无须支付费用。英国各地的规则在定义上略有不同,但一般而言,"普通(ordinarily)"居民可以在英国的任何地方获得医疗保健。"普通"是指居住不是临时的,个人在该国是合法的。"海外游客"(overseas visitors)可以免费接受紧急医疗,但后续护理通常是收费的。其他免费提供的服务包括初级保健服务、计划生育服务、某些传染病治疗和强制精神病治疗。尽管英国皇家助产士学院（Royal College of Midwives）进行了游说（Wise, 2019），但产妇护理导致对非普通居民收费，为许多弱势妇女和孕妇获得具有成本效益的预防性护理制造了障碍。

在英国脱离欧盟之前，欧洲经济区的成员可以免费获得所有国家医疗服务，而居住在国外的英国侨民也有相应的安排。然而，在2020年12月31日之后，欧盟经济区国民在获得国家医疗服务时将遵守与非欧洲经济区国民相同的规则。某些群体在获得国家医疗服务时，不论其国籍，都是免费的，包括难民、寻求庇护者、由地方当局照料的儿童和现代奴隶制或人口贩运的受害者。无证移民获得国家医疗服务存在障碍，例如担心他们的数据会与移民当局共享。然而，2018年，在公众强烈反对之后，英国政府暂停了与国家医疗服务资讯中心（NHS Digital）的谅解备忘录，该备忘录与内政部共享患者数据，以追踪违反移民规定的人（Campbell, 2018）。

国家医疗服务制度没有明确的福利清单，相反，立法概述了国民医疗服务制度应该或可以提供的各种保健服务（Mason, 2005）。如前所述，有明确排除的福利，包括英格兰的处方费用，牙科保健和验光。但是，对年轻人、老年人和低收入者有豁免。2009年，英格兰的国家医疗服务宪法（NHS Constitution for England）是为国家医疗服务工作和使用国家医疗服务的人建立了一套权利，但该宪法主要是将已经建立的法律和权利结合在一起。苏格兰、威尔士和北爱尔兰没有类似的宪法。相反，一套已公布的核心原则和价值观旨在指导这些国家的治理和服务的提供。随着越来越多的综合护理系统（Integrated Care Systems, ICSs）和可持续性转型伙伴关系在英格兰得到发展，人们呼吁澄清和加强关于综合护理系统责任和患者权利的立法。

如上所述，国家医疗服务制度向所有人免费提供护理，涵盖预防、治疗、康复和姑息治疗等范围。自费支付确实存在，包括共同支付、与英国国家医疗服务制度分担的牙科护理费用，以及在英格兰的门诊处方费用。直接支付包括私人治疗、社会护理、一般眼科服务和非处方药。总体而言，自付费用占英国卫生支出的16.7%。应该指出的是，最大的组成部分是长期护理，这可能反映了获得成人社会护理的自付费用，占英国卫生总支出的 5.3%。由于这些原因，获得国家医疗服务的自付费用在卫生总支出中所占的百分比可能要低得多。从广义上讲，国家医疗服务制度提供了高水平的保护，使人们免受健康不佳的经济后果的影响，但一些重要的例外情况确实助长了获取服务的不平等。

几乎所有的公共资金都来自税收，由英国税务与海关总署（Her Majesty's Revenue and Customs，HMRC）征收，其中三个最大的是所得税（收入的 26%）、国民保险费（收入的 19%）和增值税（收入的 18%）（Adam，2019）。这一筹资制度总体上是累进制的。

2. 自愿健康保险

个人或雇主可以为其雇员购买私人医疗保险（private medical insurance）或自愿健康保险（voluntary health insurance）。大约有 200 万人享受雇主支付的私人医疗保险，100 万人享受独立购买的医疗保险（Blackburn，2020）。私人医疗保险覆盖的人不能选择退出公共系统，私人医疗保险通常用于资助一些国家医疗服务制度不提供的选择服务，或者更快地获得国家医疗服务制度覆盖的服务。自愿健康保险的覆盖和利用主要集中在伦敦和英格兰东南部，占英国自愿健康保险总支出的近一半。保险公司根据承保范围、产品选择（如固定价格保单或超额收费保单）、保险公司承担的风险性质和程度以及与保险公司利润相关的附加保险金收取保费。

审慎监管局（Prudential Regulation Authority）负责监管金融机构，并全面监管私人保险公司的财务事宜。英国审慎监管局对待破产保险公司的做法是，允许它们以一种对保单持有人影响尽可能小的方式倒闭。英国金融市场行为监管局（Financial Conduct Authority）力求通过确保相关市场运转良好、消费者得到公平对待来保护消费者。

3. 药品补偿

根据 2021 年国家医疗服务制度药品收费表（NHS Drug Tariff），英格兰和威尔士的药店通过国家医疗服务处方服务（NHS Prescription Services）进行补偿，该服务是国家医疗服务商业服务管理局（NHS Business Services Authority）的一部分。北爱尔兰也有类似制度，由卫生和社会保健商业服务组织（Health and Social Care Business Services Organisation）管理，在苏格兰，由苏格兰政府首席医疗官理事会（Chief Medical Officer Directorate of the Scottish Government）负责。国家医疗服务制度药品收费表详细说明了提供给病人的药品和医疗器械的补偿水平以及配药时应遵循的规定，其中包括禁止向病人开具处方或供应的药品黑名单，以及在特定情况下、仅限于特定病人群体或某些条件下可以开具处方的药品灰名单。鼓励药店以低于国家医疗服务制度规定补偿水平价格提供治疗性药物，因为他们可以将差价作为利润留存。然而，有一个收回机制，以确保药房支付的药品价格与补偿的药品价格之间的差额的一部分回到国家医疗服务。根据药品服务谈判委员会（Pharmaceutical Services Negotiating Committee）的数据，尽管所有药品的平均收回率没有定期报告，但通常在8%左右。

除药房的收回机制外，卫生和社会保健司（Department of Health and Social Care，DHSC）还根据制药行业的利润率，通过品牌药定价和获取自愿计划（Voluntary Scheme for Branded Medicines Pricing and Access，VPAS）收回一部分国家医疗服务的药品支出。2020年，这一数字为5.94亿英镑，比前一年的8.44亿英镑有所减少。品牌药定价和获取自愿计划及其前身药品价格管制计划（Pharmaceutical Price Regulation Scheme，PPRS）旨在以不损害制药部门国家利益的方式限制英国国家医疗服务的药品成本。他们对个别公司从向国家医疗服务供应药品中获得的利润设定了限制，估算在一定限度内允许资本回报。然而，创新药制造公司仍然可以自由地为新产品定价。仿制药不受品牌药定价和获取自愿计划的约束，仿制药的价格可以随着时间的推移而变化，以反映制造商或批发商折扣后的平均市场价格。仿制药制造商受反竞争法管制，该法由竞争和市场管理局（Competition and Market Authority）执行。尽管如此，还是出现了一些引人注目的仿制药价格博弈案例。例如，竞争和市场管理局在2019年对氟化可的松供应的调查暴露了反竞争协议，导致向国家医疗服务支付了 800 万英镑。

品牌药定价和获取自愿计划还包括国家医疗服务的一系列措施，通过改善获得新型和具有成本效益的药物来支持创新和改善患者治疗效果。这包括国家卫生和保健卓越研究所对加速新药评估的承诺，包括加快非癌症药物的评估，以符合癌症药物评估时间表，以及国家医疗服务投资于数据基础设施，以了解和促进成本效益药物的采用。加速获取协作（Accelerated Access Collaborative）是英格兰国家医疗服务、国家卫生和保健卓越研究所和制药行业之间的合作伙伴关系，成立于 2018 年，致力于通过确定被认为具有高成本效益的药物来实现这些目标，这些药物被指定为"快速更新产品"，优先在国家医疗服务范围内广泛采用。还有一个药品和卫生保健产品监管局计划，即早期获得药物计划（Early Access to Medicines Scheme），用于在危及生命或严重衰弱的病人有明显未满足的医疗需求时，加速对尚未获得上市许可的药物的监管批准。根据该计划，患者可以在获得正式上市许可之前的 12~18 个月获得"有前景的创新药物"（Promising Innovation Medicine）指定的药物。

在住院治疗期间，病人所使用的药物不会产生费用。然而，自 2020 年起，在英格兰社区中使用处方药时，病人将按照固定费率 9.15 英镑（10.80 欧元）进行收费。此外，病人还可以选择支付每年 105.90 英镑（125 欧元）的订购服务（NHS England, 2021q）。豁免政策适用于广泛人群，包括 16 岁以下和 60 岁以上的个人、低收入者、妊娠期间妇女以及患有糖尿病或癫痫等慢性病的病人，因此大约 90% 的处方药是免费提供给他们的。威尔士在 2007 年废除了处方药收费；苏格兰在 2011 年废除了处方药收费；北爱尔兰则在 2010 年取消了处方药收费（Kulakiewicz, Parkin and Powell, 2022）。

9.2　药品价格管制方法

9.2.1　药品价格管制计划

在英国，品牌处方药的价格通过卫生部（Department of Health, DH）和英国制药工业协会（Association of the British Pharmaceutical Industry，ABPI）之间协商的药品价格管制计划（Pharmaceutical Price Regulation Scheme，PPRS）进行间接控制。药品价格管制计划从1957年开始实施，是一项自愿性非合同协议，1993年后每5年更新一次。该计划使用利润控制代替药品价格管制，允许制药公司自行设定药品价格，但对单个公司可以从销售给国家医疗服务系统的所有品牌处方药品获得的利润进行限制，同时允许在一定范围内的资本回报（return on capital，ROC）。目的是确保国家医疗服务系统以公平的价格获得药品，同时促进形成一个通过研发开发新药品和改进药品的强大产业。目前，允许的利润设定为资本收益率的21%，或者销售给国家医疗服务系统的销售收益率（return on sales）6%。药品价格管制计划详细规定了制药公司药品研发和市场营销费用，其中，允许研发费用为该公司国家医疗服务系统总销售额的17%～20%，最高为23%，而营销费用则被限制为总销售额的4%～7%。当制药公司的实际净利润超过目标利润的40%时，该公司面临着两种选择：一是降低一种或几种药品的价格；二是将公司超额的利润返还给卫生部。协议规定，制药公司向国家医疗服务系统年度销售额一旦超过2 500万英镑，则必须递交年度的销售量、费用、资产以及利润等数据报告，并且将超过协议规定的部分利润返还给政府。如果公司实际利润只有目标利润的50%或更低，那么公司可以申请提高产品价格，使得其实际利润能够达到目标利润的80%。如果有的公司固定资产的投入非常少或没有，则以销售净利率来评定。

在药品价格管制计划下，参与的制药公司同意按照商定的计算方法将超额的资本回报偿还给国家医疗服务系统。对于任何不自愿签署该计划的公司，卫生部可以通过《1999年健康法》（Health Act 1999）第33条实行利润和价格管制。2014年药品价格管制计划首次对国家医疗服务系统在品牌药品上的支出提出了一个固定限制，超过这一水平的所有额外费用将由制药公司支付。2019年1月1日，开始实施品牌药品定价和使用自愿计划（voluntary scheme for branded medicines pricing and access），该自愿计划与药品价格管制计划性质相同，目标一致，相当于新版药品价格管制计划，由卫生和社会福利部（Department of Health and Social Care，DHSC），国家医疗服务系统和英国制药工业协会共同参与。主要目的是：第一，通过更快地使用最有价值和最有效的药品，改善病人获得药品的机会；第二，通过限制品牌药销售额的增长，使国家医疗服务系统负担得起品牌药品的费用；第三，支持英国的创新和成功的生命科学产业。选择不参加自愿计划的品牌健康服务药品（Branded Health Service Medicines）制造商或供应商，须执行《2018年品牌健康服务药品（成本）规定》（*Branded Health Service Medicines（Costs）Regulations 2018*）所制定的法定计划。

新化学实体（new chemical entities，NCEs）可以自由定价，但制药公司必须遵守药品价格管制计划利润指导方针。产品生命周期后期的价格变动一般只能通过价格调节（price modulation）来实现，即价格上涨需要另一产品的价格下降来抵消，从而保持国家医疗服务系统的预算中立。除调节价格外，一般来说，只有小公司在个别特殊情况下才允许提价。在延长药品价格管制协议的同时，2005年、2008年和2009年还降低了品牌药品的价格，并在2014年实行价格冻结和回扣。

药品价格管制计划确定向药剂师补偿品牌处方药的价格，制造商定价低于国家医疗服务系统价格的12.5%。仿制药不受药品价格管制计划的限制，价格可以随着时间的推移而变化，以反映折扣后制造商或批发商的平均市场价格，但制药公司必须解释价格的任何变化。仿制药品价格主要通过药品补偿价格表（Drug Tariff）控制，并且为了把制造商给予的市场折扣计算在内，每月调整药品补偿价格表。因此，在专利到期后，药品补偿价格往往会迅速下降，特别是那些吸引了多个仿制产品的处方药。

9.2.2　病人获得计划

2009年的价格管制计划引入了灵活定价（flexible pricing）和病人获得计划（Patient Access Schemes，PAS），灵活定价适用于经国家卫生和保健卓越研究所评估的药品，使参加计划的成员能够根据新的证据或主要的新适应症提出提高或降低药品标价的建议，但到目前为止，没有制药公司根据2009年或

2014年计划的灵活定价条款提交任何价格变动建议。2019年的自愿计划则对制药公司提高或降低药品价格的申报时间做出了调整。

病人获得计划能够使医疗卫生技术评估机构以成本效益差为由拒绝的药品价格下降，它通常由参加计划的制药公司提出并需经卫生部同意，以提高成本效益为目标，并能提出积极的建议。该计划有助于促进国家医疗服务系统病人获得更多的药品，这些药品最初可能不会被国家卫生和保健卓越研究所发现具有成本效益。目前有两种不同类型的病人获得计划：一种是国家医疗服务系统可以得到折扣的以财政为基础的计划（finance-based schemes）；另一种是根据商定的临床结果补偿的以疗效为基础的计划（performance-based schemes）。制药公司可以提出涉及降价的以财政为基础的计划，该计划在病人治疗的不同阶段，从简单的折扣到更复杂的免费股票。或者，也可以采用以病人为目标的方法，如果病人对治疗没有反应，就提供退款，通过将价格与临床效果相关联来提高成本效益。目前，国家卫生和保健卓越研究所有42个病人获得计划，其中29个是简单折扣。苏格兰药品协会有46个病人获得计划，其中43个是简单折扣。由于病人获得计划产生的折扣是保密的，因此制药公司可以在其他国家保持更高的市场价格。

以疗效为基础的计划包括制药公司提出的积极结果的临床标准，这些计划是为了解决在批准时药品疗效的临床证据不足的问题。方法包括：（1）风险分担计划，即以国家卫生和保健卓越研究所预先批准的一种方式根据临床实践中不断发展的疗效证据进行价格调整；（2）回扣计划，即如果一种药品在临床实践中没有达到预期的效果，那么药品的标价将恢复到预先商定的下限（公司因此也支付一笔回扣）；（3）建议折扣价格，即如果公司提供证据支持药品的标价，折扣就会消失。以疗效为基础的计划不太可能对国家医疗服务系统有效，因为它们依赖于医生报告的治疗失败。

9.2.3 医疗卫生技术评估

医疗卫生技术评估（Healthcare Technology Assessment）是对医疗卫生技

术的有效性、成本和影响进行系统评估，为卫生决策提供信息，最常用的方法是成本效用分析（cost-utility analysis）。它要求提供良好的资金价值，避免花费在成本效益较低的技术上和减少投资于更有价值的技术的机会。药品的成本效用分析最常使用质量调整生命年（Quality Adjusted Life Years，QALY）计算，包括生命质量和生命数量的疾病负担衡量指标。质量调整生命年被用于计算增量成本效益比（Incremental Cost Effectiveness Ratio, ICER），即与现有最佳疗法相比，一种治疗干预引起的成本变化与获得的增量质量调整生命年的比率。任何公共卫生保健体系的资源都是有限的，质量调整生命年赋予一种干预同等的社会价值，旨在克服主观性，公平分配资金。质量调整生命年被认为是一种促进对不同疾病和人口之间的竞争性方案进行公平比较的干预措施，它还可以对新的和现有的治疗方法进行比较。

对于新的卫生技术，英国已经建立了一个严格而透明的卫生技术评估系统，采用质量调整生命年（QALY）成本和阈值方法进行评估（Charlton, 2020）。在英格兰，国家卫生和保健卓越研究所承担这一职能，并制定了多项评估新技术方案，包括药物、设备、诊断程序和公共卫生干预措施。除介入程序方案（Interventional Procedures Programme）仅考虑临床证据外，所有方案都综合考虑临床效果和成本效益。国家卫生和保健卓越研究生评估技术方法的核心特征是计算质量调整生命年获得的额外成本，在超过当前护理标准时与决策阈值进行比较；目前质量调整生命年设置在 2 万～3 万英镑。质量调整生命年旨在提供衡量"健康收益"的通用标准，并结合有关寿命延长和生活质量的数据。决策阈值则代表着当前国家医疗服务预算限制下的机会成本。然而，在一些额外的情况下，这一阈值会发生变化，例如，对于寿命不超过 24 个月的患者，治疗可使预期寿命延长 3 个月以上（Bovenberg, Penton and Buyukkaramikli, 2021）。在实践中，这导致国家卫生和保健卓越研究所将生命终点获得的质量调整生命年价值定为"标准"质量调整生命年的 2.5 倍，即每个质量调整生命年的决策阈值为 5 万英镑。在某些情况下，国家卫生和保健卓越研究所也可能偏离这一阈值，例如，当与制药行业达成管理准入协议时，可能涉及保密的财务折扣或要求收集额外数据以确定成本效益。国家卫生和保健卓越研究所的职责范围还通过其临床指导计划扩展到现有技术，该计划通过对经济评估文献的系统审查明确考虑成本，并确定撤资的候选技术。然而，与技术评估方案不同的是，国家卫生和保健卓越研究所并没有强制采用建议（Drummond，2016）。

在英国的其他地区，也有类似的机构对卫生技术进行评估，最引人注目的是苏格兰医药联合会（Scottish Medicines Consortium，SMC）和苏格兰卫生技术集团（Scottish Health Technologies Group，SHTG），它们都是苏格兰国家医疗服务改善苏格兰（NHS Healthcare Improvement Scotland）的一部分。苏格兰医药联合会评估药品，苏格兰卫生技术集团评估非药品器械。威尔士的全威尔士药品战略小组（All Wales Medicines Strategy Group，AWMSG）对药品进行评估。全威尔士药品战略小组的职权范围是对国家卫生和保健卓越研究所的补充，仅包括未列入国家卫生和保健卓越研究所 12 个月工作计划的新药的评估（Varnava et al.，2018）。此外，国家卫生和保健卓越研究所指南可以取代全威尔士药品战略小组的建议。相比之下，苏格兰医药联合会和苏格兰卫生技术集团的范围不与国家卫生和保健卓越研究所互补，每个组织对新药和器械发布单独的建议。北爱尔兰没有相应的机构，相反，北爱尔兰卫生部认可国家卫生和保健卓越研究所的指导方针，除非发现它在当地不适用。

9.2.4 基于价值定价

2007 年，基于价值定价（Value Based Pricing，VBP）被宣布取代药品价格管制计划作为控制价格的手段，该方法旨在引入价格管制，而不是以前的补偿控制，把国家医疗服务系统价格设定算法与国家卫生与保健卓越研究所的成本效益评估相联系。成本效益的决定将根据各种因素进行调整，包括创新和社会需求。药品的价值从每种药品的支出对社会层面上的整体效用的影响中获得，然后，制药公司将根据这种药品的感知价值获得补偿。价值定价方法的目的是通过奖励为社会提供附加价值的额外因素来全面改革医疗卫生技术评估，这些包括更广泛的社会福利（如重返工作的能力和护理人员的福利)、未满足的临床需求、创新和疾病负担等，疾病负担被定义为病人由于自身状况而失去的质量调整生命年数量。最初的英国价值定价计划由一个药品价值委员会（Commission on the Value of Medicines）牵头，包括国家卫生和保健卓越研究所、苏格兰药品协会、全威尔士医药战略集团以及药品和健康产品监管局，而医疗卫生技术评估则由国家卫生和保健卓越研究所、苏格兰药品协会和全威尔士医药战略集团完成。一旦药品价格被委员会确定，卫生部将与制药公司协商价格。

经过几年的讨论和评判，最初提议的基于价值定价计划被修改为价值评估（Value-Based Assessment，VBA）方法，国家卫生和保健卓越研究所的价值和成本效益评估将与补偿决策挂钩，而不是价格。价值定价与目前的谈判定价有根本上的不同，而价值评估只包含添加到现有组合中的两个新因素（疾病负担和更广泛的社会效益）。价值评估只会影响2014年以后上市的新药，并将包括一项5年的定价协议，包括与相关制药公司达成的最初两年的价格冻结协议。2013年6月，英国政府将价值评估的控制权交给了国家卫生和保健卓越研究所，而卫生部保留了对价格谈判的控制权，这意味着目前的英国医疗卫生技术评估计划变化不大。2014年的药品价格管制计划做出了部分调整，基本要素包括：国家卫生与保健卓越研究所进行的每个质量调整生命年成本效益评估的成本将根据社会影响因素进行调整，以确定补偿资格；价格继续由制造商确定；癌症药品基金（Cancer Drug Fund）延长至2016年；病人获得计划将继续被用于由于成本没有达到补偿标准的药品的补偿审批。

9.3 药品价格管制效果

与其他高收入国家相比，英国的人均药品支出水平较低，私人支出比例相对较低。有几个因素促成了这些趋势。首先是卫生技术评估机构的工作，如国家卫生和保健卓越研究所，就选定产品提出成本效益建议，以及患者获取计划对其负担能力的影响。其次是英格兰国家医疗服务和其他联合王国组成国家的平行机构以低于国家医疗服务目录价格和卫生技术评估机构认为具有成本效益的价格购买药品及相关专科护理项目的商业能力。最后，个别药房和药剂师以及医疗专业人员及其工作机构的采购和开处方活动，这可能涉及从英国以外进口更便宜的产品。

  针对新型药物，英国建立了一个完善和透明的卫生技术评估系统，并通过作为病人获取计划一部分的常规谈判来获得保密价格折扣，从而实现了促进病人获取药物并限制引入新型和昂贵药物可能带来的预算影响这双重好处。对于成熟药品而言，在与其他高收入国家相比，英国仿制药处方量较高，2017年达到所有处方量的85.3%，而法国为30.2%，德国为29.2%（OECD，2020）。医疗专业人员接受过使用通用名称开具处方的培训，并且只有在极少数情况下会使用品牌名称，社区或医院药剂师通常会用仿制药替代。此外，国家卫生和保健卓越研究所还制定了广泛采用的临床指南，明确考虑替代药物的成本效益以鼓励循证实践。整个英国还采取其他措施来遏制不必要地增加药品支出浪费，例如英格兰国家医疗服务（NHS England）发起了名为"初级保健中不应常规开具处方"的倡议项目，在该项目中与当地委员会和全科医生合作减少了开具低临床效果或存在更经济有效替代品可选项的草率处方。

第 10 章　法国药品价格管制

10.1　药品价格管制的制度环境

10.1.1　卫生保健系统的组织

法国拥有一种混合型的卫生保健制度，它在结构上以俾斯麦式（Bismarckian approach）的法定健康保险制度（Statutory Health Insurance）为基础，但其普遍性和团结性的目标又导致了越来越多的贝弗里德类型（Beveridgian-type）的国家医疗服务制度（National Health Service）。法定健康保险目前覆盖 100% 的常住人口（包括某些条件下的无证移民）。卫生政策和卫生保健系统管制的管辖权被划分为国家（议会和政府，特别是卫生部）、法定健康保险以及地方政府，但程度上要较小（Or Z et al.，2023）。

医疗服务由私立按服务收费的医生和其他卫生专业人员、私立营利性医院、私立非营利性医院和公立医院共同提供。目前卫生系统的制度组织是社会保障制度创始人希望建立一个单块系统，保证人人享有平等权利的结果。因此，法国的健康保险一直比其他俾斯麦制度更加集中和统一。

1. 议会（The parliament）

议会通过年度《社会保障融资法》（Social Security Financing Act）控制卫生保健系统，该法案为卫生部门设定了支出目标。议会还通过公共卫生法案影响卫生政策重点。《社会保障融资法》是政府在经过 6 个月的准备期后提出的，在此期间，与卫生部（Ministry of Health）所有主管部门以及财政部（Ministry of Finance）进行磋商，主要基于法定健康保险基金（SHI Fund）在其年度活动报告中发表的建议。若干报告可作为讨论的基础，其中包括：国家审计法院（National Court of Auditors）的报告，这是一个独立的公共机构，负责监测国家和社会保障机构，以确保对公共资金的充分控制和适当使用；法定健康保险；健康保险未来高级委员会（High Council for the Future of Health Insurance，HCAAM）；公共卫生高级委员会（High Council of Public Health，HCSP）；全国卫生会议（National Health Conference）。《社会保障融资法》，为下一年的健康保险支出设定了预计目标（上限），称为全国健康保险支出目标；核准关于医疗和社会保障政策趋势的报告；另外，包含了有关福利和监管的新条款。

议会还根据雇主、受益人和雇员的缴款率，以及政府提出的具体专项税收，批准预算的收入部分。但是，政府在向议会提出公共卫生和社会保障筹资法以及编写由所通过的法案产生的章程和法令方面仍然发挥主导作用。

2. 卫生部

卫生部（MoH）是卫生与社会事务管理局（Administration of Health and Social Affairs）的中央一级。它由四个部门组成，其职责如下：卫生总局（General Directorate of Health）负责监督卫生政策；卫生保健供应总局（General Directorate of Health Care Supply）负责管理整个卫生保健系统的人力和资本资源；社会保障局（Directorate of Social Security）负责社会保障系统的政策、管理和筹资，包括编制议会通过的年度社会保障财政法；社会政策总局（General Directorate for Social Policy）负责老年人、残疾人或弱势群体的健康和社会护理。还有一个支持理事会，由几个部委共享，属于统计公共服务部门，负责提供有关该系统的信息和统计数据。

根据政府的不同，卫生部有不同的名称。它可以包括所有四个局或更少的局，每个局将由一个或多个部长负责。这取决于监督卫生的部长的政治权力。例如，在2017年选举后，卫生部只有一个部，由四个局组成，并命名为团结和卫生部（Ministry for Solidarity and Health），而在2022年5月的上次选举后，却成立了两个部，即卫生和预防部（Ministry for Health and Prevention）以及团结、自治和残疾人部（Ministry for solidarity, autonomy and disabled people）。

卫生部负责在《公共卫生法》（Public Health Act）框架内制定和执行公共卫生、卫生保健系统的组织和筹资等领域的政府政策。它在议会制定的总体框架的基础上控制着卫生支出的很大一部分监管。

在地区一级，卫生与社会事务管理局由地区卫生机构（Regional Health Agencies，ARS）代表，这些机构不直接受卫生部的监督，但受国家指导委员会（National steering council，CNP）的行政监督，该委员会由负责卫生的部门和负责公共账户和社会保障、法定健康保险以及全国自治团结基金（National Solidarity Fund for Autonomy）的代表组成。

3. 其他公共机构

卫生部依靠在其监督下的若干卫生机构和其他公共机构制定和执行其负责的政策。它们大多数是下属机构，在某一特定卫生领域承担任务。此外，法国国家卫生局（French National Authority for Health，HAS）作为一个拥有财政自主权的独立公共机构，开展了一系列旨在改善病人护理质量的活动。国家卫生局的职责范围广泛，从评估药物、医疗仪器和程序，到出版指引、认可医疗机构和医生重新认证的规程。法律授权它执行具体任务，并向政府和议会报告。

10.1.2 医疗服务提供模式

在法国，没有强制性"守门人"制度，但是2004年的法定健康保险改革鼓励病人选择一位"转诊医生"（referring physician）——全科医生或专科医生——作为"守门人"。在实践中，病人希望在拜访专科医生之前先去看他们的转诊医生，否则法定健康保险只补偿规定咨询费的30%（而不是70%）。但也有一些例外，16岁以下的病人不受这些规则的约束，病人可以在没有全科医生转诊的情况下去看一些专科医生。16~25岁的病人看妇科医生、眼科医生、精神科医生和口腔科医生（仅针对小手术）也是这种情况。自2022年以来，还在地方一级试点了直接接触从事多学科小组执业的物理治疗师，同时正在讨论为高级执业护士进行类似的试点。根据法定健康保险基金的数据，大约90%的被保险人申报一位"转诊医生"。因此，大多数情况下，与卫生系统的第一个接触点是全科医生（或未成年人儿科医生），他们对病人进行随访并在必要时提供转诊。住院治疗不需要转诊，但病人通常由门诊专科医生或全科医生转诊，或通过医院急诊科转诊。住院后的康复可以在急症期后康复机构（住院或门诊机构）进行，也可以由社区或病人家中的自雇物理治疗师提供。病人可以在整个护理过程中自由选择他们的医疗保健提供者（在私营或公共部门），有些提供者可能会额外收费。

初级保健是指在病人居住地附近的社区提供的第一级护理和服务，包括针对常见病症和伤害的综合一般医疗护理（即急性病和慢性病护理、促进健康、预防和治疗教育）。在法国，初级保健由全科医生和一些在门诊执业的医学专科医生（特别是儿科医生、妇科医生和眼科医生）以及牙医、药剂师、助产士、护士和理疗师等综合医疗保健人员提供。自雇初级保健医生可以自由选择在哪里和如何执业，但这产生了获得初级和专科护理的问题，因为这些护理集中在富裕的城市地区。从历史角度来看，全科医生一直以独立执业为主，并且与其他卫生专业人员的合作有限。法国鼓励在初级保健机构中采用适当的筹资模式开展各种形式的集体执业，全科医生集体执业比例持续稳定增长，到 2022 年时已达 69%，而 2010 年时仅为 54%。

在过去的几十年里，通过各种法律框架和支付方案创建了不同的初级保健结构（Barroy et al., 2014）。它们包括专业人员受薪的卫生保健中心、单学科集体执业（大多数医生都是自雇全科医生，他们在私人诊所中共享资源）和多学科集体执业，不同的自雇初级保健专业人员共享执业。传统上，卫生保健中心主要提供初级保健，但它们也可以提供专科服务。多学科集体执业涉及自雇医疗和综合医疗保健人员（主要是护士和物理治疗师），他们以服务收费（FFS）为基础获得报酬。因此，在这些执业中，协作工作通常不会得到奖励。

与许多其他欧洲国家相比，护士和其他综合医疗保健人员在法国的初级保健服务中几乎没有责任和权力。部分原因是每个专业人员都有法律规定的他们可以提供的任务和程序，专业人员的报酬按付费收费支付（Brissy, 2020）。因此，试图促进任务从医生转移到其他专业人员，如护士，几乎没有成功。然而，近年来，综合医疗保健人员的作用和责任已经扩大，以加强初级保健的提供。2019年设立了新的职位（如全科医生的医疗助理），综合医疗保健人员（特别是护士）的能力得到了提升。此外，自2019年以来，在当地试点取得成功后，药剂师被允许进行流感疫苗接种（法国是欧洲最后几个允许药剂师为患者接种疫苗的国家之一）。自2021年起，患者还可以选择一名"主治药剂师"（attending pharmacist），他是当地多专业护理团队的一部分。允许主治药剂师更新处方并为其患者调整剂量，并对特定患者群体（如哮喘患者或口服抗凝处方患者）进行随访（ONDPS, 2021）。新冠病毒大流行巩固了赋予药剂师的新职责，因为他们首先在协调向卫生专业人员分发防护装备方面发挥了重要作用，然后在提供抗原检测和新冠病毒疫苗接种方面发挥了重要作用。这些新措施增强了社区药剂师在初级保健方面的作用，有助于促进医疗服务不足地区获得保健服务（OECD, 2020c）。初级保健部门的其他卫生专业人员，特别是护士和理疗师，仍然依赖医生，因为他们的服务必须由医生开出处方才能得到补偿。然而，最近的改革已经允许特定类别的患者直接接触视觉矫正师，以及在多学科集体执业中直接接触语言治疗师和物理治疗师。

法国的专科护理通常被称为由普通医学以外的其他领域的医生提供的护理（HCAAM, 2017）。某些专科，如内科、血液学、传染病和遗传医学，主要以医院为基础。在其他专科，如麻醉、外科、老年病学、妇产科和肾脏病学，门诊会诊的比例（按服务收费）很高（HCAAM, 2020a）。在私立医院执业的医生通常有住院和门诊业务。在法国，在保健中心或医院门诊部单独执业的自雇专科医生可以在社区提供日间护理或专科门诊护理。一些特定的手术，如化疗、放射治疗和透析，主要在医院门诊进行。2019年，医院进行了约1400万次门诊治疗（自2013年以来增长19%）。在过去15年中，平均住院时间一直在减少，门诊住院（不过夜）的人数大幅增加。2019年，约60%的住院患者没有过夜（1800万门诊住院）。其中约一半在急症护理中，27%在精神病院，26%在急症期后康复机构。几乎40%的全天住院是在私立营利性医院。仅在2018年至2019年期间，此类医院的日间住院人数就增加了5%，而公共部门的日间住院人数仅增加了0.1%。

10.1.3 健康保险制度

1. 法定健康保险（statutory health insurance, SHI）

所有在法国居住或工作的人都享有法定健康保险，该保险提供全面的一揽子护理，并为大约 80% 的医疗消费支出提供资金，但要求分担所有服务的费用。2019 年，约 96% 的法国人口持有私人补充医疗保险（complementary health insurance, CHI），主要覆盖这些共同支付（Pierre & Rochereau, 2022）。因此，法国是经合发组织国家中平均现金支付较低的国家之一。参加法定健康保险计划是强制性的，并取决于就业状况（受薪、自雇、农民或农业雇员、学生等）。个人不能选择他们的计划或保险公司，也不能选择退出。因此，法定健康保险没有相互竞争的健康保险市场。三个主要的法定健康保险计划几乎覆盖了整个法国人口。

（1）一般计划（general scheme）由法国全国工联及其地方代表（Caisses primaires d'assurance maladie, CPAM）管理，覆盖所有受薪工人及其家属，以及在法国合法居住 3 个月以上的所有人。自 2018 年以来，曾经拥有特定医疗保险基金（Régime social des indépendants, RSI）的自雇专业人员已由一般计划管理，但在保险覆盖范围方面存在一些现有差异，即病假津贴较低。总的来说，到 2021 年，一般计划覆盖了约 88% 的法国人口。

（2）农业计划（agricultural scheme）覆盖所有农民和农业雇员（约占人口的 5%），并由一个专门基金（社会农业互助计划）管理。

（3）特别计划（special schemes）。这些计划包括各种小型计划，覆盖了特定职业领域，例如国家铁路公司（SNCF）、公务员（包括军队）或公证人。它们覆盖 7% 的人口，但技术上管理的索赔和福利不到 3%（出于管理成本的原因，一些特殊计划由一般计划运营）。

即使受益人失业，所有计划也不会中断和改变。2000 年实施了全民医疗覆盖（自 2016 年起称为全民疾病保护，PUMA），目的是向 2% 的个人提供公共健康保险，这些人因其就业状况而未被任何计划覆盖（例如从未工作过的人）。根据 1999 年《全民健康覆盖法》所建立的全民覆盖制度，为所有在法国合法居住的人提供基本医疗保险覆盖。对全民疾病保护的捐款是基于所有收入方式，包括资本和资产。根据 2018 年 12 月 22 日颁布的《社会保障法》，享受养老金、学生以及每年应税收入低于 8200 欧元（除非他们拥有超过一定价值的资本和资产）的个人，可豁免缴纳相关费用。非法移民和在法国居住不稳定的外国人由一个独立且完全由国家资助的医疗援助计划（medical aid scheme，AME）提供覆盖，该计划为他们提供更有限的福利保障。该计划要求进行经济状况调查，申请人必须在法国境内居住超过 3 个月（根据 2019 年 12 月 28 日的社会福利和家庭法典）。不符合医疗援助计划资格的人（在法国待不到 3 个月的人）始终有权在法国接受医院急诊治疗。2018 年，医疗援助计划约有 31.8 万受益人，这一数字自 2015 年以来相对稳定，占卫生消费支出的比例不到 0.5%。

所有法定健康保险计划都提供相同的一揽子福利，其中提供广泛的医疗服务和商品。福利篮子是通过所覆盖服务、药品和器械/设备的明确正面清单或目录确定的。目录还列出了被排除在外的医疗程序（如脊椎按摩和整容手术）。医院和门诊有不同的药品目录。法定健康保险还覆盖在疗养院和其他长期医疗服务机构的药品、医疗设备和医疗保健费用，这些费用居民无须共同支付。一般来说，一般服务和产品的补偿额不受控制。然而，对于昂贵的药物、设备或创新的昂贵治疗方法，数量可能会受到限制（例如，最多 4 次体外受精）。最后，法定健康保险还提供现金福利，以补偿工人暂时或永久无法工作和无法获得正常收入的特定时期。病假（大多数疾病 3 年最多 360 天，但卫生部确定的目录中确认的长期疾病患者最长可达 3 年）、产假（16～46 周，取决于是否多胎妊娠和家中是否有其他子女）和陪产假（25～32 天）就是这种情况。法定健康保险还向经法定健康保险医生评估存在重大和长期工作困难（至少丧失三分之二的工作能力）的个人提供残疾养恤金。

法定健康保险不覆盖所有的卫生保健费用。几乎所有的医疗服务都有相当多的共同支付，而且有些从业人员可能额外收费。一般来说，预计受益人将预先支付门诊护理费用，并根据预先确定的费率从保险基金（法定健康保险和补充医疗保险）中索取补偿。虽然医疗服务提供者越来越多地接受第三方支付系统，该系统使患者不必在使用时支付全部护理费用，但在门诊部门直接支付仍然很普遍。共同支付是由法定健康保险根据管制价格确定的固定费率，无论计划和患者的收入水平如何，都适用相同的费率。根据服务类型和药物类型，卫生保健服务承担的费用份额有所不同：门诊费用为70%，住院费用约为80%，批准药物费用为15%~100%。自2004年"守门人"改革以来，未经转诊就诊的专科会诊报销比例降低至30%。但是，某些服务，如针对26岁以下患者的妇科、眼科和精神病学，以及所有与妊娠有关的护理都可以不经转诊而获得，并按最高费率（70%）补偿。自2018年以来，远程会诊在某些条件下都可以作为正常会诊补偿，只有在病人居住地附近的医生，无论是病人的常规全科医生还是转诊医生。在新冠病毒大流行期间这些条件被取消，所有卫生专业人员包括护士、精神病学家和物理治疗师都被允许提供远程咨询。处方药的补偿水平根据药物的有效性和所治疗疾病的严重程度确定：罕见病、高效和昂贵的药物补偿100%，其他药物根据其治疗价值补偿65%、35%或15%（治疗价值越低，补偿率越低），被认为无效的药物不补偿。当有仿制药可供选择时，病人选择非仿制药时，补偿率较低。自2021年1月起，顺势疗法产品不再由法定健康保险补偿。

鉴于共同支付的重要性，法国卫生系统从一开始就引入了保护机制，以减轻慢性疾病患者和低收入者的经济负担。根据医学标准，慢性病患者可被纳入长期疾病计划。无论其收入如何，这些病人都可免除与其慢性疾病有关的治疗的共同支付。该计划最初涵盖四类疾病（癌症、结核病、小儿麻痹症和精神疾病），随着时间的推移，现已涵盖32类疾病。2019年，1 250万人被长期疾病计划覆盖，不到法定健康保险受益人的20%，他们约60%的医疗支出由法定健康保险计划报补偿，包括他们在法定健康保险计划中所涵盖的疾病和其他护理消费。为了减轻最低收入群体（生活在贫困线以下20%的个人）的共同支付负担，2000年推出了国家资助的补充健康保险计划。此外，政府于2004年推出补充健康保险补助券，资助没有资格获得补充健康保险计划，但收入在贫困线以下的个人购买私人补充健康保险计划。这些计划于2019年被一项新计划所取代，以覆盖生活在贫困线以下的所有人。这种公共补充健康保险允许100%覆盖福利篮子中包括的服务和药物的费用（没有费用分摊）。它也有更好的覆盖牙科保健和光学，这些费用基本无法从法定健康保险中获得补偿。此外，在该计划下，病人无须支付预付款，专业人员也不允许向病人额外收费。从历史上看，成人的眼镜、隐形眼镜、牙冠、牙桥、假牙和正畸治疗的补偿很少。2020年，"100%健康"改革为这些服务引入了新的福利篮子，管制基本牙科保健的价格，包括基本牙冠、牙桥和假牙，以及眼镜和助听器，以提高获得这些服务的公平性。

法定健康保险制度历史上几乎完全由雇主（三分之二）和雇员（三分之一）以工资为基础的缴款提供资金。考虑到法国的高失业率和人口的迅速老龄化，在20世纪90年代引入了基于收入的税收缴款，即一般社会缴款。一般社会缴款引入了一篮子税，适用于更广泛的收入，而不仅仅是工资（例如，来自金融资产和投资的收入、养老金、失业和残疾福利、博彩等）。2021年，法定健康保险只有约33%的收入来自工资缴款（2017年为39%），24%来自一般社会缴款（2017年为35%），33%来自其他税收，其中20%来自增值税。

2. 补充健康保险（complementary health insurance）

2019年，约96%的法国人口拥有补充健康保险，它提供的资金约占卫生总支出的14%。2019年，补充健康保险收取的保费达到375亿欧元。在法国，私人补充健康保险市场在保险费率方面受到严格管制，有限制患者选择和倾销的条件，并提供担保。

从历史上看，补充健康保险提供者补偿的福利与法定健康保险基本相同，并支付留给患者的共同支付费用。但是，大多数计划在牙科和光学设备公共计划规定的价格之上，为医疗商品和服务提供额外的覆盖。一些补充健康保险计划还覆盖一些专业人士要求的部分（或全部）额外账单费用，有些计划还可能为法定健康保险福利篮子中未包括的商品和服务（如近视手术）提供扩展福利，和（或）提供额外设施（如单独的病房）。

补充健康保险合同可以通过雇主购买适，用于私营部门雇员及其家属的集体合同，也可以单独购买，适用于公共部门雇员、自雇人士和失业者的个人合同（Pierre，2018）。自1979年以来，通过雇主获得的补充健康保险合同通过税收和社会缴款豁免得到补贴。补充健康保险的保费会因应投保人的年龄（个人合同）或集体合同的平均年龄（同一合同下所有受保人的保费是统一的）而定。补充健康保险提供者必须为所有投保人提供终身保证，以确保他们的保费不会在续约时增加，高于同一保险池中为该合同提供的其他保费。此外，为了减少病人选择方面的问题，自2002年以来，对在确定价格时不将被保险人的健康状况作为风险调整（选择）变量的合同实行了减税。这些合同禁止在投保时填写健康调查表。

自2016年1月以来，在国家跨专业协议的框架内，2013年的法律要求所有雇主向员工提供补充健康保险合同，并支付至少50%的保费。集体合同在担保和保险费方面通常比个人合同更有利，因为雇主的议价能力和低风险个人（工作年龄组）的集中。2016年的协议还规定，失去工作的人可以保留之前工作的补充健康保险长达12个月。2019年，约45%的补充健康保险所有者签订了集体合同。

法国补充健康保险市场竞争激烈，但补充健康保险提供者的数量从2000年的约1 700家急剧下降到2019年的439家。补充健康保险市场也越来越集中，2017年，前10家公司占市场营业额的35%。保险公司可以分为三类：一是有非营利性互助保险公司（mutual insurance companies），它们是健康保险市场的主要参与者，覆盖了大约60%的被保险人，其中60岁以上的人所占比例很高，大多数是签订个人合同的；二是非营利性机构，由雇主和雇员代表共同管理，几乎完全提供集体合同，因此，它们主要覆盖工作年龄的个人（约占人口的15%）；三是私人营利性保险公司，近年来其市场份额有所增加，覆盖了约25%的补充健康保险受益人（2017年占市场营业额的30%）。这三种类型的提供者在不同的管制计划下运作。然而，随着时间的推移，由于市场竞争，它们之间的保费差异已经缩小。

虽然保险公司承保的范围没有限制，但为了享受税收优惠和社会缴款，补充健康保险合同必须尊重某些条件。补充健康保险合同被称为"团结者和责任人的合同",其目的是鼓励负责任的卫生保健消费,并促进符合法定健康保险规定的效率目标的良好医疗执业。例如,为支持2004年推出的"守门人"改革,当病人直接拜访门诊专家(而不是使用转诊医生作为看门人)时,他们不被允许补偿现金支付费用。此外,他们不能退还2005年为控制药物消费、就医和交通而实行的免赔额。2016年出台了新的限制措施,以限制个人合同和集体合同之间覆盖水平的差异,以减少慷慨的集体合同对卫生保健价格的影响。这些合同现在必须尊重光学设备的补偿上限以控制它们的价格,而这些价格是由法定健康保险管理不善的,以及额外的账单,以限制超额费用。今天,几乎所有的补充健康保险合同都被定义为"团结者和责任人"。

3. 药品补偿

为获得法定健康保险覆盖资格,一种药品必须被列入可补偿药品正面清单(positive list),该清单是根据法国国家卫生局透明委员会(Transparency Commission,CT)和卫生保健产品经济委员会定价委员会(Economic Committee for Health Care Products,CEPS)的建议,由部长行政命令创建。所有新药都必须经过卫生技术评估(health technology assessment,HTA)才能被列入正面清单并被法定健康保险覆盖。这种评估是在市场推出之前进行的,直接用于确定覆盖率,而不是直接用于确定价格(法定收费表)。卫生技术评估的组织与管理由政府和法定健康保险来明确。法国主要的卫生技术评价机构是法国国家卫生管理局(French National Authority for Health,HAS),该机构拥有内行专家,并有权委托学术中心或专业协会等外部团体进行评估。

决定药物的医疗保险覆盖范围取决于药物的医疗收益或治疗价值(therapeutic value,SMR)以及透明委员会评估的病情严重程度。此外,透明委员会还评估了该药物相对于可获得的类似治疗或已有药物在相同病理状态下所带来的相对医疗收益(relative medical benefit of the drug,ASMR)。药品价格相当于法定收费表,然后由卫生部、经济部和研究部、法定健康保险和全国补充医疗保险基金联合会(National Union of Complementary Health Insurance Funds,UNOCAM)的代表组成的卫生产品经济委员会和生产商之间的议价过程或通过国际基准程序确定。根据社会保障法规，价格必须根据药品的相对医疗收益、具有类似治疗适应症的其他药物的价格和估计销售量来确定。

在法国，大多数处方药都被社会健康保险覆盖，根据评估的医疗价值不同，补偿率在15%~100%，绝大多数药品的补偿率为65%。

(1) 门诊药品补偿。列入门诊部门补偿清单（正面清单，不采用负面清单）的门诊使用的药品类别可以获得全额或部分补偿，将药品纳入补偿的决定是基于国家卫生管理局下属的透明委员会提供的医疗卫生技术评估报告。在临床评价中，药品的医疗价值是根据以下标准进行评价的：功效与耐药性；治疗区域内的位置；预防的、治疗的或有症状的活动；公共卫生利益。评估的医疗价值对门诊药品的补偿率产生影响：重要医疗价值的药品补偿率为65%；中等医疗价值的补偿率为30%；轻微医疗价值为15%；医疗价值不足的为0。

全国健康保险基金联盟（National Union of Health Insurance Funds, UNCAM）根据医疗价值评级决定补偿率。治疗严重和慢性疾病的特定药品始终是100%补偿，约有30种疾病列在这个长期疾病清单中。除了患有严重和慢性疾病的病人，法国人还必须根据不同的补偿率分别支付35%、70%和85%的自付费用，这些共同支付通常由他们的互助健康保险补偿。此外，18岁以上的成年人每个药品包装收取0.5欧元的处方费（儿童免收），病人每年处方费的支付上限为50欧元。低收入人群、孕妇和新生儿的母亲（分娩后六个月）免交共同支付费用（处方费和共同支付百分比）。

(2) 住院药品补偿。医院可以购买和分发经透明委员会进行医疗价值和医疗价值提高评级后由卫生部批准的药品。医院一般负责住院药品的采购，大约40%的医院用药被纳入到以医疗活动为基础的支付（activity-based payment, T2A）系统，它们被包括在为补偿按病种付费而产生的一次总金额中，类似于所有医疗护理的每日补偿率。一些不包括在以医疗活动为基础的支付系统内的高成本药品，经卫生部批准后可单独补偿，列入这一特别医院补偿目录的药品受国家数量限制和由各地区卫生机构的限制。另外，还有两种医院使用的药品补偿清单（正面清单）不包括在按病种付费系统中，一种是补充药品清单（list of supplementary medicines），主要包括价格高或数量少的药品，作为一个过渡清单，在其他高价新药进入市场后，清单中的药品将回归按病种付费系统中；另一种是转分保药品清单（list of retrocession medicines），医院药房配发给门诊病人在社区药房买不到的药品。这些补偿清单上的药品受国家卫生管理局实施的医疗卫生技术评估和随后的卫生保健产品经济委员会与制药公司之间的价格谈判（包括管理准入协议的结论）的影响。与按病种付费系统中的药品不同，它们是在个人基础上，每个产品都由社会健康保险提供资金。此外，在分权层级，医院可以运行自己的药品清单（医院药典），医院的药品和治疗委员会（Pharmaceutical and Therapeutic Committees）决定将药品列入其处方集。住院病人不需要共同支付药费。

（3）协议。近年来，制药公司与卫生保健产品经济委员会达成了针对门诊和住院病人使用的新型高价药品的管理准入协议（managed-entry agreements，MEA）。最常见的类型是统一折扣（第一个包装的折扣）和价格-数量协议。一些管理准入协议以最高上限为基础，以绩效为基础的协议很少见。2016年以后，不再缔结条件定价（conditional pricing）协议，条件定价是在3~5年内提供更新数据的条件下，对治疗效果证据有限的药品给予更高的价格。管理准入协议的价格和内容是保密的，但卫生保健产品经济委员会在其年度报告中公布了每种协定获得的折扣总额。2019年，已有262个管理准入协议，其中185个产生折扣。此外，医院或医院集团也与制药公司签订管理准入协议。

保护条款（safeguard clause）规定了制药公司在超过规定的阈值时必须向社会健康保险支付的缴款（弥补性收入）。自2019年以来，阈值被定义为制药公司的净年营业额，并被固定为2020年的0.5%。弥补性收入（claw-back）制度是公共付款人已经支付给制药公司、批发商或药剂师的资金在某些条件下（如超过某一阈值）必须返还给第三方付款人的一项政策。批发商或社区药房没有被要求给予社会健康保险折扣或支付弥补性收入。2019年，弥补性收入制度（即制药公司向社会健康保险返还补偿资金）改为门诊和住院部门实行相同的额度，与制药公司年营业额相关，就像往年一样不考虑增长率，并取消孤儿药和过专利期的原研药的豁免。

199

（4）参考价格制度。法国于 2003 年建立了参考价格制度（reference price system），该方法仅用于确定仿制药的补偿金额。在参考价格制度下，有效成分相同的药品被集中在一起，按照相同的金额进行补偿。医生必须使用国际非专利名称（International Non-proprietary Name，INN）开药，允许药剂师使用仿制药替代（指示性而非强制性），但不允许使用生物仿制药替代。

10.2 药品价格管制方法

10.2.1 药品市场概述

法国是欧洲第四大药品生产国，占全球药品市场的 3%。2020 年，制药行业共有 250 家制药公司，其中 13 家公司占据了一半以上的市场份额，市场集中度较高。法国制药公司在疫苗和药品方面处于优势地位，但生物技术和仿制药的市场占有率较低。2019 年药品市场营业额达到 600 亿欧元，其中出口占 48%。药品销售额达到 272 亿欧元，其中零售药店 211 亿欧元，医院 61 亿欧元，补偿药品占营业额的 75.8%。2018 年，人均药品支出 569 欧元，随着药品价格下降和药品使用量增长放缓，药品支出呈现下降趋势，但人均药品消费比邻国高出 22%。

法国有三种药物，即不需要处方的非处方药物、需要处方的药物和医院专用药物。非处方药和处方药都只能通过社区药店配药，但有强烈的需求，特别是超市，将非处方药销售扩展到其他地方。网上销售非处方药是允许的，但仅限于注册的社区药店。无论是批发商还是药店，药品的分销都受到严格的监管。批发商具有提供公共服务的使命，并且在药品供应范围、库存水平、特定区域内的交货时间以及利润空间等方面受到法国国家药品和卫生产品安全局的严格监管。64% 的药品行业营业额由批发商分销，16.9% 直接销售给零售药房，19.1% 由行业附属公司或承包商销售给公立和私立医院。批发商形成了一个非常集中的部门，只有 7 家公司提供遍布全国近 200 个地点的分销网络。自 2012 年 1 月以来，制造商价格低于 450 欧元的加价率为 6.68%，高于450欧元的加价率为0。

在药品定价和补偿方面，主要机构是主管卫生保健产品经济委员会的团结与卫生部（Ministry of Solidarity and Health）、全国健康保险基金联盟和法国国家卫生管理局。在国家卫生管理局，透明委员会进行临床评估，而经济评估和公共卫生委员会负责经济评估。临床评估的结果是影响门诊药品的补偿率的医疗价值评级和影响药品价格的医疗价值提高的评级。经济评估的结果提供了增量成本效益比（ICER），有时还提供了预算影响分析。临床评估对于所有补偿药品是强制性的，而经济评估的资格是基于特定的标准。

10.2.2 医疗价值与医疗经济评价

1. 医疗价值和医疗价值提高评价（Medical Benefit and Added Medical Benefit Assessment）

透明委员会使用两种评级来评估医疗价值。医疗价值（Medical Benefit，SMR）是对药品效用的一种衡量，它是在评价疾病的性质和严重程度、药品的功效或安全性、治疗位置（治疗、预防或治疗或症状控制）以及现有治疗方案的存在和适当性的基础上进行评估的。根据疾病的严重程度，医疗价值评级与补偿评级挂钩。

透明委员会最基本的评估是确定医疗价值提高评级（Level of Improvement in Actual Medical Benefit，ASMR），透明委员会使用5个等级的医疗价值提高评级（ASMR I to V）来确定相对参考药品的医疗价值提高程度（见表10.1）。

表10.1 临床价值提高的医疗价值提高评级（ASMR）

评级	医疗价值的提高
ASMR I	重大改善（新的治疗领域，降低死亡率）
ASMR II	疗效显著改善和（或）不良反应减少明显
ASMR III	疗效中等改善和（或）不良反减少中等
ASMR IV	较小改善

评级	医疗价值的提高
ASMR V	无改善

授予的医疗价值提高评级是衡量所获得的价格水平的一个非常重要的指标，然而，考虑选定的参考药品（或最佳治疗策略）和新药治疗适当的病人人群也很重要。实际上，自医疗价值提高评级系统建立以来，共有19%的案例被评定为医疗价值提高评定为1级、2级或3级。

2. 医疗经济评价（Medico-Economic Assessment）

根据2008年的《社会保障融资法》（Social Security Financing Law of 2008），法国国家卫生管理局负责发表建议和医疗经济意见，努力实现卫生保健效率的提高。为此，国家卫生管理局于2008年7月1日成立了经济评价与公共卫生委员会。2012年10月的《2012年社会保障融资法计划》正式确定了医疗经济评价的作用。

经济评价与公共卫生委员会的建立继续关注没有临床优势的昂贵药品疗法的成本和新疗法非常高的成本，包括靶向疗法和孤儿药。药品公司声称其医疗价值提高评级为1级、2级或3级的所有新药，以及预计会对医疗费用产生重大影响的药品，都需要进行医疗经济审查。后者被定义为自上市第二年起每年超过2000万欧元销售额的药品，制药公司必须提交一份医疗经济材料。经济评价与公共卫生委员会将进行增量成本效益比（Incremental Cost-Effectiveness Ratio，ICER）评价，评价单位为每一质量调整生命年（Quality Adjusted Life Years，QALY）的欧元金额，但没有预先定义的成本效益比阈值。

10.2.3 价格谈判

法国政府管制门诊与住院部门的补偿药品的出厂价格，通过卫生保健产品经济委员会和制药公司之间的价格谈判（price negotiation）实现价格控制。对于非补偿的门诊药品、按病种付费（DRG）的住院药品以及纳入早期获得计划的药品实行自由定价。早期获得计划药品主要是用于治疗严重或罕见的疾病，在没有适当治疗和治疗不能延期的情况下使用。卫生保健产品经济委员会是一个由社会保障法典界定的部际委员会，它由负责卫生、经济和研究的部长的代表，以及来自社会健康保险和补充健康保险组织的代表组成。根据社会保障法典，价格必须根据医疗价值评级和其他具有相同治疗适应症的药品的价格以及预计的销售额来确定。具有治疗优势的药品价格可能高于参考标准，而没有相对医疗价值的药品（医疗价值提高5级ASMR V）将获得一个法定定价目表，因此只有当其价格低于替代药品时，才会得到补偿。

定价标准由社会保障法典规定，卫生保健产品经济委员会基于增加的医疗价值评分来设定价格，即医疗价值提高评级。在价格谈判中，它还考虑到比较药品的价格，经济评估的结果、数量和销售预测，以及可预测的和实际的使用条件，但不考虑生产或其他成本（即无成本加成定价cost-plus pricing）。对于某些药品，已缔结了管理准入协议（managed-entry agreements，MEA），它们通常采取简单的折扣或价格－数量协议的形式。总的来说，卫生保健产品经济委员会的定价决策基于价值定价（value-based pricing）的要素。医疗价值提高评级为1级、2级或3级的药品定价高于比较药品，医疗价值提高评级为4级的药品价格稍高于比较药品的价格，而医疗价值提高评级为5级的药品价格低于比较药品的价格（见表10.2）。价格按照出厂价格设定，补偿药品的零售和批发价格也受到管制，最终的定价由卫生部（Department of Health）决定。制造商在任何医疗卫生技术评价和价格谈判之前可以自由设定价格。如果设定的价格超过了在稍后阶段与卫生保健产品经济委员会协商的基于医疗卫生技术评价的价格，制药公司必须提供资金返还。

表10.2　医疗价值提高对药品价格的影响

医疗价值提高评级	总体价格预期
ASMR I，II，III	欧洲价格
ASMR IV	价格高于比较药品 （通常5%～15%）
ASMR V	只在价格低于比较药品时才补偿

2015年12月，卫生保健产品经济委员会与制药业协会（Association of the Pharmaceutical Industry, LEEM）签署了一个为期3年的框架协议，该协议提供了一个价格谈判程序的规范。在第一次延期一年之后，双方同意再延长7个月的期限（至2020年7月）。2019年4月，双方同意改变谈判程序，制药公司必须在收到医疗卫生技术评估报告后的2周内更新其价格请求，并必须证明其价格请求的合理性。2020年7月，框架协议延期至2020年12月底。

10.2.4 外部参考定价

作为卫生保健产品经济委员会和制药业协会（Association of the Pharmaceutical Industry, LEEM）之间达成的标准协议（accord cadre）结果，对于医疗价值提高评级为1级（重大提高）、2级（疗效显著改善和（或）不良反应显著减少）或3级（疗效略有改善和（或）不良反应略有减少）的高度创新药品，采用外部参考价格作为补充定价政策，为价格谈判提供信息。法国将德国、意大利、西班牙和英国四国作为一篮子参考国家，制药公司的标价（list price）不得低于该药品在参考国家的最低价格。以英镑计算的价格按照外部参考定价政策实施时的汇率换算，价格数据既不以成交量衡量，也不以经济数据（如购买力平价）衡量，并且任何时候都可以更新。如果四个国家的药品价格发生变化，那么法国也要做相应的调整，卫生保健产品经济委员会若对这一价格有异议，则需要与制药公司重新协商定价。

10.2.5 内部参考定价

内部参考定价（internal reference pricing, IRP）（即价格联动政策）（price link policy）是同一治疗领域的药品相互比较，内容包括日均治疗成本或治愈成本、效力和包装规格等，卫生保健产品经济委员会与制药公司根据比较结果协商确定出厂价格。医疗价值提高评级为1级、2级或3级（ASMR I, II, III）的药品定价高于参考药品，医疗价值提高评级为4级（ASMR IV）的药品定价与参考药品相同，而医疗价值提高评级为5级（ASMR V）药品定价要低于参考药品。法国对纳入补偿的仿制药和生物仿制药以及原研药和参考药品分别实行价格联动政策，补偿的仿制药和生物仿制药的价格根据原研药或参考药品的价格确定，每个部门（门诊或住院）和每种药品的价格不同。而且，原研药和参考药品必须在仿制药和生物仿制药进入市场时降低价格，门诊和住院部门之间以及仿制药或生物仿制药与他们的原研药或参考药品之间的降低幅度不同，平行进口药品没有差别。

10.2.6 供应链中的定价

门诊补偿药品的批发通过两等级法定累退加成计划（two-scale statutory regressive mark-up scheme）获得报酬，社区药房通过法定的五等级累退加成计划（statutory five-scale regressive mark-up scheme）获得报酬，该计划适用于纳入参考价格制度的门诊补偿的原研药和仿制药。然而，对于纳入参考价格制度的仿制药，药店获得的报酬与配发原研药相同，以增加仿制药的使用。此外，对于3个月包装量的药品报酬也有特殊要求。除累退加成计划外，药房还按照不同费率收取提供处方药的配药费。自2015年起，在累退加成计划中，配药费被授予社区药房以换取较低的加成。近年来，药房加成率和配药费进行了定期调整，实际上是每年调整一次。

非补偿药品报酬不受管制，因此，这些药品的价格可能因社区药房而异。在供应链中，批发商授予社区药店的补偿仿制药和与他们的仿制药品价格一致的非仿制药的商业折扣上限为40%，而补偿的非仿制药的折扣上限为2.5%。如果医院给门诊病人配药（所谓的转分保药品，retrocession medicines），他们可以每条交货线收取22英镑的费用。法国补偿药品的增值税为2.1%，非补偿药品的增值税为10%，而标准的增值税税率为20%。

10.3 药品价格管制效果

2019年人均平均药品消费支出为589欧元，其中80%由法定健康保险支付，法定健康保险根据评估的医疗效益支付处方药。对于长期疾病计划的人，法定健康保险公司 100% 报销与慢性病有关的药物费用（但不包括其他药物）。

法国的仿制药使用率相当低，尽管有多项旨在鼓励仿制药使用率的政策。自 1999 年以来，药剂师已被授权用仿制药替代品替代处方药，除非开处方的医生认为不可替代（自 2020 年以来，必须有医学理由证明）。

在 2010 年代，法国引入了对全科医生的财政激励措施，通过按质量付费（pay for quality）计划鼓励仿制药处方率，并通过向仿制药替代率高的药剂师提供奖金。此外，当有补偿率较低的非仿制药可供选择时，在经济上不鼓励患者使用非仿制药。然而，2019 年，在法国销售的药品包装中，只有略高于三分之一（38%）的药品是仿制药。

第 11 章　加拿大药品价格管制

11.1　药品价格管制的制度环境

11.1.1　卫生保健系统的组织

加拿大是一个立宪制联邦国家，主权、权力和责任在联邦政府和省级政府之间分配。除宪法专门赋予各省的医院和精神病院的管辖权外，原始文件从未明确规定卫生或医疗保健的权力，该文件在 19 世纪 60 年代将权力分配给中央和省级政府。因此，权力只能从宪法的其他若干条款中推断出来。后来的司法裁决支持这样一种观点，即各省对医疗保健拥有主要的而非专属的管辖权。

加拿大没有全国性的卫生保健系统，根据 1867 年制定的《加拿大宪法》，"各省负责建立、维护和管理医院、收容所、慈善机构，联邦政府被授予对海洋医院和检疫的管辖权"。因此，随着卫生保健变得更加重要，各省单独制定本省的卫生保健资助与提供机制。联邦相继颁布的两项立法规定，只要各省同意通过公共管理系统提供全民覆盖的医院医疗（1957 年）和医生服务（1966 年），联邦资金将向每个省支付 50% 的医疗费用。这两项联邦法令在 1984 年合并为《加拿大卫生法》（*Canada Health Act*），明确规定了向各省提供联邦资金的 5 个条件：可携带性（当人们从一个省搬家到另一个省时，保险仍在继续）、可获得性（人们不能为保险覆盖的任何服务支付额外费用）、普遍性（所有加拿大公民和永久居民自动覆盖）、全面性（所有必要的医疗服务都覆盖）和公共管理（医疗系统是在公共的非盈利基础上管理的）。

加拿大的卫生保健系统主要由政府资助，大约 70% 的卫生支出来自联邦、省和地区政府的一般性税收。由于医疗保险服务（医院、诊断、医疗保健、指定的外科-牙科服务和住院药物治疗）在使用时是免费的，这些服务完全由主要是省级的政府收入提供资金。2018 年，公共财政大约占医院支出的

90%，占医生支出的 98% 以上。其他卫生产品和服务的资金来源来自税收、自费支付和私人健康保险。强制性（或社会）保险在医疗资金中所占比例最小，主要用于省和地区的工伤或职业病赔偿计划中提供的医疗福利。卫生服务的管理、组织和提供具有高度分散的特点，主要有三个原因：一是省和地区负责资助和提供大多数卫生保健服务；二是医生作为独立承包人的地位；三是从地区卫生局（regional health authority，RHAs）到私人管理的医院，存在多个与省政府保持一定距离的组织（Marchildon，Allin，Merkur，2020）。

1. 省和地区层级

医院和精神病院的管辖权被加拿大宪法专门授予各省，卫生或医疗保健的权力则由联邦和省级政府共同享有，而随后的司法判决支持各省对卫生保健具有主要但非排他的管辖权。虽然三个北方地区具有附属于联邦政府的宪法地位，但联邦政府已授予他们管理公共卫生保健的责任。各省和地区负责管理他们自己的由税收资助的、普遍的医院与医疗保险制度计划，所有省和地区居民都可免费获得医疗所需的医院、诊断和医生服务。从历史上看，联邦政府在鼓励引入这些计划、阻止使用者付费、通过将缴费转移与维护这些条件捆绑在一起来保持各省和地区之间的保险可携带性等方面发挥了重要作用。除提供普遍的医院和医生服务外，省和地区政府还补贴或提供其他卫生商品和服务，包括处方药保险以及长期护理和家庭护理。与医院和医生服务不同的是，这些省级计划一般以年龄或收入为基础针对部分群体人口，并且可以要求缴纳使用者费。

各省和地区在筹资、管理和实施全民医疗保险制度（Medicare）方面负有主要责任。在大多数省份，卫生服务是由按地理位置安排地区卫生机构组织和提供的，但在一些省份，地区卫生机构开展的活动范围受到严格限制（例如在安大略省，地区卫生局对初级卫生保健没有责任）。省级卫生部长授权地区卫生局通过直接提供服务或与其他卫生保健组织和提供者签订合同的方式，在规定的地理区域内管理医院、机构和社区保健。然而，地区卫生局不负责药品保险或医生报酬。相反，各省卫生部制定了药品计划，为居民提供处方药治疗补贴，主要是为无法获得公共医疗保险的穷人或退休人员。大多数医生都有私人诊所，但提供的服务由省级部委资助和支付。医生根据服务收费表或定期与各省卫生部重新谈判的替代性支付合同获得报酬。

《加拿大卫生法》没有规定卫生保健的提供方式，加拿大几乎所有的医院都是由非投资者所有的私人非营利公司运营的，而且几乎所有的资金都来自省政府（Sutherland et al.，2013）。医生不是国家雇员，但他们几乎所有的收入都来自公共系统（Blomqvist and Busby，2013）。卫生保健主要由各省负责，加拿大的10个省和3个地区负责向加拿大人提供医疗所需的医院和医生服务以及获得其他卫生商品和服务的保险。由私营营利组织、私营非营利组织和公共组织以及从省级卫生部获得报酬的医生提供服务，其中74%是按服务收费，26%是通过其他形式的报酬。联邦政府负责食品和药品安全以及药品专利和品牌药品的价格监管，并通过向各省提供资金转移来执行《加拿大卫生法》。加拿大政府还为卫生数据和卫生研究提供公共卫生监测以及资金和基础设施。通过向各省和地区的卫生拨款（Canada Health Transfer），联邦政府有能力执行《加拿大卫生法》规定的某些投保服务的国家条件。

每个省和地区都有为全面医院和医生服务（包括医院和门诊）实行单一付款人系统而进行管理的立法。13个省和地区的卫生保健保险计划共同构成了加拿大的公共医疗体系，这些由政府资助的全民健康保险（universal health coverage，UHC）系统后来被称为医疗保险制度，他们符合联邦标准并通过《加拿大卫生法》进行监督。除了直接或通过向地区卫生局提供资金支付医院医疗费用外，各省与省医疗协会谈判为医生设定报酬标准（地区卫生局的预算不包括医生服务）。省政府还管理各种长期护理补贴和服务，以及为居民提供不同程度覆盖的处方药计划，主要发挥安全网的作用。随着时间的推移，这些非医疗保险服务相对于医院和医生服务有所增长。

省和地区卫生部长负责制定对医疗必要的医院和医生服务实行全民覆盖的立法和条例。在一些管辖区域，有两项单独的立法，一项与住院服务有关，另一项与医疗服务有关，而在其他管辖区域，这两项立法被合并为一项立法。在设有卫生局的省和地区，卫生部长在卫生系统的一些权力和责任下放给负责为广泛的卫生服务分配资源的公共行政机构。

区域化结合了将省级卫生部的资金下放给地区卫生局的做法，以及将治理和管理从个别卫生保健机构和组织集中到地区卫生局的做法。在大多数省份，地区卫生局既是医院护理和长期护理的提供者，又是采购者，同时也是省级法律授权的其他服务的提供者和购买者。在2006—2018年，与加拿大其他地区卫生局不同，安大略省的地方卫生整合网络（Local Health Integration Networks，LHINs）不直接提供服务，相反，他们将资源分配给医院和其他独立的卫生组织。虽然在某些情况下，地区卫生局促进了横向整合，特别是医院的合并，但区域化的主要目的是获得纵向整合的好处。通过协调或整合遍及多个卫生部门的机构和提供者，地区卫生局将通过鼓励更多的上游预防保健，并酌情用可能较低成本的家庭、社区和机构服务取代较昂贵的医院护理，从而改善保健的连续性并降低费用。在各省卫生部的资助下，地方卫生机构和更集中的省和地区卫生局分配卫生资源，以满足其各自人口的需求。然而，没有一个省政府将医生的报酬，包括负责提供大部分初级保健或管理公共处方药计划的家庭医生，下放给地方卫生机构以及省和地区卫生局。

2. 联邦层级

联邦政府通过《加拿大卫生法》在制定全民健康保险服务的泛加拿大标准方面发挥着关键作用，这些服务包括医院、诊断、医疗保健、指定的外科-牙科等服务和住院药物治疗。公共卫生保健的资金、管理和提供实行高度权力下放（Axelsson，Marchildon and Repullo-Labrador，2007），联邦政府通过《加拿大卫生法》在医疗保险制度的关键方面保留了重要的指导责任，想要获得加拿大卫生拨款（Canada Health Transfer）的全部份额的各省都支持该法案的原则。通过不对就业保险的健康福利征税，联邦政府还提供隐性补贴，以鼓励私人健康保险（private health insurance，PHI）覆盖非医疗保险的卫生服务和药品。

联邦政府的活动范围从资助与促进数据收集和研究到监管处方药和公共卫生，同时通过向各省和地区大量转移资金继续支持国家层面的医疗保险制度。联邦、省和地区政府通过由卫生部长和副部长组成的会议、理事会和工作组进行合作。近年来，政府间专门机构在数据收集和传播、卫生技术评估、病人安全、信息与通信技术以及血液制品管理等方面补充了这种合作。联邦和省级非政府组织影响着加拿大公共卫生保健的政策方向和管理。联邦政府在卫生保健的具体方面具有管辖权，包括处方药管制和安全；为符合条件的原住民（First Nations）和因纽特人（Inuit）提供一系列保健福利和服务的筹资和管理；公共医疗保险制度覆盖加拿大武装部队成员、退伍军人、联邦监狱囚犯和合格的难民申请人。此外，联邦政府还在制定医疗保险的国家标准、资助和促进数据收集和研究、监管处方药和医疗设备方面发挥着战略性作用。

加拿大联邦卫生部（Health Canada）负责确保各省和地区政府遵守《加拿大卫生法》的五项标准。虽然条件转移是大多数联邦政府一种常见的政策工具，但是在加拿大，联邦政府在医疗保健方面的开支权一直备受争议，这在很大程度上是因为一些省级政府和政策倡导者希望在财政和行政上进一步下放权力。

虽然省和地区政府必须向所有登记的原住民和被承认的因纽特人居民提供普遍的保险服务，但联邦政府为这些公民提供非保险健康福利的补充保险（non-insured health benefits，NIHB），如处方药、牙科保健和视力保健以及为获得被保留或居住社区没有提供的医疗保险服务的医疗运输。非保险健康福利为现有私人健康保险计划（一般以就业为基础）、省和地区的扩展福利计划或其他的联邦、省和地区社会计划所不包括的那些服务提供最后一加元保险。非保险健康福利以前由加拿大卫生部管理，现在由新成立的加拿大土著服务部门（Indigenous Services Canada）管理。然而，加拿大卫生部和加拿大公共卫生局（Public Health Agency of Canada）在原住民和因纽特人社区继续资助若干人口卫生和社区卫生计划，例如，原住民和因纽特人家庭和社区保健方案（First Nations and Inuit Home and Community Care programme）以及土著居民糖尿病倡议（Aboriginal Diabetes Initiative）。卫生部还负责监管治疗产品（包括医疗器械、药品和天然保健产品）的安全性和有效性，并负责确保食品和消费品的安全。药品的数据和专利保护也由卫生部根据《食品和药品法》（*Food and Drugs Act*）和《专利法》下的《专利药品（批准通知）条例》（*Patented Medicines（Notice of Compliance）Regulations under the Patent Act*）进行管理。

2004年以来，加拿大公共卫生局执行了一系列广泛的公共卫生职能，包括传染病的预防和控制、监测、应急准备以及领导国家免疫举措，并协调或管理促进健康、疾病预防和旅行健康的计划。加拿大公共卫生局还负责区域分布的中心和实验室，包括国家微生物实验室（National Microbiology Laboratory）的生物安全设施。《加拿大公共卫生局法》（*Public Health Agency of Canada Act*）还设立了首席公共卫生官（Chief Public Health Officer）的职位，该法授权首席公共卫生官与省和地区政府及其公共卫生机构以及非政府组织和私营部门就公共卫生问题进行沟通。在2020年新型冠状病毒肺炎危机期间，首席卫生官特蕾莎·谭博士与省和地区同行合作，协调应对疫情的政策。

专利药品价格审查委员会（Patented Medicine Prices Review Board, PMPRB）是一个独立的准司法机构，负责管制专利药品的出厂价格（定义为制药商卖给医院、药房和其他批发商的价格）。专利药品价格审查委员会成立于1987年，它在专利法一系列重大改革中扮演着消费者保护支柱的角色，这些改革旨在通过加强专利保护，鼓励加拿大加大对药物研发的投资。该委员会对批发商或药店收取的价格或药剂师的专业费用没有管辖权。虽然委员会没有管制仿制药品价格的授权，但是它确实每年向议会报告所有药物的价格趋势。为应对加拿大名牌药品价格不断上涨，并且与其他国家相比价格相对较高，2019年，加拿大自专利药品价格审查委员会成立以来首次进行了管制改革。

此外，联邦政府通过资助加拿大卫生研究所（Canadian Institutes of Health Research, CIHR）在卫生研究方面发挥着关键作用。2000年，加拿大卫生研究所取代了医学研究委员会，成为国家卫生研究资助机构。加拿大卫生研究所由13个虚拟研究所组成，他们为原住民健康、老龄化、癌症、循环与呼吸健康、性别与健康、遗传学、卫生服务与政策、人类发展、儿童与青年健康、感染与免疫、肌肉骨骼健康与关节炎、神经科学、心理健康与成瘾、营养与新陈代谢和糖尿病以及人口与公共卫生等提供研究资金，目的是改善健康和加强卫生系统。虽然加拿大卫生研究所资助的大多数研究是由研究者发起的，但略多于30%的资助研究是战略性的，其中1.159亿加元（7 800万欧元）在2017—2018年被分配给加拿大政府的优先项目。联邦卫生部长负责加拿大国际卫生研究所，并维持使加拿大成为世界五大卫生研究国家之一的目标。

联邦政府还为独立管理的主要研究计划提供大部分资金，包括加拿大基因组计划（Genome Canada），其目标是使加拿大在隔离疾病易感体质、开发更好的诊断工具和预防策略的研究方面成为世界领导者。这项研究活动得到加拿大统计局通过5年人口普查和若干健康调查提供的广泛健康数据基础设施的支持。加拿大统计局得到国际承认，是收集卫生统计数据以及制订卫生状况指标和健康决定因素的先驱。

3. 政府间层级

作为一个在卫生政策日益相互依赖的环境中运作的分权型国家，联邦、省和地区政府在很大程度上依赖政府间工具来促进和协调政策和方案领域。直接工具包括联邦、省和地区咨询委员会以及向联邦、省和地区卫生副部长会议报告的委员会，这些委员会然后又向卫生部长会议报告。联邦政府还为一些专门的泛加拿大卫生组织（pan-Canadian health organizations，PCHOs）提供资金。2018年，一个外部审查小组建议对泛加拿大卫生组织进行重大改变，包括组织之间的一些潜在合并，但目前除了加拿大病人安全倡议（Canadian Patient Safety Initiative）和加拿大医疗保健改善基金会（Canadian Foundation for Healthcare Improvement）于2020年合并外，这些泛加拿大卫生组织并未发生重大变化。

联邦、省和地区政府通过泛加拿大卫生组织与民间社会伙伴开展广泛合作，与加拿大改善保健基金会（Canadian Foundation for Healthcare Improvement）合作开展项目，例如，省和地区政府定期审查、实施和扩大保健提供方面的创新，涉及的项目包括：通过更谨慎地为精神病病人开处方来改善长期护理居民的健康（温尼伯地区卫生局）；为糖尿病病人提供更好的自我管理支持（纽芬兰），通过电话咨询改善慢性护理病人的治疗（温哥华普罗维登斯卫生保健）。省和地区政府还在加拿大心理健康委员会（Mental Health Commission of Canada）、加拿大抗癌伙伴关系（Canadian Partnership Against Cancer）以及加拿大药物使用和成瘾问题中心（Canadian Centre on Substance Use and Addiction）发起或资助的项目中开展涉及心理健康、癌症控制和药物滥用的项目。

2012 年，通过由 13 个省和地区的省长建立的政府间组织——联邦理事会（Council of the Federation），省和地区政府成立了一个由所有省和地区卫生部长组成的卫生保健创新工作组（Health Care Innovation Working Group）。近年来，该理事会已将其重点转向大麻合法化和管制。

4. 非政府全国性机构和协会

加拿大的卫生保健计划和政策受到一些非政府组织的高度影响。许多机构是作为省级协会组织的，其中一些省级机构设有全国性的伞状组织，在促进和协调成员们的泛加拿大倡议行动方面发挥着重要作用。相当多的国家卫生非政府组织也具有慈善地位，按收入和免税捐款衡量，它们构成了该国最大的一些非政府组织，主要是医院基金会和疾病慈善机构。值得注意的是，与那些有政府卫生机构认证的国家不同，加拿大有一个由非政府组织进行的自愿认证制度（Shaw et al.，2013）。该非政府组织被称为加拿大认证组织（Accreditation Canada），对医院、卫生机构和卫生管理机构进行认证，并对卫生机构和地区卫生系统进行审查与评估，提出改进建议。

卫生保健提供者组织在制定加拿大的卫生保健政策方面发挥了重要作用。例如，加拿大医学协会（Canadian Medical Association，CMA）是加拿大内科医生、专科医生和被称为家庭医生的全科医生的全国性组织。除了为其成员的利益进行游说外，加拿大医学协会还开展了积极的政策研究议程，并出版 2 周一期的《加拿大医学协会期刊》（Canadian Medication Association Journal，CMAJ）以及另外六份专门医学期刊。12 个省和地区医疗协会（努纳武特没有代表）是加拿大医学协会内部的自治部门。这些省和地区机构负责与省和地区卫生部就医生的薪酬和工作条件进行谈判，但魁北克除外，在那里谈判是由代表专科医生和全科医生的两个机构进行的。虽然加拿大医学协会不直接参与这种谈判，但当需要时，它会向劳工组织协会提供建议和专业知识。

加拿大医学协会的作用，特别是其省级部门的作用，必须与省级内科和外科医学院的监管作用分开，包括颁发执照、制定执业标准、调查病人投诉以及执行。正如加拿大大多数职业的情况一样，医生有责任在省立法的框架内自我规范。加拿大皇家内科和外科医学院（Royal College of Physicians and Surgeons of Canada，RCPSC）是一个全国性机构，它将其职能限制在监督和管理研究生医学教育方面。

加拿大护士协会（Canadian Nurses Association，CNA）是一个由11个省和地区的注册护士组织组成的联盟，截至2018年，约有13.9万名成员。一些省级组织，如安大略省注册护士协会，在各自管辖范围内具有相当大的政策和监管影响力。由于加拿大护士工会化程度很高，他们的省和地区工会组织具有相当大的政治影响力。工会在国家一级由加拿大护士工会联合会（Canadian Federation of Nurses Unions）代表。

在泛加拿大一级有许多民间社会团体，他们的主要目标是为一般和具体的卫生保健事业动员支持和资金。其他慈善组织通过向受影响的个人及其照顾者进行宣传、提供信息和咨询，促进公众更多地关注特定疾病或健康状况。这些组织中有许多具有慈善性质，并为其各自领域的研究提供资金。还有一些行业协会代表着卫生保健的营利性利益，这些组织包括加拿大仿制药品协会（Canadian Generic Pharmaceuticals Association）、加拿大创新药品协会（Innovative Medicines Canada）（代表以研究为基础的专利制药公司的组织）和加拿大生命和健康保险协会（Canadian Life and Health Insurance Association）。

11.1.2 医疗服务提供模式

由于提供保健服务的权力下放性质，病人的就医路径因居民所在的省份或地区而有很大差异。典型的病人就医路径是先去看家庭医生（全科医生），然后由全科医生决定基本治疗的疗程。全科医生扮演着"守门人"的角色，他们决定病人是否应该接受诊断测试、处方药物治疗或转介给专科医生。

初级保健被定义为个人与卫生系统的首个接触点，其核心是对常见疾病和伤害的一般医疗护理。初级保健包括一些促进健康和预防疾病的活动，这些活动将在个人层级而不是全体人口层级提供。加拿大初级保健的传统模式是由全科医生个人或全科医生组成的团队按服务收费提供初级医疗服务。大多数全科医生或医生群体在建立医疗实践所需的最初阶段之后都有一个相对稳定的病人群体。病人可以自由更换全科医生，但大多数人选择与一位医生或一个医生小组保持长期关系。虽然各省和地区对病人登记的要求差别很大，但没有一个管辖区域实施严格的名册制度。从不列颠哥伦比亚省和安大略省提供综合或全面服务的初级保健的医生比例的下降可以看出，初级保健的传统模式正在逐渐转变。同样，报告有一个固定家庭医生的加拿大人的百分比也有所下降（从2001年的87.7%降到2015年的83.6%），而无预约诊所的数量却有所增加。

在安大略省以外的加拿大，尽管所有省份和地区都采取了一些行动，向以团队为基础的初级保健发展，将医生和其他卫生专业人员结合在一起，但按服务收费的私人医生执业仍然是初级保健的主要模式。这些模式在小组组成、治理结构和人口覆盖面方面各不相同，包括魁北克的家庭医疗小组（Family Medicine Groups in Quebec）、安大略省的家庭保健小组（Family Health Teams in Ontario）、爱德华王子岛和阿尔伯塔省的初级保健网络（Primary Care Networks in Prince Edward Island and Alberta）以及其他省和地区的行动方案。此外，自20世纪90年代末以来，医生的按服务收费报酬有了轻微的转变。非医师初级卫生保健提供者的人数也在逐步增加，助产士、护士从业人员和医师助理的培训和就业机会也在扩大，护士主导的初级保健是北部地区和原住民社区的主要保健模式。例如，安大略省北部有43个提供初级保健的护士站是由省政府提供资金，有29个护士站是由联邦政府提供资金。

在加拿大，几乎所有二级、三级和紧急医疗以及大多数专科门诊医疗都是在医院进行的。几十年来的主流趋势是急诊医疗的分离模式，而不是以医院为基础的治疗护理的综合模式。在分离模式下，医院专门从事急症和急诊医疗，初级保健留给全科医生或社区保健诊所，机构护理留给长期护理之家和类似机构。在加拿大，一个明显的趋势是在更少、更专业的医院中巩固三级医疗，以及把某些类型的选择性手术和高级诊断剥离到专业诊所。

历史上，加拿大的医院是在地区基础上组织和管理的，几乎所有的医院都是在省级政府的管辖范围内进行管理的。在实行区域化或拥有授权卫生管理机构的省和地区，医院通过直接卫生机构的所有权或通过与卫生管理机构签订合同，已经被纳入更广泛的连续护理体系。医院门诊部一般提供专科门诊服务。近几十年来，在医院之外提供先进诊断和手术服务的机构数量有所增加，其中大多数机构是营利性的，具有小型企业或供应商和公司的混合所有权。在加拿大，住院最常见的原因是分娩，住院手术最常见的是剖腹产。其他住院的主要原因是慢性阻塞性肺病、支气管炎和急性心肌梗塞。随着时间的推移，从住院治疗转向门诊治疗，包括日间手术。

11.1.3 健康保险制度

1. 法定融资制度

加拿大有两个层级的法定或强制性卫生保健服务筹资和保险。第一层级是全民医疗保险（universal medicare），包括必要的医疗住院、诊断、医疗保健、指定的外科-牙科服务和住院患者的药物治疗，这些服务在使用时免费提供，并通过一般税收预付。医疗保险受到联邦立法的保护，并作为省和地区全民健康保险计划的基础。《加拿大卫生法》确立了各省和地区必须满足的与被保险医疗服务有关的标准和条件，以便根据加拿大卫生转移计划获得全额联邦现金拨款。第二层级是非医疗保险商品和服务（non-medicare goods and services），通常被称为延伸福利，由省级立法（一些有针对性的联邦计划除外）。在全国范围内，非医疗保险商品和服务的保险范围差别很大，有不同的方法承保省和地区内不同类型的商品和服务。

虽然省和地区政府直接负责为政府资助的卫生保健筹集大部分资金，但联邦政府也通过向省和地区政府转移支付的方式提供资金。通过加拿大卫生转移进行的联邦转移是有条件的，条件是各省和地区符合《加拿大卫生法》的五项标准。与此同时，各省通过所谓的"均衡化"（Equalization），以联邦政府无条件转移的形式获得额外资金，而各地区则通过"地区方案融资"（Territorial Formula Financing）获得无条件转移资金。均衡化的具体目的是确保加拿大人无论住在哪里，都能以合理的税收水平获得合理的类似服务，这是加拿大宪法中阐明和保护的目标。

（1）医疗保险。联邦、省和地区政府设计了全民健康覆盖（universal health coverage，UHC）计划，以确保所有符合条件的加拿大各省和地区的居民免费获得医疗必要的医院、诊断和医疗服务，通常被概括为"医疗保险"（Marchildon，2009）。联邦政府通过临时联邦健康计划（Interim Federal Health Program）向难民申请者、重新安置的难民、寻求庇护者和人口贩运受害者提供临时健康保险，直到他们成为居民并通过省和地区医疗健康计划获得健康保险。

被保险的服务在《加拿大卫生法》（Canada Health Act，CHA）或省和地区医疗保险法律中都没有明确阐明，但是，《加拿大卫生法》的全面性原则要求省和地区卫生系统涵盖由医院和医生提供的医疗必要的卫生服务，因此省和地区政府在各自决定将哪些服务包括在医疗保险方面会犯错误。同样，在省一级，有关的医疗保险立法和条例既没有一份正面的纳入清单，也没有一份负面的排除清单。相反，从医疗保险首次推出之时起，省级政府倾向于包括医院提供的所有服务，但一些医疗上不必要的（如美容手术）手术除外。至于将哪些医生服务包括在内，这在很大程度上是省级政府和省级医疗协会之间谈判的问题，但实际上几乎所有的医生服务都包括在内。在医疗保险方面，近年来，加拿大各级政府都没有大幅削减或扩大全民保险服务，大多数涉及新列入清单或从清单中删除的决定本质上都是非常不重要的。

加拿大政府通过单独的联邦计划向加拿大武装部队（Canadian Armed Forces）成员和联邦监狱的囚犯提供保险。将这些人排除在已投保的医疗服务范围之外是在《加拿大卫生法》通过之前，这并不意味着在获得公共医疗保险方面存在差异。对于在医院提供的专科护理，省政府从联邦政府获得这些人口的费用补偿。直到2012年，联邦警察部队（Royal Canadian Mounted Police，RCMP）的成员也被排除在《加拿大卫生法》定义的"被保险人"之外。

2012年通过的《加拿大卫生法》一项修正案，将加拿大皇家骑警的在职成员从《加拿大卫生法》的被保险人排除名单中删除。加拿大皇家骑警的在职成员是省和地区健康保险计划的参保居民，他们的待遇与所有联邦公务员基本相同，从雇主那里获得补充福利。

（2）非医疗保险的医疗福利和服务。除《加拿大卫生法》中所界定的被保险的医疗服务（统称为医疗保险）外，其他医疗服务的覆盖范围或补贴程度由省和地区政府决定。由于没有覆盖非医疗保险医疗服务的泛加拿大制度或标准，因此很难概括非医疗保险服务覆盖的广度、深度和范围，但至少有三个方面是一致的：长期护理的大部分资金由各省和地区提供；所有管辖区都为老年人（要么是所有老年人，要么是收入较低的老年人）和非常贫困人口提供药品覆盖；牙科保健和视力保健以及补充和替代药物与疗法（complementary and alternative medicine，CAM）的公共覆盖范围有限。

在省和地区政府为所有注册的原住民和因纽特人居民提供医疗保险服务的同时，联邦政府为这些公民提供非医疗保险商品和服务，包括牙科保健、处方药治疗以及医疗旅行，作为非保险医疗福利计划（non-insured health benefits，NIHB）的一部分。非保险医疗福利计划所覆盖的人口被排除在这些扩大医疗福利的省级计划之外（如覆盖处方药或医疗设备的省级计划），因此，该省是向联邦政府登记的原住民和因纽特人提供非医疗保险服务的最后付款人。联邦政府还根据《1985年退伍军人事务法案》（*Department of Veterans Affairs Act of 1985*）的规定，为退伍军人以及加拿大武装部队成员和联邦监狱的囚犯提供非医疗保险商品和服务的延长医疗福利。

各省和地区的门诊处方药覆盖的水平和设计差异很大，尽管这些主要是为了提供灾难性的覆盖。在大多数省份，有针对社会救助者、老年人（65岁及以上）和65岁以下的普通人口的单独公共计划。社会援助接受者的计划是最慷慨的：大多数省份提供全面覆盖，不收取病人费用，各省和地区老年人公共药品计划的结构的差异较大。此外，达到低收入门槛的老年人一般都得到了完全或几乎完全的覆盖。对于普通人群，一些省份提供了某种形式的灾难性药品保险，可扣除的金额与收入比例相当。共同支付，包括每个处方分配的固定费用，免赔额和共同保险，在省级药物规划中不同程度地被使用。

法定卫生保健服务资金的主要来源是联邦、省和地区政府的一般性收入，税收收入主要来自收入、利润和资本受益的所得税（2018年占联邦税收收入的78%，占省级税收收入的50%）、商品和服务税（占联邦税收收入的19%，占省级税收收入的40%）以及财产税和工资税（占省级税收收入的10%）。

2. 私人健康保险（private health insurance, PHI）

私人健康保险被归入非医疗保险部门，如牙科保健、处方药、康复和精神健康服务，以及一些医疗上非必要的医疗和医院服务。作为私人卫生支出的一部分，自1980年代后期以来，私人健康保险相对于个人自费支出有所增长。2017年，私人健康保险支出占私人卫生支出总额的41.3%，高于1990年的31.3%，而个人自费支付占48.8%（1990年为56%）。在2017年通过私人健康保险支出的301亿美元（178亿欧元）中，39.6%用于处方药，27.8%用于牙科保健，5.5%主要用于私人病房的医院住宿。

大多数私人健康保险是以就业为基础的团体政策的形式出现的，这些政策是由雇主、工会、专业协会和类似组织发起的福利计划。由于这类保险是伴随工作而来的，因此，它不是自愿的。接受或购买私人健康保险的加拿大人可以免除联邦政府和除魁北克省以外的所有省政府对这些福利或保险费征税。

2015年，私人健康计划大约90%的保费是通过雇主、工会或其他组织根据团体合同或未保险合同支付的（根据该合同，计划发起人向保险合同以外的团体提供福利）。大约三分之二的加拿大人拥有私人健康保险。

在加拿大，几乎所有私人健康保险都被归类为公共医疗保险的补充。试图提供公共医疗保险以外的私人替代方案（替代性私人健康保险）或更快获得公共医疗保险服务（补充私人健康保险）的私人健康保险受到一系列复杂的省级立法的禁止或阻碍。有5个省（不列颠哥伦比亚省、阿尔伯塔省、马尼托巴省、安大略省和爱德华王子岛）禁止私人保险公司承保公共医疗保险的医生和医院服务。其他省份以各种方式阻止私人健康保险承保公共医疗保险服务，特别是不允许医生同时在公共和私人系统工作。在魁北克省，私人保险公司只被允许为包括关节置换和白内障手术在内的极少部分公共保险服务提供保险。

3. 社会保险（social insurance）

在卫生保健剩余的资金来源中，2018年社会保险估计占卫生总支出的1.4%。其中，最重要的是省级工人补偿计划提供的社会保险资金。省级工人补偿计划下的工伤和疾病的医疗福利早于医疗保险制度的推出，不列颠哥伦比亚省于1917年首次推出这类计划。这些福利由省劳工赔偿局（Workers' Compensation Board，WCBs）管理，省级法律规定的强制性雇主缴款支付。省劳工赔偿局的大部分款项直接支付给卫生管理机构和个人卫生机构以及提供者。

根据《加拿大卫生法》，通过省和地区劳工赔偿局提供的卫生保健服务被明确排除在被保险的卫生保健服务的定义之外，因为这些服务是在省级医疗保险计划之前的立法和行政程序授权下获得资金。因此，劳工赔偿局客户有时能够比其他加拿大人更早获得保险服务，部分原因是劳工赔偿局的费用和超过医疗保险制度收费的付款。

联邦、省和地区政府为其人口管理多种药品计划，加拿大各地的公共药品计划在目标人群、处方集以及保险覆盖范围和深度方面各不相同。全国有超过100个公共药品计划，因为省和地区通常对普通人群实施灾难性药品保险计划，并对特定的个别群体实施有针对性的福利，比如接受社会救助的低收入人群，65岁及以上的老年人，以及针对艾滋病和癌症等特定疾病的项目。与其他各省的计划不同，1997年，魁北克省政府设立了一项强制性药品保险计划，由雇主强制支付保费来提供资金。法律要求雇主提供覆盖处方药的私人健康保险，同时修改了省税法，使雇员的医疗福利成为一种应税福利，从而取消了税收支出补贴。与此同时，没有获得以就业为基础的私人药品保险的个人（如低收入工人、退休人员和社会救助对象）从省政府获得基本处方药保险。

11.2 药品价格管制方法

11.2.1 药品市场概述

住院患者的药品作为医疗保险的一部分由医院免费分发给患者，门诊药品的费用可通过公共或私人药品计划全部或部分支付，由医生处方。在极少数情况下，其他卫生保健提供者有权开某些类别的药品，个人在零售药店获得处方药。几乎所有的药店，无论是独立的还是连锁的，都销售处方药和非处方药（OTC）等大量药品，大型连锁杂货店的药房现在通过销售处方药和非处方药直接与传统的独立药店竞争。2018 年，加拿大有 10 692 家零售药房和药店，其中三分之二是商业连锁药店（IQVIA，2019）。从 2002 年到 2017 年，加拿大的药品销售额翻了一番，其中大部分销售给零售药店（88%），其余销售给医院。2018 年，有 29 802 名加拿大人受雇于制药业，主要在三个最大的城市，即多伦多、蒙特利尔和温哥华。虽然国内也有一些药品生产，但加拿大市场上的大部分药品是进口的（约 64%），主要来自美国（占全部进口的 38%）和欧盟（占进口的 40%）。

加拿大药品和卫生技术管理局（Canadian Agency for Drugs and Technologies in Health，CADTH）是唯一的泛加拿大卫生技术评估机构，也是该国最大的卫生技术生产商。由联邦、省和地区政府建立和资助，加拿大药品和卫生技术管理局的权力是向所有参与政府提供新卫生技术的循证评估，这些新卫生技术包括处方药、医疗设备、医疗程序和医疗系统。这些建议在本质上是咨询性的，由政府决定是否引入医疗技术或将处方药添加到各自的卫生系统和公共药品计划中。加拿大药品和卫生技术管理局的药品统一审评（Common Drug Review，CDR）简化了评审新药和向魁北克省以外所有省和地区提供建议的程序。药品统一审评包括三个阶段：第一，加拿大药品和卫生技术管理局系统回顾临床证据和药物经济学数据；第二，加拿大药品和卫生技术管理局下属的加拿大药品专家委员会（Canadian Drug Expert Committee，CDEC）提出一项处方集目录建议；第三，卫生部根据自己的药品处方委员会、政策环境和政治压力，作出自己的处方和福利范围决定。癌症药物由加拿大药品和卫生技术管理局通过泛加拿大肿瘤药物审评（pan-Canadian Oncology Drug Review）单独进行审查。在加拿大，大部分药品生产集中在安大略省的多伦多和魁北克省的蒙特利尔两个城市。

法律只允许医生开一系列的药物疗法，然而，近年来，执业护师、药剂师和牙医拥有在各自的执业范围内开药物治疗处方的有限权力。加拿大卫生部通过其治疗产品局（Therapeutic Products Directorate）和生物制品和遗传疗法局（Biologics and Genetics Therapies Directorate）决定所有处方药的初步批准和标签。2004年，成立了天然和非处方卫生产品局（Natural and Non-Prescription Health Products Directorate），加拿大卫生部开始对传统草药、维生素和矿物质补充剂以及顺势疗法制剂进行初步批准和标签监管。加拿大卫生部还禁止处方药产品的直接面向消费者的广告，向卫生专业人员做处方药广告须遵守联邦法律以及行业协会制定的广告和道德规范。

省和地区政府使用许多管制工具来控制各自药品计划的成本，这些工具在不同的管辖地区差别很大，包括参考定价（根据特定治疗类别中成本最低的药品进行补偿）、许可、批量采购、招标和折扣。最重要的管制工具是决定是否将一种药物列入省和地区药品计划的处方中，这些决定是由省和地区各卫生部根据省和地区药品咨询委员会的建议作出的。

在加拿大，药品价格是通过法定的价格限制和自愿的价格谈判来确定的，由联邦政府和省政府共同负责。专利药品的价格主要由联邦政府通过专利药物价格审查委员会（PMPRB）来控制，该委员会通过根据多个国家的公开价格设定最高价格的方式对加拿大新专利药品的非过高价格上限进行管理。2019年，联邦政府对专利药品价格审查委员会进行了几项修改，主要是为了解决加拿大药品价格比其他国家高得多的问题。其中一个变化是国际参考国家的名单。2019年之前，参考国家包括法国、德国、意大利、瑞典、瑞士、英国和美国，但2019年以后，瑞士和美国被删除，其他国家被添加。

2010年，各省建立了泛加拿大药品联盟（pan-Canadian Pharmaceutical Alliance），以降低药品价格为目标，联合谈判药品价格，减少各省与药品制造商就其自己的公共药品计划单独谈判的重复工作，并提高全国药品决策的一致性。各省和地区通过泛加拿大药品联盟协商保密价格折扣。仿制药品价格格完全由各省和地区负责，个别公共药品计划设定了仿制药品价格格上限（相对于品牌名称等价物）。泛加拿大药品联盟为60多种大批量仿制药设定了价格上限，大约为同等品牌药品的10%~18%。联邦政府于2015年加入。截至2019年11月，联邦、省和地区政府对300多种药品进行了集体谈判。加拿大全境药品审查程序和联合谈判的引入减少了全国各地药品保险决定的时间和性质的差异，因此各省药品计划的处方集变得越来越一致。

11.2.2 专利药定价

在加拿大，专利药品的定价由专利药品价格审查委员会（Patented Medicine Prices Review Board，PMPRB）控制。1988年，根据《专利法》（*Patent Act*）创建的专利药品价格审查委员会，是一个独立于卫生部的联邦机构，负责确保相对可比产品的溢价仅限于高度创新的药品。专利药品价格审查委员会的职权涉及128亿美元的专利药销售额，占加拿大药品总销售额的59.3%。

专利药品价格审查委员会使用分类系统来确定价格控制手段。自2010年修订以来，药品在专利药品价格审查委员会的自行裁定下被划分为突破性药品、重大改善药品、适度改善药品以及轻微或没有改善四类。每个类别都有与制造商可以收取的最高价格有关的不同规则，以免被认为定价过高。每一个类别都包含下列一种或多种价格测试的组合。①中位数国际价格比较（Median International Price Comparison，MIPC）测试。在此测试中，价格不得超过法国、德国、意大利、瑞典、瑞士、英国和美国的中位数价格。②治疗类别比较（Therapeutic Class Comparison，TCC）测试。各级客户医院、药房、批发商以及省或地区的全国平均交易价格（National Average Transaction Price）与特定市场平均交易价格（Market-Specific Average Transaction Prices）不得超过比较药品的价格。③最高国际价格比较（Highest International Price Comparison，HIPC）测试。价格不得超过7个参考国家的最高价格。

根据《专利法》的规定，专利权人须在其专利药品推出时提交价格和销售信息，此后每年提交两次在加拿大销售的每种专利药品的每种剂型的价格和销售信息，直到专利期满。收到该信息后，专利药品价格审查委员会的人类药品咨询专家组（Human Drug Advisory Panel，HDAP）将对该药品进行类别评审，以确定它是一个产品线的延伸，即一个现有产品的新展示，还是一个新的活性物质（new active substance，NAS），即一个以前从未在加拿大以任何形式销售过的分子。如果该药品是一个产品线的延伸，那么它的价格与药品的现有形式一致。如果它是一个新的活性物质，那么人类药品咨询专家组评估其治疗价值，并且根据这个评级，专利药品价格审查委员会在其指南中应用一系列标准，包括同一治疗类别中现有产品的价格和 7 个比较国家（法国、德国、意大利、瑞典、瑞士、英国和美国）的中位数价格，以确定该药的最高平均潜在价格（maximum average potential price，MAPP）。最高平均潜在价格是该药品允许的最高推介价格，如果公司提出的价格等于或低于最高平均潜在价格，则不采取进一步行动，但如果价格超过最高平均潜在价格，那么专利药品价格审查委员会首先与该公司进行谈判，以达成一个降低价格的自愿遵守承诺（Voluntary Compliance Undertaking）。如果这些谈判不成功，那么专利药品价格审查委员会可以使用其准司法权力举行公开听证会。经听证认定价格过高的，专利药品价格审查委员会可以发布降价的命令，该委员会的决定受加拿大联邦法院（Federal Court of Canada）的司法审查。

根据不同的分类，通过中位国际价格比较和治疗类别比较的混合限制，溢价定价的能力通常受到严重限制。历史上，只有少数化合物获得良好的创新评级，导致实际定价自由。因此，制药公司有时决定不在加拿大推出新药，因为对美国和其他市场的负面影响引起了相当大的担忧。现有药品的产品线扩展（属于第 4 类）必须按照现有的药品处方集定价。新的专利制剂如缓凝剂和其他缓释制剂，在定价方面被认为是等价的，独立于任何感知或证明的价值。不列颠哥伦比亚省在一定程度上引入了品牌药物的治疗参考定价，但至少到目前为止，还没有在加拿大其他地区进一步实施。

最后，专利药品价格审查委员会将个别药品的价格涨幅限制在任何 3 年期间的消费者价格指数（Canadian Consumer Price Index，CPI）的涨幅之内。仅从个别产品价格的上涨来看，专利药品价格审查委员会已经成功地控制了加拿大的药品价格，以消费者价格指数衡量的一般价格上涨，几乎自1988年以来每年都超过专利药品价格的平均涨幅。

11.2.3 卫生技术评估

2003年，加拿大药品和卫生技术管理局（Canadian Agency for Drugs and Technology in Health，CADTH）启动了药品统一审查（Common Drug Review，CDR），这是一个单一的、泛加拿大的程序，用于审查新药并向加拿大药品和卫生技术管理局的政府成员提出处方集建议，但魁北克省运营的计划除外，即向3个地区和6个联邦的药品计划提供关于一种药品相对于其他药品治疗的临床疗效和成本效益的建议，以便最佳地使用公共资金。

药品统一审评机构负责审查生产商提交的新药、新组合产品和具有新适应症的药品，此外，药品处方集工作组（Formulary Working Group）（由联邦、省和地区公共资助药品计划和其他相关卫生组织的代表组成）或一个或多个参与药品计划"通过提交请求：①对已经列在一个或多个药品处方集目录上的某一特定药品的目录状态的审查；②一个类别审查；③除了①和②描述以外的与药品有关的审查，其中包括要求对目前未列入任何参与药品计划处方集上的新药或旧药的审查"。

当药品统一审评机构收到一份提交后，它与一个准备临床审查的小组签订合同，包括对所有相关已发布和未发布的随机对照试验的一个系统性审查，此外，检查和评判制造商的药物经济学评价。然后，审查小组为加拿大专家药品咨询委员会（Canadian Expert Drug Advisory Committee，CEDAC）编写一份报告，该委员会是一个由加拿大药品和卫生技术管理局董事会任命的机构。加拿大专家药品咨询委员会利用这个审查评估该产品的临床和经济价值，然后根据药品的有效性、安全性以及相对于现有疗法的成本效益，向参与的药品计划提出是否列入处方集的建议。药品统一审评机构可以提出四种不同类型的建议，即无限制列入、以药品类别中类似于其他药品的方式列入、有条件列入和不列入。药品统一审评机构的建议对任何参与药品计划都没有约束力，这些计划可以自由地作出自己的资金决定（Morgan et al., 2006）。

自2014年4月起，药品统一审评机构的肿瘤学版本——泛加拿大肿瘤药品审查机构（pan-Canadian Oncology Drug Review，pCODR）隶属于加拿大药品和卫生技术管理局。与药品统一审评机构类似，泛加拿大肿瘤药品审查机构评审临床和成本效益证据，并向除魁北克省以外的所有省和地区提供补偿建议。

11.2.4 省级药品处方集

加拿大是唯一一个国家医疗保险制度不包括药品费用的发达国家，每个省和地区都制定了自己的公共药品计划和药品处方集。制药公司都会申请将其药品（专利药、非专利品牌药和仿制药）列入省级处方集（Provincial Drug Formularies），药品能否进入处方集在很大程度上取决于药品统一审评审查机构或泛加拿大肿瘤药品审查机构的建议以及与制药公司的谈判，各省之间的一个普遍现象是与制药公司进行产品目录协议（Product Listing Agreements，PLAs）谈判。

许多省已经通过治疗方案驱动的处方集和中央预算管理来管理肿瘤支出。魁北克省在很大程度上独立于其他省份，在保险药品覆盖范围的决策上不遵循药品统一审评机构或泛加拿大肿瘤药品审查机构。省级药品覆盖范围的决策，包括全省范围的医院药品处方集，是基于省级卫生技术评估机构国家卓越社会服务研究所（Institut National d'Excellence en Santé et en Services Sociaux，INESSS）的审查和建议。

1. 产品目录协议（Product Listing Agreements）

虽然专利药品价格审查委员会为专利药制定了一个全国价格，但省级政府能够在为处方集上列出的某些药品支付多少费用方面发挥作用。制药公司会申请将其药品列入省级处方集，并在此过程中要进行药物经济学研究，以显示其药品的性价比。如果产品的价格被认为超过了其治疗价值，即不符合成本效益，那么越来越多的是加拿大各省与制药公司谈判签订产品目录协议。这些产品目录协议允许在保密条款下将药品列入处方集目录，通过回扣的方式实现较低且保密的价格，回扣可能与药品支出、使用模式或健康结果挂钩，也可能不挂钩（Morgan et al., 2013b）。产品目录协议谈判还允许对私人计划进行价格歧视。各省可以参与这些协议，即使药品统一审评机构或泛加拿大肿瘤药品审查机构的评审是负面的。目前，加拿大至少有70%的省份在不同程度上使用产品目录协议。在药品统一审评机构给出负面建议的12种药品中，有10种至少在一个省份被产品目录协议资助。虽然产品目录协议降低了各省药品价格，但那些必须自付或有私人保险覆盖的人并没有从这些价格降低中获益。魁北克省是加拿大唯一一个不以药品统一审评机构或泛加拿大肿瘤药品审查机构为保险药品覆盖范围决定基础的省份。泛加拿大定价联盟（pan-Canadian Pricing Alliance，pCPA）的建立会带来越来越集中的价格和保险谈判。

2. 参考定价（reference-based pricing）

不列颠哥伦比亚省是唯一一个使用参考定价（reference-based pricing, RBP）来制定和控制某些药品类别中药品价格的省份。该制度建立于1995年，现在涵盖了5种治疗类药品。参考定价的基本假设是，在某些药品类别中，每种药品本质上是同等安全有效的，并且可以互换，但它们不像仿制药那样具有生物等效性。为这个药品类别制定一个参考价格，参考定价等于或低于参考价格的药品的费用。如果医生开了更贵的药，病人需要支付差额。总的来说，参考定价可以通过诱导人们使用更便宜的药品来减少第三方的药品支出（Aaserud et al., 2006）。例如为血管紧张素转换酶抑制剂（用于治疗高血压、充血性心力衰竭和冠状动脉疾病的药品）引入参考定价，使不列颠哥伦比亚省药品计划节省了所有心血管药品支出的6%（Schneeweiss et al., 2002）。

11.2.5 仿制药定价

仿制药占加拿大处方的63%以上，但占药品支出的比例略低于25%。与其他国家相比，加拿大的仿制药品价格较高，一个原因是市场上仿制药的竞争水平。美国等人口数量更多的国家往往会吸引更多的仿制药公司进入市场，从而降低价格。然而，在加拿大仍然存在激励的竞争。专利药品审查价格委员会的调查表明，就每一种仿制药的供应商的平均数量而言，加拿大在被研究的6个国家中排名中间。加拿大价格较高的主要原因是，仿制药公司之间的竞争发生在药店一级，特别是连锁药店。由于加拿大市场上的连锁药店和特许药店占据主导地位，它们一直能够要求仿制药生产商提供高额回扣，以换取储备它们的产品。

公共药品计划为设定仿制药支付价格所使用的主要机制是，将处方集价格限制在品牌药品价格的一定百分比内，并规定一种药品或一组可互换药品的最高可补偿费用。采用最大可补偿成本法，这些计划从制造商获得了仿制药的成本，并使用该成本确定适当的处方集价格（Bell et al., 2010）。最近有一个降低仿制药品价格的省际方案，仿制药定价新方案（Generic Pricing Initiative）。最初，该方案针对6种广泛使用的药品，并把价格上限设定为原研药品价格的18%。

11.3 药品价格管制效果

与其他国家相比，加拿大的药品支出较高。如果药品使用不当，并且如果在不影响健康结果的情况下可以降低药品价格，这可能会导致效率低下。在过去的十年里，作为2010年成立的泛加拿大医药联盟的一部分，省和地区政府在降低价格方面做出了巨大的努力（联邦政府在2016年才成为该联盟的成员）。通过这个联盟，政府集体协商更低的价格。例如，他们已将最常用的处方药的价格降至相当于同等品牌药品价格的10%~18%，并通过联邦、省和地区政府与制药公司的集体谈判，降低了约200种品牌药品的价格。尽管做出了这些努力，在过去20年里，加拿大仍然是经济合作与发展组织（OECD）中第三大药品支出国，仅次于美国和瑞士。加拿大各地在处方药支出方面的差异也表明，这方面的支出还有很大的削减空间，例如，支出最低的省份（2017年的不列颠哥伦比亚省人均 658 美元）和支出最高的省份（2017年的魁北克省人均 1 055 美元）在处方药总支出方面的差距几乎是前者的 2 倍。

专利药品价格审查委员会程序中也存在固有的缺陷，这些缺陷帮助促成加拿大较高的人均支出水平。当仿制药在加拿大销售时，品牌药公司不降低价格以试图在价格上竞争（Lexchin, 2004）。由于专利药品价格审查委员会允许公司通过不降低品牌价格的方式，将新专利药品的价格设定为同一治疗市场中其他药品的最高价格，因此公司可以使进入同一治疗市场的新进入者收取更高的价格。Lexchin 已经展示了专利药品价格审查委员会指南的这一特性是如何具体影响推介价格的。33 种新药的平均推介价格是现有品牌产品价格的 95.9%，是同类产品中最昂贵品牌产品价格的 91.5%（Lexchin, 2006）。

Gagnon 和 He'bert 批评了专利药品价格审查委员会使用的比较国家，指出这个名单包括了世界上最昂贵的 4 个国家，即德国、瑞典、瑞士和美国。由于加拿大的价格是 7 个比较国家的中位数，他们得出结论说，专利药品价格审查委员会指南确保了加拿大专利药品的价格通常是全球第 4 昂贵的价格（Gagnon and He'bert, 2010）。使用其他比较国家可以显著影响加拿大的价格。在 2006 年，专利药品价格审查委员会对加拿大和其他 11 个经合组织国家的专利药品的价格进行了双边比较，其中包括专利药品价格审查委员会使用的 7 个比较国中的 6 个。6 个比较国的平均价格与加拿大价格相比的平均数是 1.04，而如果使用所有 11 个国家，平均数将是 0.91。

加拿大的物价高于大多数其他经合组织国家。最近一项关于加拿大和 9 个经合组织国家在六个初级保健治疗类别中处方药支出差异的成本动因的研究发现，支出差异主要是由药品价格而不是数量造成的（Morgan, Leopold and Wagner, 2017）。他们发现，在这六种治疗类别中，加拿大使用仿制药的比例高于其他 9 个国家。此外，在这些治疗类别中，各国的处方药物数量是相当的。造成这种差异的主要原因是双重的。首先，加拿大的市场标价明显高于 9 个经合组织比较国的平均市场标价（约 61%）（也高于除瑞士以外的所有参考国家）。第二，在这些治疗类别中，加拿大人开的药比其他国家要贵（特别是降脂药和抗抑郁药)(Morgan et al., 2017)。

针对全国各地的药品保险和个人成本的差异，以及加拿大相对于其他国家的高物价，一些专家长期以来一直主张建立一个单一的国家药品计划和处方，以及一个单一的机构来管制药品定价。

第 12 章 美国药品价格管制

12.1 药品价格管制的制度环境

12.1.1 卫生保健系统的组织

在美国的卫生保健系统中，公共和私人支付者通过与提供者进行交易来购买卫生保健服务，并受到联邦、州和地方政府以及私人监管机构的监管。政府、保险公司、供应商以及公共和私人监管机构在美国医疗保健系统中都扮演着重要的角色。政府行为者包括联邦、州和地方各级的政府行为者。联邦政府和州政府都设有行政、立法和司法部门。在联邦政府的行政部门下，卫生与公众服务部（Department of Health and Human Services，HHS）在美国卫生保健系统中发挥着最大的行政作用。卫生与公众服务部包括管理公共医疗保险（Medicare）、医疗补助（Medicaid）计划的医疗保险和医疗补助服务中心（Centers for Medicare and Medicaid Services，CMS）以及儿童健康保险计划（Children's Health Insurance Program，CHIP）等机构。卫生与公众服务部的其他选定机构还包括卫生保健研究和质量局（Agency for Healthcare Research and Quality，AHRQ）、疾病控制与预防中心（Center for Disease Control and Prevention，CDC）、食品药物管理局（Food and Drug Administration，FDA）以及国家卫生研究院（National Institutes of Health，NIH）。

退伍军人事务办公室（Office of Veterans Affairs，VA）是独立于卫生与公众服务部的联邦机构，负责监督退伍军人健康管理局（Veterans Health Administration，VHA）为退伍军人提供医疗护理。国防部（Department of Defense）负责通过 TriCare 向现役军人及其家属提供医疗保健。印第安人健康服务（Indian Health Service）是隶属于卫生与公众服务部的联邦一级卫生系统，专门为联邦承认的印第安人和阿拉斯加原住民（Native Americans and

Alaskan Natives）部落成员提供医疗服务。

公共购买者包括联邦和州机构。花费最多的公共购买者是联邦医疗保险。该计划为 65 岁及以上的美国人、残疾人和终末期肾病患者提供了几乎普遍的覆盖。州政府与联邦政府提供的资金一起，通过医疗补助和儿童健康保险计划为卫生保健服务提供资金。这两个计划都由州管理，主要覆盖低收入家庭。医疗补助计划还包括残疾成年人，个人用完自己的收入和资产后的长期护理服务，以及与医疗保险一起，低收入老年人（Rice et al., 2020）。

州和地方政府还以多种方式参与卫生保健，为低收入和其他处境不利的个人和家庭提供获得护理的机会。这些职能包括管理公立医院，通过州和地方卫生部门及其相关诊所和社区卫生中心提供医疗和预防服务，以及承担其他公共卫生活动，如餐馆安全管理。

除政府购买者外，私人保险公司和个人也在美国购买医疗保健。私人保险主要分为三类，即健康维护组织（health maintenance organizations，HMO）、首选提供者组织（preferred provider organizations，PPOs）和高免赔额计划（high-deductible plans）（Claxton et al., 2019）。大多数拥有私人保险的美国人通过雇主获得保险，而 16.2% 的个体选择个人购买保险。2016 年，美国约有 2 820 万人没有任何健康保险，占总人口的 8.8%。根据《平价医疗法案》（*Affordable Care Act*，ACA），联邦和州一级的保险市场（也被称为"保险交易所"）于 2014 年 1 月开始生效，面向无法获得雇主保险的个体以及选择购买保险的小型雇主。

为没有保险的人和接受医疗补助的人提供的医疗服务通常由公共和社区诊所的安全网系统以及医院和医生提供。

卫生保健提供者和服务的类别反映了其他高收入国家的情况，包括医院、医生、牙科、处方药、家庭保健和长期护理、精神卫生以及其他专业和公共卫生服务。《平价医疗法案》鼓励医疗服务提供者将其组织为负责任的医疗机构（Accountable Care Organizations，ACOs），与他们在医疗保险计划中节省费用进行分享。在美国也存在负责任的医疗机构分担医疗保健、提供医疗保健服务和医疗补助人口以及拥有私人保险的人的费用的责任。美国卫生保健系统的监管分为三个层面,即联邦、州和私人。许多联邦层面的法规都是由卫生与公众服务部制定的。

1. 联邦与州政府组织

在国家层面,总统需经过参议院同意任命主要卫生机构的负责人。州长在各自所辖的 50 个州也扮演着同样重要的角色。这些领导者制定议程、政策,并监督卫生法律和行政命令的实施。当新总统上任时,美国公共卫生部门可能会发生重大变化,例如增加或取消某些办公室和行政机构以反映新领导人不同的政策重点。职业公务员是该系统中最为关键且数量众多的一环,他们从事大部分工作并根据其上级领导或部门负责人指示执行任务,在不同时期有着不同的优先权。此外,国会作为立法机构还担负着行政监管职能,对于那些受雇于各部门之下工作的公务员进行指导与监督。类似地,在州和地方一级也存在相应体系,并随着新州长、立法机构、市长或地方委员会等管理团队而发生改变。

卫生与公众服务部是美国重要的卫生机构,承担广泛的职责,包括执行国会和行政部门关于财政、规划/协调、行政和监管方面的指示,并提供卫生服务。该机构负责人被称为"部长",由总统在参议院同意下任命,并同时担任总统内阁成员。卫生与公众服务部预算约占联邦支出的 28%,拥有超过 8 万名员工。其各个组成部分管理资金,并为大约三分之一的人口提供或购买医疗保险。卫生与公众服务部还负责协调和监测许多州和地方卫生组织的表现。许多在联邦政府、州和地方共同管理的项目通过卫生与公众服务部进行资金流动。该部门包含 11 个运营部门中 100 多个项目,涵盖了广泛范围的活动。这些项目不仅提供全国性服务,还能够收集国家健康及其他数据。

国会还接受来自几个联邦机构的建议,包括国会预算办公室(Congressional Budget Office,CBO)和医疗保险支付咨询委员会(Medicare Payment Advisory Commission,MedPAC)。国会预算办公室为支持其预算程序向国会提供无党派分析。该机构的报告提供了独立分析,为卫生政策进程提供信息。医疗保险支付咨询委员会是一个独立机构,就私人医疗计划支付、服务提供者费用以及与医疗保险计划相关的医疗服务获取和质量问题向国会提供建议。

退伍军人健康管理局由美国退伍军人事务部管理，涵盖全国1200个地点的900万退伍军人，其中包括约170个医疗中心。该机构雇员超过30万人，并且还包括100多个学术卫生系统。2016年，退伍军人健康管理局的医疗保健支出超过706亿美元，由联邦政府一般收入支付。TriCare是由联邦一般收入提供资金的平民保健服务计划，为现役军人及其家属以及一些退休人员提供服务，总共近1 000万人。通常情况下，必须通过该计划的管理医疗网络获得服务，并需要适度缴纳保费和共同支付。2016年，军事护理支出总额约为600亿美元。

国家、州、县和市等每一级都有公共卫生组织，公共卫生职能由政府组织中不同部门的行政单位执行，疾病控制与预防中心是美国卫生与公众服务部的一个主要组成机构。另一个是由美国军医总监（Surgeon General）领导的美国公共卫生局军官团（Commissioned Corps of the United States Public Health Service），公共卫生服务被组织成一个由6500人组成的美国公共卫生局军官团的军事单位，它包括与军事序列平行的统一服务和排名。美国公共卫生局军官团的成员服务于卫生与公众服务部、环境保护局（Environmental Protection Agency）、美国国防部、农业部（Agriculture）和国土安全部（Homeland Security）的各个办公室和机构。

社会保障局（Social Security Administration，SSA）对申请医疗保险的个人是否符合资格要求进行初步决定。此外，社会保障局还将根据受益人的收入水平扣除适当的保费，并确定个人的保费标准。社会保障局还负责维护医疗保险数据库并与其自身记录相结合。美国国税局（Internal Revenue Service，IRS），作为美国财政部（United States Department of the Treasury）下属机构，向雇员及其雇主征收医疗保险工资税。来自纳税申报表的美国国税局数据用于确定调整后的收入以确定医疗保险补贴资格。

2. 私人组织

购买者和提供者都有国家层级的专业组织，代表他们的共同利益，作为他们的发言人,并游说国会的政策制定者,以推进他们各自的政策偏好。例如,美国健康保险计划(America's Health Insurance Plans,AHIP)是一个全国性组织,它代表了大约1 300家私营营利性公司,这些公司提供健康保险、牙科保险、长期护理保险和残疾收入保险,以及各种其他保险产品。

每个支付方都有不同的组织结构,但它们有一些共同的组织特征。大多数提供医疗保险的私营部门雇主都是上市公司。它们具有公司结构,并受证券交易委员会(Securities and Exchange Commission)的会计和报告义务的约束。有资格成为私营公司(未在证券交易所上市)的雇主比上市公司拥有更大的自由和更少的报告义务。

根据2014年实施的《平价医疗法案》规定,美国拥有50名或以上员工的雇主必须为其员工提供健康保险。大多数规模庞大的雇主,无论是公共还是私人企业,都采取自保方式(self-insure),即直接向员工提供健康保险而非通过保险公司购买。他们可能会聘请第三方管理员来管理公司的健康保险计划。自保公司承担财务风险,但也可能购买再保险以覆盖发生高额医疗费用的员工。

此外,还有一些重要的私人或独立组织在发挥着关键作用。例如,国家质量保证委员会(National Committee for Quality Assurance,NCQA)评估并报告付费接受评估的医生、医院和健康计划的护理质量。另一个是联合委员会(Joint Commission),其职责是认证和监督卫生保健机构的质量。

3. 州

50个州政府组织是美国卫生保健系统的主要参与者。他们在财政、规划、管理和监管方面与联邦政府密切合作,并通过医疗补助、心理健康服务以及公立医院和卫生部门(包括市和县级)提供医疗保健方面发挥重要作用。此外,他们还负责监督和执行环境法规,其中一些法规由联邦政府发布。同时,他们也对医生、护士和其他医护人员的执业许可进行监管以确保销售医疗保险的合规性。

各州通过不同的组织结构在医疗保健系统中履行其职责。大多数州设有保险监管机构以及卫生、公共服务或社会服务部门。这些行政部门的组织方式通常与联邦政府相似。然而，与联邦政府不同的是，大多数州可能存在非法运营预算赤字的情况，从而影响了它们履行职能的方式。此外，各州对医疗保健的重视程度也存在差异，导致它们向公民提供医疗服务方面存在较大差异。医疗补助计划由联邦政府和州政府共同出资。虽然由各州管理，但许多联邦要求也适用，医疗补助计划的资格在各州之间差别很大。

12.1.2 医疗服务提供模式

初级保健医生是协调病人护理并长期看护病人的综合医师。在美国，由于这些领域的提供者可能成为病人的主要提供者，并且可能在一段时间内看护病人，因此几个专科已被纳入初级保健范畴。初级保健的专科包括家庭医学、内科、儿科、产科和妇科。家庭医生负责照顾所有家庭成员的整个生命周期，无论其年龄或性别。内科医生关注预防、诊断和治疗成人疾病。儿科医生负责对18岁以下儿童进行全面护理。产科医生负责孕妇的护理，而妇科医生处理女性生殖问题。初级保健从业人员包括医生（医学博士或骨科医学博士）、护士执业医师、医师助理和护士助产士。2016年，在美国近9亿次医生就诊中，初级保健医生的就诊量约占56%。在医生就诊总数中，全科医生和家庭医生占23%，儿科医生占15%，内科医生占9%，产科医生占8%。

有几个提供初级医疗保健的场所。一个主要的场所是私人诊所。另一个初级保健场所是公共或非营利社区卫生中心，为低收入、无保险和少数族裔人群提供初级医疗保健服务。其他政府机构包括军队诊所（如退伍军人健康管理局运营的诊所）、监狱、印第安人健康服务局以及为移民和无家可归者设立的中心。城市公立和教学医院也可能设有门诊部，为未得到充分服务的人群提供初级医疗保健服务。少数一些综合护理系统，如凯泽永久医疗集团（Kaiser Permanente）与盖辛格卫生系统（Geisinger Health System），在其综合系统中提供初级医疗保健服务，并涵盖了初级、专科、急诊和住院等各种护理。最后，工作场所的健康计划和零售诊所通过筛查、促进健康和基本预防措施来提供一些初级医疗保健服务。

　　私人诊所提供初级保健执业，为有医疗保险或能够承担高额自费费用的病人提供护理。病人可以接受各种类型的初级保健服务，包括筛查、诊断、治疗慢性和急性疾病，以及促进健康和教育。大多数医生的私人诊所规模较小，18%的医生独自执业，估计有38%的医生只有2~10名同行。独立或合伙执业数量也在急剧减少。由于成本效益高且提供财务安全性，以及医院对初级保健执业进行收购和整合，导致越来越多的医生选择担任雇员而非独立执业或合伙执业（从2012年44%增加到2018年58%）。2016年，美国有近2 600万人在1.4万个城市和农村地区的联邦资助的社区卫生中心（community health centres，CHCs）接受初级保健。此外，58个州和地方资助的社区卫生中心照顾了近74万名患者。

　　去社区卫生中心就诊的病人往往处于或低于联邦贫困水平，近60%是种族或少数民族，23%没有保险，49%接受医疗补助。根据个人的支付能力，为个人提供无成本或低成本的护理。因此，这些中心是保险不足或没有保险的人的"卫生保健安全网"的重要组成部分。社区卫生中心从联邦、州和地方资金、医疗补助、医疗保险、儿童健康保险、私人保险和患者的费用中获得资助。医疗补助是最大的收入来源。大多数社区卫生中心都有联邦政府的资格和资助。要获得资格，公共或私人非营利社区卫生中心必须服务于服务不足的人群，提供浮动费率，提供全面的服务并参与质量改进。其他社区卫生中心符合医疗保险和医疗补助服务中心（Centers for Medicare and Medicaid Services，CMS）对中心的定义，但没有得到联邦资助。社区卫生中心采用团队方式提供全面、协调的初级保健。医生约占医疗从业人员的60%，而护士执业医师、医师助理和护士助产士共占其余的40%。保健中心也可能有一个由牙医、牙科保健员和牙科助理组成的团队，还可以利用药剂师、病例管理人员、交通、患者教育、口译人员和社区卫生工作者。前往社区卫生中心的病人可能会接受一系列初级保健服务，如健康教育和筛查、慢性和急性疾病护理、视力保健、术前和术后护理、药物处方及专科转诊服务。两个日益增长的护理领域是牙科和心理健康，80%以上的社区卫生中心提供这些服务。

2016年，精神和药物滥用护理占患者就诊的10%以上。此外，6%的患者就诊是为了获得护理，即帮助患者获得其他护理。

位于药店、杂货店和百货公司的零售诊所已成为初级保健的替代场所。这些诊所主要由连锁药店经营，如CVS健康和沃尔格林，以及百货公司，如塔吉特和沃尔玛，诊所也在那里，但医院和大型医疗保健系统也开始在这些地点提供医疗服务。零售诊所的积极特点是，与医生的办公室相比，它们有可预约的时间，工作时间更长，而且访问点方便。他们往往由非医师从业人员组成，如护士执业医师或医师助理，他们治疗有限数量的疾病和需求，如皮肤病、喉咙痛、妊娠检测、感染、糖尿病筛查和免疫接种。

紧急护理中心也可用于初级保健。这可能发生在个人没有初级保健医生或为了方便的位置和步入式环境。像零售诊所一样，这些服务不提供连续性的护理。

专科护理从业人员在专业领域接受过专门的教育和培训，他们只治疗患者在该专业领域的问题或干预措施。专科医生在私人诊所或医院急诊科或其他诊断或治疗部门或机构执业。与初级保健一样，医生是专科护理的主要执业者。然而，高级执业注册护士（advanced practice registered nurses，APRNs）和医师助理也在专科领域执业。医师专科领域包括过敏/免疫学、麻醉学、心脏病学、心脏外科、皮肤科、急诊医学、普外科、老年学、神经病学、神经外科、肿瘤学、眼科、骨科、整形外科、肺病学、风湿病学、放射学、精神病学和泌尿学。医师助理专科执业可以在大多数医师专科领域找到。高级执业注册护士专门从事麻醉（护士麻醉师）或临床护理专科领域，如急症护理、社区卫生、皮肤病学、家庭卫生、老年学、儿科、精神病学和心理健康以及学校护理。在其中一些领域，高级执业注册护士发挥初级保健作用（如家庭保健、社区保健、儿科）。2016年，美国专科护理医生的就诊量占医生就诊量的44%。自1980年以来，这一比例有所增加，当时占所有医生就诊的34%。这一增长与1965年至1992年专科与人口比率的大幅增长相对应，该比率为120%，1992年至2015年为52%。

患有急性疾病并需要全天候护理的个人需要在医院提供住院护理。住院治疗的一些最常见的原因包括哮喘、支气管炎、慢性阻塞性肺病、肺炎、阑尾炎、胆结石、损伤、骨折、癌症、分娩、糖尿病、精神健康问题、心脏病发作、心力衰竭、心律失常、高血压和中风。其中一些疾病和许多其他疾病需要手术干预，心力衰竭、心脏病发作和心律失常等疾病，可能需要在重症监护病房进行护理。

美国的医院可按服务类型、所有权、规模（按床位数量计算）和住院时间进行分类。美国医院协会（American Hospital Association）采用一种将这些分类结合起来的医院分类学方法。它首先指明医院是联邦医院还是非联邦医院，然后指明非联邦医院是社区医院还是非社区医院，然后根据所提供的服务列出一些社区医院的类型。

联邦医院是由联邦政府经营的医院，包括退伍军人事务部和印第安人健康服务局的医院。非联邦医院分为社区医院和非社区医院，社区医院是向当地公众开放的非联邦短期医院，短期住院是指平均住院时间不超过 30 天。社区医院构成了美国大部分医院和医院床位，它们提供普通或专科服务。综合社区医院提供广泛的服务，不专门从事任何一种服务。专科社区医院只提供特定类型的服务，如妇产科、五官科、骨科、儿科、精神病护理和心血管服务。非社区医院是指不向当地公众开放的医院，如监狱医院和州立精神病院。

美国医院协会按所有权把社区医院分类为非营利性医院、营利性医院、州和地方政府医院。非营利性医院由宗教组织、兄弟会等非营利性组织控制。营利性医院由个人、合伙企业或公司所有，州立和地方医院由州和地方政府控制。美国医院协会还根据床位数量将所有社区医院分为八类，小的是 6~24 张床位，大的是 500 张或更多床位。政府或非营利社区医院可以被指定为教学或非教学医院。教学医院教育和培训医疗专业人员，开展医学研究，为最严重的疾病提供护理，并照顾没有保险和贫困的人。目前，75% 的教学医院为非营利性医院，12% 的小型教学医院和 22% 的大型教学医院为公立医院。

另一类社区医院是偏远地区资源医院（critical access hospital，CAH），服务于没有其他近距离住院治疗的农村社区。要被指定为偏远地区资源医院，医院必须拥有不超过 25 张急性护理床位，每位患者的平均住院时间不超过 96

小时，并且距离另一家医院 35 英里（或山区 15 英里）。这些医院接受基于成本而非基于疾病诊断相关组的补偿，这有助于它们在财务上保持偿付能力。设立这一指定是为了使小型农村医院继续在离家近的地方为农村人口提供基本住院和急诊服务。在美国，超过 25% 的急症护理医院被指定为偏远地区资源医院。

医院的最后一类是专科医院。这些医院在一个专科领域提供一套有限的服务。专科医院的广泛分类包括提供癌症、精神疾病、康复、长期需求（不包括疗养院和专业护理机构）、儿童和妇女护理的非外科医院，以及为心脏病、骨科或普通外科患者提供服务的外科医院。骨科和外科专科医院是一个较新的现象，它们通常是专门从事心脏、骨科或普通外科的小医院。许多专科医院都是医生所有的。

2015 年，美国共有 5 564 家医院。其中，联邦医院占 4%，非联邦医院占 96%（分别为 212 家和 5 352 家）。在非联邦医院中，87%（4 862 家）是社区医院，13%（702 家）是非社区医院。2015 年，在所有社区医院中，58% 为非营利性医院，21% 为营利性医院，20% 为州立和地方政府医院。2015 年，只有 1 100 多家社区医院是教学医院，而在 2019 年，有 1 349 家是偏远地区资源医院。

12.1.3 健康保险制度

1. 医疗保险（Medicare）

医疗保险计划为几乎所有 65 岁及以上的美国人提供医疗保险，以及许多残疾人——那些接受联邦残疾补助两年或两年以上的人，以及患有终末期肾病和肌萎缩侧索硬化症（amyotrophic lateral sclerosis, ALS）的人（6 400 万人，占 2018 年美国总人口的 18%）。医疗保险分为四部分，分别是 A、B、C 和 D 部分。

（1）A 部分：医院保险（Hospital Coverage）。医院保险不仅包括医院护理，还包括一些急性后疗养院、家庭保健和临终关怀。65 岁及以上的个人及其配偶工作至少10年，在此期间他们缴纳了支持社会保障（Social Security）和医疗保险的联邦工资税，有权享受A部分保险。2017年，5 850万人参加了医疗保险。

根据A部分，医院护理的覆盖范围存在两个重大差距。首先，每次住院都有免赔额。2018年，这一数字为1 340美元。其次，对于那些罕见的超过60天的住宿，每天有大量的共同支付，61~90天每天335美元，91~1 505天每天670美元。A部分没有每月保费。

A部分的养老院覆盖范围有限，因为它只针对住院后的短期熟练护理，而不是长期护理。对于符合条件的住宿护理，最多可覆盖100天。前20天没有共付费用，但入住第21~100天每天有一笔可观的共付费用，2018年为168美元。相比之下，家庭保健服务无须共同支付费用。

（2）B部分：补充医疗保险（Supplemental Medical Insurance）。补充医疗保险是一项自愿保险计划，其资格要求与A部分基本相同。它涵盖医生的服务（住院和门诊）；门诊医疗；医疗设备、化验和X射线检查；家庭医疗保健；一些预防保健；其他各种医疗服务。尽管它是自愿的，但超过90%符合条件的人参加了它，因为它有大量的补贴。

根据B部分，医生和其他医疗服务的覆盖范围也受到病人费用分担的影响。在2018年达到183美元的年度免赔额后，病人需承担所有承保费用的20%（没有上限）。每月保费因收入而异，2018年，收入低于8.5万美元的个人或收入低于17万美元的夫妇每月支付134美元。收入高的人支付的费用要高得多，保险费通常从社会保障金中扣除。

（3）C部分：医疗保险优选计划（Medicare Advantage）。医疗保险优选计划是A部分和B部分的替代方案。它为相同的服务提供保险，并根据提供保险的组织酌情决定，有时还提供额外的福利，如视力、听力和（或）牙科保健等。C部分与前两部分（有时被称为"传统医疗保险"）主要区别之一在于，C部分的保险由私人组织（如保险公司和健康维护组织）提供。换句话说，当受益人接受A部分或B部分的服务时，医疗保险计划直接向服务提供者支付费用，尽管付款通过名为医疗保险行政承包商（Medicare Administrative

Contractors，MACs）的私人组织进行处理。相较而言，根据 C 部分规定，医疗保险会根据特定参保人的个体特征（如人口统计和医疗诊断）每月向其支付一定金额。这个公式非常复杂，并且经过多次修改已有多年历史。参保人有时也需要支付 C 部分健康计划的保费，具体数额取决于该计划提供服务的报价大小，2017 年平均水平为每月 36 美元。

C 部分规定的具体福利取决于受益人参加的健康计划的类型。健康维护组织是最常见的，其次是首选提供者组织和私人按服务收费计划（Fee-for-Service，FFS）计划。最后一种方式在很多方面与其他方式不同：参加计划的人通常不限于特定的网络或提供者；提供者可以收取更高的费用，这意味着现金支付的费用可能高于健康维护组织等其他 C 部分计划；医生通常是按服务收费支付的。国会于 1997 年制定了允许私人按服务收费计划的法律，作为不愿受制于管理式护理计划通常使用的利用管理技术的受益人的一种选择。

2017 年，34% 的医疗保险受益人参加了医疗保险优选计划，比五年前高出近 50%。剩下的 65% 仍在"传统医疗保险"中。虽然人们预计，根据《平价医疗法案》，削减医疗保险优选计划的支付将使注册人数减少 35%，但这并没有发生，加入这些计划的受益人比例在 2017 年继续上升。这似乎是因为保险计划通过降低成本来应对支付减少，同时仍然提供传统医疗保险无法提供的可选福利。

（4）D 部分：处方药保险（Prescription Drug Coverage）。处方药保险始于 2006 年，也是自愿的。在此之前，医疗保险不为在医院外服用的处方药提供保险。与 C 部分类似，D 部分的福利是通过私人机构（通常是保险公司、健康维护组织或首选提供者组织）提供的。2018 年，除了在许多城市地区提供药物覆盖的数十个医疗保险优选计划外，每个州的 D 部分计划通常有 24 个选择。与 C 部分一样，保费和福利因计划而异，竞争不仅基于保费差异，还基于福利差异，特别是计划处方中列出的"首选"药物，在这种情况下患者需要支付较低甚至金额为零的共同支付。

大约 75% 的医疗保险受益人在 D 部分得到覆盖，其中约 60% 来自仅提供处方药保险的"独立"计划，剩下的 40% 则是通过医疗保险优选计划获得药物福利。绝大多数其他受益人从其他渠道获取药品保险，例如前雇主提供的，然而有15%的人没有任何药品保险。受益人通过以下三种方式之一获得门诊处方药保险：C部分医疗保险优选计划，医疗保险D部分下称为处方药计划的独立药物保险计划，或雇主提供的工作或退休人员健康保险。2018年，处方药计划的保费平均为每月43美元。

尽管D部分药物福利因特定计划的福利结构而异，但2018年允许健康计划提供的标准福利结构具有以下福利。受益人每年支付405美元的药费免赔额。对于405~3 700美元/年之间的药品支出，该计划支付75%的费用，因此受益人须支付25%的共同保险费率。在那之后，受益人就进入了"甜甜圈洞"，完全没有保险。在每年支付5 000美元的自付费用后，医疗保险通常会支付95%的剩余费用。重要的是，对于那些使用极其昂贵的名牌药物的慢性病患者来说，即使5%的患者费用分摊也会造成相当大的经济损失。

一般而言，医疗保险覆盖提供者认定的大部分必要医疗服务。与许多私人健康保险计划不同，住院无须事先获得授权。随着2006年门诊处方药物覆盖范围的扩大以及近年来预防性服务范围逐渐增加（通过《平价医疗法案》扩展），未覆盖的主要服务是长期护理和牙科护理。此外，还有其他明确例外情况，如整形手术、针灸、助听器以及眼镜（除非在有限情况下）。然而，在特定医疗保险优惠计划下，其中一些服务是可以被覆盖的。在这些被排除在外的服务中，最大的是长期护理。而医疗保险涵盖的养老院和家庭保健主要是针对急性护理疾病的。熟练的护理必须由医生认为在医疗上是必要的，监护不包括在内。此外，只有在住院至少3天的情况下，才能提供养老院护理，并且提供最多连续100天的保险。

医疗保险覆盖范围广泛，几乎所有的老年人都被覆盖，几乎所有的服务都被覆盖，两个主要的例外是长期护理和常规牙科护理。几乎90%的受益人获得了某种形式的补充保险。2015年，医疗保险支付了医疗和长期护理费用总额的一半多一点（54%）。另外9%由医疗保险优选计划（C部分）管理的医疗计划代表受益人支付，另外7%由私人付款人（包括雇主和补充性医疗保险计划的保险公司）支付，7%由医疗补助计划代表低收入受益人支付，6%

由包括退伍军人健康管理局在内的各种来源支付，剩下的17%是直接的、自掏腰包的支出。

医疗保险的各个组成部分所征收的税费存在差异。A部分被设计为一项社会保险计划，因此它的资金几乎完全来自工资税（除了受益人分摊费用的要求），几乎所有的老年人和许多残疾美国人都自动有资格获得保险。相比之下，B部分和D部分是自愿的，由一般收入和受益人缴纳的保险费共同供资。C部分的资金来源与A和B部分相似。

2. 医疗补助（Medicaid）

与几乎所有65岁及以上的老年人都可以享受的医疗保险不同，医疗补助是一个经过经济状况调查的项目。它旨在为收入最低、资产最少的人、残疾人、享有医疗保险覆盖的贫困老年人，以及通常由于长期护理费用非常高而耗尽财政资源的残疾人和老年人提供健康保险。医疗补助是一些最贫穷和最容易生病的美国人的关键资源。

医疗补助计划以州为基础，但由州和联邦政府共同出资。作为对联邦资金的回报，各州必须达到联邦政府的某些标准。各州的参与是自愿的，尽管历史上所有的州都选择参与。服务大部分是从私营部门购买的。儿童健康保险计划（Children's Health Insurance Program，CHIP）是一项针对收入超过医疗补助资格限制但没有私人保险的家庭的儿童的保险计划。这两个计划为符合条件的低收入家庭提供医疗保险，是由各州管理的联邦政府资助的项目，主要覆盖贫困母亲和她们的孩子。

医疗补助覆盖了几个不同的人群。根据这些人口群体，覆盖范围在各州有所不同。医疗补助计划覆盖的主要群体是低收入的儿童、孕妇、残疾人、老年人以及受抚养子女的父母。对于成年人来说，在一些没有选择扩大《平价医疗法案》资格的州，不仅有收入限制，还有资产限制，这些限制可能会排除他们的资格。更重要的是，在这些州，医疗补助计划通常不为那些不照顾受抚养儿童的低收入成年人提供保险。

与联邦医疗保险相比，联邦医疗补助计划覆盖了大约1500万美国人（总计 7 400 万人），其中包括 55% 的收入低于贫困线的美国人。医疗补助计划覆盖范围因资格群体而异。儿童和孕妇有最宽松的资格要求。如果孕妇和 6 岁以下的儿童的收入等于或低于联邦贫困水平的 138%，那么各州必须为其提供保险，6~18 岁的儿童的收入最高可达联邦贫困水平的 100%。（2018 年，联邦贫困线为一人 12 140 美元，四口之家 25 100 美元。）许多州的门槛甚至更高。结合儿童健康保险计划的覆盖面，典型的州为 0~5 岁儿童提供最高可达联邦贫困水平的 216% 的覆盖面，为 6~18 岁儿童提供最高可达 155% 的覆盖面，为孕妇提供最高可达 258% 的覆盖面。因此，孕妇和儿童的覆盖范围相当广泛。然而，老年人和残疾人的覆盖范围略窄，典型的州提供的覆盖范围高达联邦贫困水平的 73%。对于一个特别值得注意的残疾人群——艾滋病患者，2014 年，医疗补助为 42% 的残疾人提供了覆盖。要符合资格，一个人不仅必须因艾滋病毒/艾滋病而残疾，而且还必须有符合资格的足够低的收入。特别重要的是，该计划对抗逆转录病毒药物的覆盖。然而，尽管医疗补助计划覆盖了这些弱势群体，但艾滋病毒/艾滋病护理只占项目总支出的 1.5% 左右。

《平价医疗法案》扩大了医疗补助计划的实施范围，极大地扩大了大多数州 65 岁以下穷人和接近穷人的覆盖面。从 2014 年开始，选择扩大医疗补助覆盖范围的州从联邦政府那里获得了 100% 的新参保人的保险费用，最高可达联邦贫困水平的 138%。3 年后，联邦政府的出资逐渐减少到州成本的 90%。对于选择扩大医疗补助覆盖范围的州，不允许有任何明确的限制——例如，没有孩子的贫困和近乎贫困的成年人有资格。最后，对资产的占有没有限制。医疗补助不包括无证居民，各州也不需要在合法居民入境后的头五年内提供给他们。目前，联邦政府将提供资金配套，以确保合法移民的孕妇和儿童能够获得医疗补助。截至 2016 年，已有约一半的州采取了这样的措施。

医疗补助计划的覆盖范围通常很广，但因州而异。联邦法律要求各州提供以下服务（这只是比较重要的服务的部分清单）：住院和门诊医院、医生、执业护士、实验室和放射学、为 21 岁及以上的人提供养老院和家庭保健、为 21 岁以下的人提供健康检查、计划生育和交通。其他服务对于各州来说是可选的。如果一个州选择覆盖这项服务，它将从联邦政府获得相应的资金。可选服务包括一些主要服务，如处方药和牙科护理，但也包括医生和执业护士以外的专业人员提供的护理、耐用医疗设备、眼镜、康复、各种类型的机构护理、家庭和社区服务、个人护理服务和临终关怀。

医疗补助计划由联邦政府和州政府共同出资。一般来说，他们的资金都来自一般收入——主要是税收。与医疗保险的A和B部分不同，没有信托基金专门用于该计划的融资。

3. 私人医疗保险（private health coverage）

美国的私人医疗保险主要分为健康维护组织、首选提供者组织和高免赔额医疗保险三种类型。绝大多数美国人的医疗保险由雇主资助，私人保险公司或管理式医疗组织（Managed Care Organization，MCO）负责管理，只有10%的个人单独购买保险。雇主越来越多地为雇员及其家属提供多种保险选择，这些选择包括多种计划，例如在医疗网络方面有不同程度的选择自由，也有不同程度的共同支付和免赔额以及相关保费差别。病人在看初级保健医生时，支付象征性的10~20美元。医生会把剩下的80美元账单寄给保险公司或管理式医疗组织。这个计划同样适用于牙医、医院、物理治疗和大多数其他卫生服务。

管理式医疗是一项成本遏制计划，在医疗费用持续迅速上涨的情况下，管理式医疗组织采取平衡措施，在努力保持主要客户、雇主和会员满意的同时，通过对提供给其成员的医疗与药品福利成本进行控制，以应对卫生保健支出的不断增长。管理式医疗组织还管理许多政府资助的计划，如医疗市场（Healthcare Marketplace/Exchanges），医疗保险C或D部分（Medicare Part C/D）和管理式医疗补助（Managed Medicaid）。公共和社区诊所以及医院和医生组成的安全网系统通常为没有保险的人提供卫生服务。管理式医疗组织尝试了许多方法来控制成本，包括严格的员工模式，只允许与签约的员工医生进行医疗咨询；对病人选择初级保健医生和专科医生进行限制，并且还限制补偿的医疗程序数量。

这些模式为其医疗服务提供了一种或多种业务方式，如健康维护组织、首选提供者组织和一些按服务收费的项目。在碎片化的私人医疗保险中，健康维护组织是最普通类型的管理式医疗组织。该保险通过供应商网络提供预付费的医疗保健服务，把保险公司和医疗团队联合起来，为医务人员提供经济激励。健康维护组织在治疗前确定价格，建立补偿药品处方集目录，并且同药品福利管理公司（Pharmacy Benefit Managers，PBMs）合作提供最经济有效的治疗，药品福利管理公司是为医疗保健计划提供处方药管理服务的第三方组织。为了限制获得专科医生服务，健康维护组织常常同医生签约或者直接雇佣医生和其他医疗提供者。20世纪90年代以后，由于对病人施加严格的医疗服务使用限制，健康维护组织的市场份额大幅下降，而首选提供者组织开始主导私人保险市场。这些机构与医疗服务供应商网络签订了合同，但他们倾向于以服务收费为基础向医生支付费用，从而使寻求医疗服务网络之外的医疗更容易。随着首选提供者组织的出现，医生网络和医疗服务的合同费用已经成为管理式医疗计划的一个重要工具，以谈判降低医生费用作为其财务模式的重要组成部分。对于病人来说，首选提供者组织模式比健康维护组织模式更灵活，提供了更多的提供者选择，未参保和网络外服务的费用远远高于大多数医疗保险公司为网络内服务实际支付的费用。因此，没有保险的病人通常比有保险的病人为医生和医院的医疗服务支付更多的费用，这给政党增加了向民众提供全民医疗保险的压力。

4. 药品保险

处方药保险是大多数管理式医疗组织（MCOs）全面医疗保险的一部分。私人卫生保健计划可以直接或通过药品福利管理公司（PBMs）提供药品保险，药品福利管理公司代表医疗保险公司（或直接为雇主）从事药品处方集管理和处方处理。卫生保健计划或药品福利管理公司与制药公司之间的药品处方集目录谈判是保密的，折扣和回扣条款一般不为公众所知。由于药品福利管理公司只处理药品事务，它们的成本视角往往仅限于药品成本，忽视了一个全面计划可能认为有价值的更广泛的医疗费用后果和节约。

当由医生或其他医务人员管理药品时，大多数管理式医疗公司将其作为医疗福利管理；当通过零售药店分发药品并由病人自行管理时，则将其作为药品福利管理。药房福利是由卫生保健计划来处理，还是由药品福利管理公司分离出来单独处理，对于处方决策中某些证据的影响具有重要意义。药品福利管理公司一般不会对新药治疗节省医疗成本的证据敏感，因为他们不会从中得到任何好处。

药房福利的药品处方集管理由一个药学和治疗委员会的决策控制，该委员会成员为组织的关键学科，包括药学和医学主任。药品处方集通常有多个层级，每个层级的病人共同支付水平不同。一个三层处方集包括仿制药、首选品牌药和非首选品牌药。仿制药实行很低的自付费用激励，通常为10美元，沃尔玛等连锁店的自付费用甚至更低。卫生保健计划越来越多地使用专业第四层，有时是第五层的高成本生物制品。专业层经常使用共同保险（百分比共同支付），而不是固定的共同支付，以产生对生物制剂的高成本更敏感。第五层逐渐作为非首选专业层引入，第四层则作为首选专业层。典型的四、五层处方集设计见表12.1。

表12.1 四层次和五层次处方集设计

层 次	四层次描述	五层次描述
1	仿制药	仿制药
2	优先品牌	优先品牌
3	非优先品牌	非优先品牌
4	特殊药品	优先特殊药品
5		非优先特殊药品

（1）事先授权（prior authorizations）。费用高的药品通常受到卫生保健计划的严格审查，通过一个事先授权程序，要求计划在处方可以在药房填写或可以在住院病人或办公室环境中使用之前批准。根据药品和治疗领域的不同，对信息的要求有几个层次。在许多情况下，事先授权（PA）只是用来核实药品在标签内使用，这包括诊断的验证和先前使用的治疗的证明。考虑到处理事先授权的成本，对于卫生保健计划来说，只有将这种机制用于费用较

高的药品,特别是生物制剂,如许多抗癌药物和肿瘤坏死因子抑制剂才有意义。一般来说,卫生保健计划可能会利用它来鼓励人们首先尝试更便宜的选择,确保费用高的药品得到适当使用。对于抗癌药品,卫生保健计划通常要确认该适应症在标签中或在一个或多个公认的药典中被批准。在美国的许多州,批准的抗癌药物的覆盖范围是强制性的,但卫生保健计划可以决定药品处方集目录的位置和管理。

(2)步骤编辑(step edits)。支付者经常使用的一种工具是步骤编辑,用来强制使用成本较低的早期治疗(通常是仿制药)。步骤编辑与事先授权不同,通常管理费用不高,可以有效管理单位成本较低、预算影响较大的非生物药品。步骤编辑和事先授权之间的界限有时会变得模糊,因为一些在销售点被电子裁定的简单事先授权实际上可以充当步骤编辑。

(3)签订合同(contracting)。在管理式医疗合同中,为付款人提供折扣,通常以换取更有利的药品处方集目录位置。对于没有任何相近替代品的药品,通常没有订立合同的强烈理由,除非是为了解除某些对病人的限制,或当付款人提供某些绩效保证或长期承诺时。大多数付款人最初会在新药上市后的6~9个月内将其列入第三层(专业药品的第四层)。这使付款人有机会评估医生的经验,监测初始需求,并规划新药的未来使用和预算影响。当预期需求较低时,管理式医疗组织可能会将药品置于不利的处方集目录位置。当预期需求较高时,管理式医疗组织更愿意讨论签订合同,以更高的利用率利用与折扣相关的储蓄。最近,越来越多的卫生保健计划开始采取行动,在正式审查和处方集决定出台之前,不再为新推出的药品支付或收取高于典型的第三层自付费用。

12.2 药品价格管制方法

美国对药品没有全国性的价格管制,但医疗补助和退伍军人事务部是例外。由于在药品市场上享有垄断地位,美国的药品制造商往往定价较其他一些国家高昂。在 1984 年之前，仿制药需要遵守与品牌药相同的四阶段临床试验标准，这限制了仿制药进入市场。然而，在 1984 年，国会通过立法允许仿制药使用某些品牌药的食品与药品管理局安全性和有效性数据，并将品牌药专利保护期从 20 年延长至 25 年。根据《平价医疗法案》，食品与药品管理局可以在专利保护 12 年后批准生物仿制品以促进其更广泛的使用。

在 20 世纪 80 年代，为了控制药品支出，各州开始废除反替代法，并颁布替代法，以推动处方及提供更经济实惠的治疗替代产品。作为《综合预算和解法案》（Omnibus Budget Reconciliation Act）中设立的一项政策措施，1990 年创建的医疗补助药物回扣计划（Medicaid Drug Rebate Program）要求制药公司向各州及联邦政府退还销售给医疗补助及退伍军人健康管理局患者使用的药物费用。大约有 600 家制药公司参与此返利计划，这是医疗补助计划药品覆盖范围的要求，返利幅度从药品平均制造商价格（average manufacturer price，AMP）的 13%~23% 不等。

12.2.1 价格水平

在美国，药品价格可以在没有政府限制的情况下设定，但政府部门在定价自由方面有一些上市后的限制。制药公司可以自由决定其药品在私人市场上的最优价格，并随着时间的推移调整价格以应对通货膨胀或其他市场相关因素。定价决策和给予特定客户的折扣和回扣能够对联邦医疗保险、医疗补助和其他政府机构的补偿率产生影响。

价目表价格（List prices）是根据不同的术语计算和公布的，其定义略有不同。许多列出的价格水平是由政府机构确定的，以确定净补偿价格。

平均批发价格（Average Wholesale Price，AWP）的使用一直是一个非常有争议的问题，并受到联邦、州和地方对药品制造商的大量诉讼。根本的问题是，平均批发价格一直作为联邦医疗保险和许多其他付款人补偿计算的基础，第一数据银行（First Data Bank）通常将平均批发价格设置为比批发采购成本（Wholesale Acquisition Cost，WAC）高 20%~25%。在现实中，平均批发价格与实际支付的价格并没有明确的联系，因为通常会有价格折扣和回扣。目前，平均销售价格（Average Sales Price，ASP）和平均制造商价格（Average Manufacturer Price，AMP）是补偿计算中更常见的价格参考。

在商品目录和广告中，批发价格通常被称为平均批发价格。平均批发价格是批发商卖给零售商的药品的标价，该价格刊登在商业出版物上，如红皮书。然而，众所周知，买家从批发价格得到了平均20%的折扣，因此，平均批发价格不是药品的最佳价格估计。显然，较大的购买者将获得最大百分比的折扣，而小型社区独立药店只能从平均批发价格中获得16%或18%的折扣。为了简化保险公司和管理式医疗组织对药店的补偿，这些管理式医疗组织通常制定一项政策，即向药剂师支付15%的平均批发价格，以确认药店没有以完整的目录价格购买产品。很明显，药店会从保险公司收取固定的配药费用，除此之外，还可以保留该产品的平均批发价格15%的付款和平均批发价格20%的实际成本之间的差额，其他可替代的价格估计包括批发采购成本和平均制造商价格。

批发采购成本是另一种标价，由制造商为销售给批发商的药品确定的价格。另一方面，平均制造商价格代表实际交易，是批发商支付给制造商的平均价格，反映了制造商支付给批发商的回扣。平均制造商价格由国会授权制造商报告。除了批发商或直接销售给零售药店外，制造商也可以向第三方付款人提供回扣，如药房福利经理、医疗保健计划、医院或诊所。这些给第三方付款人的回扣通常不反映在上述价格估算中。

12.2.2 医疗保险价格控制

门诊处方药一般由2006年实施的医疗保险D部分覆盖，D部分药品采用竞争性招标制度进行管理，既实现了节约，又维持了对生物制药研究和开发的持续创新的激励。由医生派发或购买的注射性疫苗和药品一般属于医疗保险B部分，这相当于商业保险计划提供的医疗福利，主要覆盖医生服务。

D部分计划促进药品成本控制的方法包括：基于竞争性招标支付的计划；

为所覆盖的药品协商折扣；通过更低的报价和覆盖质量吸引参加者的计划；处方集、分层的自付率以及医疗服务使用情况管理工具；给予受益人和政府的回扣与折扣等。在 B 部分计划，受益人通过制药公司与提供者之间的价格谈判节省费用。医生、医院、卫生系统和其他购买者协商的折扣和回扣被计入医疗保险 B 部分支付率（称为平均销售价格），并使医疗保险计划和受益人的成本降低。

12.2.3 医疗补助价格控制

出售给医疗补助受益人的药品须获得法定回扣。作为一种药品被医疗补助计划覆盖的一个条件，药品制造商根据法定公式向各州和医疗保险与医疗补助计划服务中心支付回扣：①品牌药的基础回扣（base rebate）较大，是平均制造商价格的 23.1% 或者平均制造商价格与提供给任何私人购买者的最佳价格（best price）之间的差额；②如果平均制造商价格的涨幅超过消费者价格指数（Consumer Price Index，CPI），那么品牌药制造商就支付一个额外回扣（additional rebate）；③很多州还要求对品牌药实行额外的州补充回扣（state supplemental rebates）；④仿制药制造商也支付平均制造商价格 13% 的一个法定回扣。

12.2.4 退伍军人事务部的价格控制

美国退伍军人事务部（U.S. Department of Veterans Affairs）管理着三个公共药品福利项目中最小的一个，它对处方药实行价格管制，并且使用一个比医疗保险 D 部分计划更严格的药品处方集。许多退伍军人使用其他保险支付他们的药品，而不是完全依赖退伍军人保险。

为了加入医疗补助和医疗保险 B 部分，药品制造业需要对出售给四大政府机构的药品进行法定价格控制：退伍军人事务部、国防部（Department of Defense）、公共卫生服务部门（Public Health Service）和海岸警卫队（Coast Guard）。主要表现在两个方面，一是制药公司被要求以两种管制价格中较低的价格销售药品：① 联邦最高价格（federal ceiling price，FCP），一个最低比非联邦平均制造商价格（non-federal average manufacturer price，non-FAMP）低 24% 的折扣。法定公式要求在必要时提供额外折扣，以防止联邦最高价格的上涨速度超过通货膨胀率。② 联邦供应表价格（federal supply schedule price，FSS），制造商必须向退伍军人事务部披露他们提供给商业客户的价格。在逐个药品的基础上，双方确定与退伍军人事务部条件基本相似的以最低价格购买药品的客户。联邦供应价格必须不能高于该跟踪客户支付的价格。二是在 20 世纪 90 年代中期，退伍军人事务部还制定了一个国家处方集，包括封闭和首选类别的药物。在一些情况下，为了处方集目录上的药品位置，退伍军人事务部要求在联邦最高价格以下获得更多的折扣。

12.2.5　私人医疗保险价格控制

美国绝大部分的处方药由药品福利管理公司管理的处方药福利计划支付，药品福利管理公司通过把参与人购买力联合起来组成巨大网络的方式为雇主和医疗保险计划提供费用节省。组成的购买方网络涵盖 95% 的全美国零售药店，药品福利管理公司利用所掌握的购买力获得制药公司的回扣和零售药店的折扣。药品福利管理公司通过直接与卫生保健计划、健康维护组织、管理式医疗组织、雇员、保险公司、工会、联邦医疗保险和医疗补助管理的医疗计划，以及地方、州和联邦政府部门等订立合同的方式管理处方药福利计划。药品福利管理公司制定了针对零售药店的控制药品价格措施，为药店设计出一套销售激励方案：在允许情况下，药店销售仿制药获得的边际收益要高于销售专利药品。健康维护组织和药品福利管理公司还利用药品处方集通过协商的方式鼓励制药公司给那些仍处于专利保护期的药品提供更多的价格折扣，如果制药公司给予的药品价格折扣不够多，制药公司有可能同其药品一起被排除在药品处方集目录之外。即使不被排除，他们就将该制药公司放在药品处方集目录中与可选择的品牌药相对应的不利位置。

12.3 药品价格管制效果

药品在美国被高度利用。2015—2016 年，接近 50% 的美国人在 30 天内使用了一种或多种处方药（Martin et al., 2020）。60 岁及以上人群的使用率特别高（85%）。在 0～11 岁（18%）和 12～19 岁（27%）的儿童及青少年中，这一比例甚至相当高。在过去的二十年里，美国人服用处方药的数量增长是人口增长的 4 倍（Carr, 2017）。1980—2015 年，人均药品支出从每年 53 美元攀升至每年 1 011 美元。2015 年，美国的医疗支出比其他 9 个高收入国家高出 30%～90%（Sarnak et al., 2017）。尽管美国在药品上的支出明显高于其他高收入国家，但使用率相似（略高于中位数）（O'Neill and Sussex, 2014），使用的药物类型和药品价格是支出差异的主要原因。

美国的药品价格比世界上大多数国家都高。在加拿大，品牌药的价格比美国低 20%～60%。美国与欧洲所有国家以及日本、澳大利亚和新西兰等国家的药品价格进行比较，结果也是如此。在其他国家，政府机构与制造商谈判价格。美国处方药的售价比世界上大多数国家都要高。一个月疗程的品牌药成本通常超过 100 美元。而对于非专利药，这个数字大约是 30 美元。

255

第 13 章　日本药品价格管制

13.1　药品价格管制的制度环境

13.1.1　卫生保健系统的组织

厚生劳动省（Ministry of Health, Labor and Welfare, MHLW）是日本卫生保健系统的中央领导机构。日本的医疗保健制度具有医疗效果好、费用低的特点。该制度强调公平，通过社会保险费和税收补贴实现全民保险覆盖，并几乎免费获得医疗设施。日本人口正在迅速老龄化，日本需要将其医疗保健体系转变为优先考虑病人价值、医疗质量和效率以及跨部门综合方法的体系。

厚生劳动省作为日本的领导机构，积极与内阁以及其他几个部委和专业组织等其他机构进行合作。传统上，财政部（Ministry of Finance, MOF）、教育、文化、体育、科学和技术部（Ministry of Education, Culture, Sports, Science and Technology, MEXT）和农业、林业和渔业部（Ministry of Agriculture, Forestry and Fisheries, MAFF）参与融资（特别是费用表和药品定价）、医疗专业教育、粮食安全和个人健康等。最近，内阁府和经济产业省（Ministry of Economy, Trade and Industry, METI）越来越多地参与卫生保健和医疗产业。2013 年，日本中央政府发布了《日本振兴战略》（Japan Revitalization Strategy），确定卫生保健是振兴日本经济的主要动力之一。根据这一战略，在教育、文化、体育、科学和技术部的支持下建立了日本医疗卓越计划（Medical Excellence Japan, MEJ），以促进和扩大日本的卫生保健服务。此外，在 2016 年的七国集团伊势岛峰会上，以卫生安全为重点的卫生是内阁府、厚生劳动省、财务省和外务省密切合作的主要议程项目之一。

政府在国家、县和市三个层级管理和控制卫生系统的几乎所有方面，其中，服务的提供和实施主要由县和市政府负责。日本医疗协会（Japan Medical Association, JMA）和日本护理协会（Japanese Nursing Association, JNA）等几个专业组织也积极参与卫生政策过程。厚生劳动省与这些专业组织（包括私营部门、护理提供者和病人）的互动方式特别复杂（Sakamoto et al.,2018）。

1. 中央政府

厚生劳动省在日本的卫生保健系统中发挥着核心作用，它最初由卫生福利部和劳动部两个不同的部门组成，作为政府行政改革计划的一部分，这两个部门于2001年合并。涉及人口健康和卫生保健的主要局有卫生政策局（Health Policy Bureau）、卫生服务局（Health Services Bureau）、药品安全和环境卫生局（Pharmaceutical Safety and Environmental Health Bureau）、劳工标准局（Labor Standards Bureau）、社会福利和战争受害者救济局（Social Welfare and War Victims' Relief Bureau）、老年人健康和福利局（Health and Welfare for the Elderly Bureau）、健康保险局（Health Insurance Bureau）和养老金局（Pension Bureau）。

卫生政策局负责卫生保健系统的行政及策略管理，包括卫生经济、研究与发展以及信息。卫生服务局计划和监督与生活方式有关的疾病、癌症和传染病的预防，协调器官移植，以及监管环境卫生的提升。药品安全和环境卫生局负责督导药剂产品、食物、化学物质及医疗仪器的安全，推广安全的血液产品，并统筹禁毒运动。

劳工标准局负责工厂的安全和环境卫生，并为与劳工有关的伤害提供赔偿。社会福利和战争受害者救济局负责为贫困人口提供福利服务、社区福利、残疾人福利及战争受害者救济。老年人健康和福利局负责管理和监督长期健康保险、老年痴呆症和老年人健康。健康保险局还监管健康保险，并提出改善保险制度的计划。养老金局负责国家和工业养老金。

2. 消费者和专业团体

消费者团体（主要是病人组织）在委托人和病人的游说中发挥着主导作用。据估计，日本有超过3 000个病人组织，他们可以作为委员会成员参加由厚生劳动省举办的政策会议。然而，与美国和欧盟的组织相比，这些病人组织相对较小和分散，这意味着只有少数病人组织对政策制定过程有重大影响。

除了这些消费者团体，专业组织在游说方面也发挥着重要作用。尽管日本医学会没有惩戒或制裁医生的政府权力，但它是日本医生的全国声音。日本医学会最初于1916年作为一个强制性组织建立，然后在1947年又以自愿形式重新建立，其使命是为医生提供领导和促进最高标准的医学伦理和教育，以保护所有的日本公民的健康。日本医学会代表其成员执行各种各样的功能，例如，提倡健康促进和病人安全政策和战略，倡导在当地社区获得高质量卫生保健，向医生提供领导和指导，帮助他们影响、管理和适应医疗保健服务的变化，授权产科医生执行合法堕胎。日本医学会有16.5万名成员，占日本所有执业医师的60%，大约50%的成员是在小诊所工作的全科医生。

日本护理学会于1946年为护理专业人员而成立，该组织主要包括有执照的公共卫生护士、助产士和助理护士。它的目标和使命是维护人作为人的尊严，满足人们保持健康的普遍需要，并为人们实现健康生活做出贡献。此外，该组织还旨在以教育和自学的护理专业知识为基础提高护理质量，促进护士的生活环境，并发展和扩大护理领域，以满足人们的需求。

3. 分权与集权

日本政府监管和控制卫生系统的几乎所有方面，包括健康保险制度。在47个县中，共有1 718个直辖市。日本有城市、城镇和乡村三种类型的自治市，中央和地方（县或市）政府依法负责确保一个能够有效提供优质卫生保健服务的系统。中央政府制定全国统一的保险补偿费用标准，并且对地方政府、保险公司和保健提供者进行补贴和监督，它还为县级的保险公司和卫生保健提供者制定和执行详细的条例。

根据各地区情况，2006年6月通过的《卫生保健结构改革法案》要求每个县制定称为"医疗护理计划"（Medical Care Plans，MCP）的详细说明。通过促进医疗机构间的合作和差异化，这些医疗护理计划旨在为当地居民提供医疗服务，从急性阶段到长期阶段都将无缝地提供必要的卫生保健，包括家庭护理。最初，医疗护理计划是 1986 年推出的，目的是控制不断增加的医院床位数量。然而，2006 年的法案加强了医疗护理计划，增加了针对"特定疾病的综合临床路径"（disease-specific integrated clinical pathways），并规定了提供者（诊所和医院）之间根据具体疾病进行有效联络。需要注意的是，"综合临床路径"不同于"住院临床路径"（in-hospital clinical pathway），其目的是简化住院过程。医疗护理计划可能包括区域基础上的护理质量评估，一些县还包括临床指标。然而，大多数指标限于结构和过程措施，结果指标不包括在内。

每个县政府负责制定这个医疗护理计划，以提供有效和高质量的卫生保健服务。县政府还负责对医院进行年度审查和检查，以确保遵守监管标准。如果一家医院每个护士接待的病人太多，表明医院护理质量差，医院的补偿率就会降低。

医疗护理计划必须每五年修订一次。日本提供的所有卫生保健服务都符合医疗护理计划。虽然县政府官员有权制定医疗护理计划，但由地方医疗和牙科协会、医院协会以及利益相关方等代表组成的委员会通常会讨论医疗护理计划。

在厚生劳动省的监管下，采用县政府制定的医疗护理框架，市政府为其居民提供健康促进活动。

13.1.2　医疗服务提供模式

与其他经济合作与发展组织成员国不同，日本的医疗体系并没有通过全科医生实行"守门人"或"等候"制度。相反，病人可以选择诊所或医院作为他们的首个医疗服务接触点。大多数医院都有病人可以定期向医生咨询的门诊部。

日本的卫生保健系统并没有在初级和二级卫生保健之间进行必要的区分，也没有建立"守门人"制度。日本在历史上没有全科医生制度，大部分医生在没有国家认证的情况下选择专业（内科、外科、儿科、眼科、耳鼻喉科或妇科等）。病人即使症状轻微，也经常去二级医疗机构就诊，二级医疗服务直接以可负担的费用获得（无论专业、地点、公共/私营部门均实行相同的收费表），而无须从初级保健机构转诊。这些二级服务可由当地的小型诊所或治疗中心提供，或由大型医院的门诊部提供，这些门诊部在"守门人"制度中被视为三级护理中心。

虽然医院的门诊服务无须转诊，但政府已尝试引入转诊制度，以便通过诊所服务使用医院服务。没有初级保健诊所转诊信的病人现在必须在大型医院的接待处至少支付50美元。通过引入这个新系统，由于免费使用，大医院门诊部的使用减少了，卫生服务的利用已经转移到较小的社区诊所。然而，初级保健机构和二级保健机构之间的差别仍然模糊，这些社区诊所往往有核磁共振成像仪等先进设备，能够在地方诊所提供医院级别的服务。

2016年，全国共有医院8 442家，诊所10 529家。日本80%左右的医院是由私人部门（医疗公司和个人）提供的。医疗公司和个人拥有的医院不受政府直接管理，只受有限的投资管制，然而，政府严格控制医疗服务的支付。

日本采用一种病例混合系统，称为诊断程序组合（diagnosis-procedure combination，DPC），用于急症护理向卫生保健提供者支付费用。疾病诊断相关组按疾病类别计算，而诊断程序组合按每次住院次数计算。诊断程序组合于2002年由厚生劳动省引入，并于2003年开始与一次性支付系统相关联。2016年共有1 667家医院、495 227张床位参与了该系统，其中81所大学医院被强制采用诊断程序组合系统。在日本，大约55%的急症住院病人被该系统覆盖。

13.1.3 健康保险制度

1. 公共健康保险

自1961年以来，日本的卫生保健系统一直实行全民健康保险制度（universal health insurance system）。根据法律，所有日本居民（包括持有居留证的外籍人士）必须参加健康保险计划。日本主要有两种类型的健康保险，即雇员健康保险（Employees' Health Insurance）和国家健康保险（National Health Insurance，NHI）（以前称为社区健康保险）。雇员健康保险覆盖公务员或公司雇员及其家属，而国家健康保险是为自营职业者和失业人员（即那些没有资格成为雇员健康保险成员的人）设计的，由市政府（即城市、乡镇和村庄）管理。雇员健康保险进一步分为四大类，即日本健康保险协会（Japan Health Insurance Association，JHIA）、社会管理健康保险（Society Managed Health Insurance，SMHI）、互助协会（Mutual Aid Association）和海员保险（Seamen's Insurance）。

大多数人口（58.69%）享有雇员健康保险，其中，日本健康保险协会所占比例最大（28.67%），其次是社会管理健康保险（22.95%）和互助协会（6.96%）。国家健康保险覆盖了28.31%的人口。近几十年来，由于失业人数的增加（主要是退休后的老年人），国家健康保险覆盖的人口比例迅速增加，这给国家健康保险带来了巨大的财政负担。为了解决雇员健康保险和国家健康保险之间的财政不平等，政府于2008年引入了老年人（75岁及以上）晚期医疗制度。

日本的卫生筹资系统并不是所有保险基金都有一个单一的支付者，保险公司大约被分为3 000个组织。对于国家健康保险，市政当局负责收取保费。近几十年来，国家健康保险和雇员健康保险之间的财务差距一直是人们关注的主要问题。特别是，随着城市化和社会老龄化，自1961年以来，全民健康保险的风险池规模发生了显著变化，现在许多较小的城市面临资金基础下降和支出增加的问题。此外，不同城市的保费和收入水平也存在很大差异。

保险计划中有几种交叉补贴制度。对于国家健康保险，公共补贴将占国家健康保险总预算的50%，其中32%来自中央政府，9%来自地方政府。除了中央政府和地方政府的这些补贴，还申请了国家健康保险总预算9%的调整补贴，旨在提高地方政府的财政能力。中央和地方政府还通过以下方式支持流入国家健康保险的保费收入：对贫困家庭保费的补贴；对贫困家庭较多的国家健康保险的补贴、对调整各城市之间保费费率差异的补贴；对高额医疗费用的补贴。在雇员健康保险方面，与社会管理健康保险相比，日本健康保险协会由中小型企业组成，面临着巨大的财务负担。目前，中央政府也以最高 16.4% 的比例对财务薄弱的日本健康保险协会进行补贴。

  雇员健康保险与国家健康保险的筹资机制略有不同。雇员健康保险的保费将直接从其薪酬中扣除，由雇主代表保险公司进行代扣，保费应该由雇员和雇主平均分摊。不同的保险公司有不同的保费率，反映了其医疗支出和收入水平（医疗支出较高且收入水平较低的保险公司将需要征收更高的保费以确保足够的收入）。对于工薪阶层而言，平均税率约为其收入的 10%，上限为 13%。对于国家健康保险而言，地方政府有责任确定保险费率，并且各个自治市的保险费率结构存在较大差异。这些费率因地方政府而异，最低为每年 2 586 美元（占收入的 7.3%），最高为每年 5 635 美元（占收入的 15.9%）。

  2000 年，政府根据长期护理保险法（Long-Term Care Insurance Act）创建了一项新的社会保险计划——长期护理保险制度（Long-Term Care Insurance System，LTCI）。长期护理保险覆盖 65 岁及以上需要长期护理或社会服务（包括护理、日间服务、在家中租用福利器材以及在社会福利和医疗机构接受长期护理）的老年人。为保持可持续性，每三年对其进行一次审查和修订。由于社会老龄化，长期护理保险一直面临成本上升的问题，最近的改革重点是控制成本，同时保持长期护理服务的质量和数量。2015 年进行最新改革，把受益人的自付服务费用从 10% 提高到 20%，改革还规定减少对生活在贫困线以下的人的支付。根据病人病情的严重程度和需要，受益人被分为 7 个等级，包括 2 个需要支持的等级（1 级和 2 级）和 5 个需要长期护理的等级（1 级至 5 级），最轻的需要 1 级支持，最严重的需要 5 级长期护理。虽然所有受益人都已纳入长期护理保险，但为了控制成本，在 2015 年进行修订后，需要最轻支持的两个级别（1 级和 2 级）现在已被排除在长期持续护理保险之外，由地方政府提供保险和资金（福利和覆盖范围因市而异）。

  日本政府规定了国家健康保险补偿的所有药品的收费表价格。根据日本《药事法》规定，凡是处方药均可申请进入医疗保险补偿目录（日本药品价格基准），同时纳入政府定价范围。未纳入医疗保险的药品不能补偿，市场销售量很低。医保目录兼有"品目表"和"价格表"的功能：健康保险药品管理主要体现在药品价格基准制度，即健康保险药品目录管理，该用药目录规定了其健康保险涵盖的药品目录，即具有"品目表功能"，也规定了所使用药品的结算价格，具有"价格表功能"，即政府根据费用表（fee schedule）确定国家健康保险补偿的所有药品的零售价，健康保险根据政府定价补偿药品费用。目前，补偿药品目录包括近 16 000 种口服、注射及外用药物。

2. 自愿私人健康保险

自愿的私人健康保险在日本相当普遍，人们参加私人保险是为了支付国家健康保险计划不包括的费用（如交通、食物和因不工作而造成的收入损失）。所有日本居民都受国家健康保险计划的覆盖，并且必须支付 0~30% 的卫生支出作为自付费用。这些私人健康保险计划本身并不是严格意义上的保险，而是支付与没有疾病时的收入数额相等的补充收入，而不是支付国家健康保险计划已经涵盖的医疗支出。截至 2015 年，自愿健康保险市场总规模约为 4 000 亿美元，仅次于美国，居世界第二。据估计，日本近 90% 的家庭至少参加了一种自愿私人健康保险。

13.2 药品价格管制方法

国家健康保险价格（national Health Insurance Prices）由厚生劳动省内部的一个独立机构——中央社会保险医疗委员会（Central Social Insurance Medical Council, Chuikyo）制定。每隔一年，厚生劳动省从学术界和各种利益团体为中央社会保险医疗委员会挑选 20 名成员，包括日本医学会（Japan Medical Association）（内科医生）、日本医药协会（Japan Pharmaceutical Association）（药剂师）和日本工会联合会（Japan Trade Union Confederation, Rengo）（雇员）。

日本药品定价有一套完整的管理办法，对新药（专利药）和仿制药实行不同的定价政策。药品价格由厚生劳动省根据一个非常结构化的系统加以控制，包括内部参考定价和根据国际价格进行调整。

13.2.1 新药补偿价格设定

日本新药的补偿价格参照已批准的类似药品的价格确定，并根据平均国外价格进行调整后制定。如果没有类似的药品，则按原料成本和其他成本核算价格。具体有以下三种定价方法。

1. 比较定价方法

大多数药品是按照比较定价法进行价格审批的，新进入的药品要与《药品价格基准》中已存在相同疗效类似药品进行比较，结合药品创新程度定价。类似对照药品的选择是基于对适应症、作用方式和新制剂与现有药品的化学结构的顺序分析。

中央社会保险医疗委员会对药品价格进行算定，步骤如下：（1）如市场已有类似药，采取类似药效比较方式（根据有创新性，分为I、II）；如市场无类似药，则采取成本计算方式；（2）选定类似对照药品时只能选取专利药和原研药，不能选取仿制药；（3）适当调整加价的适合性（是否符合溢价条件）；（4）产品生产成本及系数（仅限于成本计算方式）。

类似药效比较方式I的新进入的药品有较高的有用性时，进行溢价调整，具体由中央社会保险医疗委员会组织专家进行评定，评价是否具有创新性、市场性及有用性等。"创新性和有用性"判定标准为：（1）新进入的药品有一个临床有用的新作用机制；（2）新进入的药品客观地表明比现有同类（对照）药品更有效和更安全；（3）由于配方的改进，新进入的药品客观地显示出比其他同类药物有更大的治疗效用；（4）新进入的药品客观地显示出可以改善对指定疾病或创伤的治疗。"市场性"判定标准为：（1）国家健康保险价目表中根据《药事法》第77条第2款规定的孤儿药品，疾病或创伤的罕见症状是有关药品的主要适应症；（2）日本标准商品分类规定的药品适应症分类中，市场规模较小，国家健康保险价目表中主要适应症与单独规定的适应症类别对应的新药。"小儿"判定标准为：新进入的药品在适应症部分或剂量和用法部分明确说明适用于儿童（包括婴儿、哺乳期婴儿、新生儿、及低出生体重儿）。

类似药效比较方式 II 缺少创新性的新药，与过去几年中类似药的药品价格相比，取其最低价格。缺少创新性的新药应具备以下所有条件：不属加价调整对象；药理作用类似药有 3 个以上；最早的药理作用类似药进入目录已达 3 年以上。

新药比较定价方法首先明确了药品创新标准，确定每个药品的创新程度。定价时，需要选取临床疗效、药理结构、组成及化学结构式、剂型分类以及用药途径等方面具有类似性的药品作为对照品。其次，明确了不同创新程度的溢价标准，将新药与对照品进行对比分析。第三，确定按照四项分类标准，即创新性溢价、有用性溢价、市场性溢价和小儿溢价，给予不同幅度的溢价。第四，在对创新程度评估确定后，按照溢价档次的标准计算各种新药的价格。其中，创新性溢价幅度最大，目前为 70%～120%，是指对具有新的适应症和较高的临床疗效或安全性的药品进行加算，其余标准加算幅度较低，在 5%～60%。创新性较低的药品是那些被认为与现有药品太相似而不能保证任何溢价的药品，这些药品定价与对照品的价格相同（通常按每日费用计算），根据外国价格调整规则，这些药品没有资格涨价。当新药比对照品缺乏创新性和有用性时，原则上选取药品价格目录中所有类似药在过去 6 年内的最低日均费用和 10 年内的日均费用的最低值测算新药品价格。

2. 成本加成定价

成本加成定价法适用于没有类似药品的新药定价，通过生产成本加合理利润和费用的方法制定价格。成本定价法具有四方面特点：一是生产企业要提供完整详细的成本及相关信息，包含了企业在生产和销售环节发生的所有成本费用，报送其生产流程以及各道工序的参与人数和时间等。二是客观反映生产成本。通过对企业生产成本的调查和评估，在定价过程中合理考虑企业的成本因素。三是重点参考行业标准，体现社会平均成本水平。部分费用或利润项目可参考行业平均系数调整（如销售费及一般管理费率为 0.377 等），具体系数由日本政策投资银行或厚生劳动省医政局经济科根据行业调查和研究结果定期发布。四是调整营业利润率，体现政策导向。根据药品的创新性、有效性和安全性的不同程度，对营业利润率在 ±50% 的范围内浮动调整，对具备上述特点的药品体现鼓励政策。

3. 外国价格调整

根据参考标准或成本加成法计算的价格须经外国价格调整（Foreign Price Adjustment，FPA）。在外国价格调整下，药品价格与美国、法国、德国和英国四国的外国平均价格（Average Foreign Price，AFP）进行比较，并根据比较结果向上或向下修正。实际上，根据外国价格调整的计算公式，国内价格比较差和溢价较低的药品可以将其价格提高到日本与外国平均价格点之差的 50% 左右。另一方面，如果日本本土的价格决定导致比国外平均价格高得多的价格，就可以降价。采用的计算方法是，如果国内计算价格（Internally Calculated Price，ICP）高于或等于 1.5 倍的外国平均价格时，那么该药最终价格 =[1/3× 国内计算价格 / 外国平均价格 +1]× 外国平均价格；如果国内计算价格低于或等于 0.75 倍的外国平均价格时，那么该药最终价格 =[1/3× 国内计算价格 / 外国平均价格 +0.5]× 外国平均价格。

在外国价格调整计算的适用性方面还有一些额外的限制：外国价格高于最低外国价格 5 倍以上的，不计算在内；最高价格是其他价格平均值的 2 倍以上时，在至少有三种外国价格可供选择的情况下，假定该国价格为平均价格的 2 倍。

此外，在以下情况，外国价格调整下的价格上涨不能适用：

①外国价格调整只有一个国外价格的药品；

②药品的不同形式（例如效力）会导致更高或更低的国外价格；

③药品的定价是基于类似的疗效比较的价格设定（新颖性较低的药品）。

日本的外国价格调整规则在很大程度上是一个被低估的影响日本价格的机会，仔细规划美国、法国、德国和英国之间的新药品价格和相关上市顺序，能够对日本新药的盈利机会产生巨大影响。引入外国价格调整最初是为了解决日本定价体系的一个明显缺陷，以奖励重大的药品创新。即使在最有利的创新溢价为 120% 的情况下，创新药物也很难达到一个可以接受的价格水平，除非参考药品已经是一个高定价药品。

13.2.2 仿制药定价

当第一个仿制药进入市场时，它的价格被设定为原研品牌药品价格的70%。在 10 种以上属类相同的仿制药上市后，口服仿制药的价格被设定为60%。新上市的仿制药品价格以最低价格水平定价，当市场上有 20 多种仿制药时，新上市仿制药的价格是最低价格的 90%。仿制药一致性评价旨在保证仿制药和原研药质量的一致性，从外部溶出曲线和生物等效等方面，日本对700 个药品做了仿制药一致性评价试验，淘汰了质量差的仿制药，提升了日本整体仿制药的质量和水平。

药品和医疗器械管理局已经宣布计划将仿制药的价格从原研品牌药品价格的 70% 进一步降到 50%。首个仿制药进入目录后第一次药品价格调整时，原研药（稀少疾病用药除外）按基本规则调整后药品价格再下调 4%~6%。此外，长期列入目录药品的价格已经确定进行价格削减。长期列入目录的药品是过专利期药品，其仿制药替代率按数量计算低于 60%。这两项举措都应该放在药品和医疗器械管理局的背景下考虑，该部门表示将把过专利期药品市场的仿制药替代率提高到至少 60%，是 2013 年实现的 2 倍多。

在 2017 年，一种名为"Nivoluumub"的新化疗药品开始出售，最初用于治疗恶性黑色素瘤，成本约为 336 110 美元 /（年·人）。随后，它的应用范围扩大到某些类型的肺癌和肾细胞癌，并开始给全民健康保险制度带来严重的财政负担。厚生劳动省紧急将补偿率下调至 50%。此后，为了更好地反映市场趋势和遏制药品支出的快速增长，厚生劳动省决定将修订时间表由每两年一次改为每年一次。关于如何在控制新药成本的同时促进研发（即鼓励制药公司）的辩论一直在进行。

13.2.3 目录药品的定价调整

医疗机构药品采购价格和国家健康保险补偿价格之间的差额可以成为这

些组织的一个收入来源，特别是当制药公司提供折扣激励以鼓励使用其药品时。自20世纪80年代以来，中央社会保险医疗委员会一直试图通过多年演变而成的各种价格调整公式来解决这一问题。

补偿价格过去每两年修订一次，修改后的价格是根据近两年的市场价格确定的。为了计算价格，政府在修订前根据《健康保险法》授权进行市场药品价格调查。这项调查是与批发商密切合作进行的，批发商提供与卫生保健提供者的交易记录。官方的补偿价格根据交易价格的加权平均值调整而设定，通常为2%。这一制度降低了所有药品的报销价格，每次修订都减少了大约45亿美元的药品成本。2017年以后，为了更好地反映市场趋势，并遏制药品支出的快速增长，厚生劳动省决定将补偿价格修订时间表从每两年一次改为每年一次。

这些调整被称为R区价格调整，调整后的国家健康保险价格计算如下：

WAWP(Weighted Average Wholesale Price)= 医院/药房税前加权平均批发价

国家健康保险价格(NHI Price)=WAWP+[1+ 消费税率]+ 调整

13.3 药品价格管制效果

2013年药品费用占全部卫生支出的22.1%。虽然药品总支出逐年增加，但其增长速度与卫生支出增长速度基本一致。开出了约8亿张处方，公共医疗保险为处方药支付了约642亿美元。2015年仿制药占药品采购总量的比重为33.5%，占销售额的比重为12.4%，远低于美国、英国、德国等发达国家的91.9%、75.0%和84.8%。在日本，品牌药长期受到市场保护，仿制药在专利到期后并未得到广泛应用。政府最近制定了提高仿制药替代率的政策，推广仿制药已成为减少医疗支出的核心措施之一。

2007年，内阁府经济和财政政策委员会制定了"促进仿制药安全使用的行动计划"，并设定了到2012财年将仿制药的数量份额提高到30%的目标。然而，仿制药的实际份额到目前为止还没有跟上高预期的步伐，2013年，厚生劳动省推出了"进一步促进仿制药的路线图",目标是到 2017 财年将仿制药的份额增加到 70%,到 2020 财年进一步达到 80%(截至 2015 年 9 月为 56.2%)。这一新的路线图包括六大行动支柱:(1)非专利药的稳定供应;(2)保证仿制药质量;(3)共享信息和交流;(4)为仿制药的进一步使用创造环境;(5)修改全民健康保险;(6)监测和评估路线图。

第 14 章 中国药品价格管制

14.1 药品价格管制的制度环境

14.1.1 卫生保健系统的组织

改革开放以前，中国建立了一个成功的公共卫生保健系统。政府拥有、资助和配备从农村诊所到城市医院的所有卫生保健机构，所有医生都是国家雇员。由于大多数中国人口居住在农村，所以，卫生保健由拥有土地和组织农业生产的各个公社负责组织。在这些公社经营的卫生保健中心工作的都是被称为"赤脚医生"的非正式医护人员和接受基本培训的卫生干部。此外，还有一个强大的公共卫生机构，参与广泛的免疫运动和改善卫生条件等活动。

在 20 世纪 80 年代早期，随着中国市场经济改革的不断深入，政府放弃了许多卫生保健责任。1978—1999 年，中央政府在卫生总支出所占的比重从 32% 降到 15%。卫生支出主要由各省和个人负担，病人自付费用占卫生总支出的比例从 1978 年的 20% 增加到 2001 年的 58%。随着政府撤资，"赤脚医生"失业，用于公共卫生活动的资金大幅减少，这导致了中国原本强大的初级保健和公共卫生体系的崩溃。原有的农村医疗保险计划也崩溃了，到 1999 年，只有 7% 的农村居民有一些形式的保险。在大型医院，政府规定，资金短缺可以通过对药品、设备和诊断测试等收取 15% 的加成来弥补，医生和医院可以从这个加成中获得收入。15% 的加成政策激励了昂贵的、往往不合理的治疗，并对药品政策造成了显著的负面影响。2011 年，中国的药品支出占 GDP 的 37.6%，远高于经合组织国家 19% 的平均水平。

在对卫生保健状况普遍不满之后，中央政府于 2009 年 4 月公布了重大改革，目标是到 2020 年为所有人提供负担得起的公平的基本卫生保健。改革集中在五个优先领域：以 2011 年实现全民保险为目标，扩大保险覆盖面；通过政府支出，特别是在低收入地区，加强公共卫生服务；促进和建立初级保健机构,从长远来看,这些设施将成为卫生保健系统的"守门人";通过推进试点,鼓励公立医院改革;改革医药市场,制定国家基本药物目录。

在中央层级,卫生保健的责任分散在各个部委,所有部委都在最高行政机构国务院的监督之下。涉及卫生保健的主要部委是国家卫生健康委员会(简称卫健委)、国家发展和改革委员会(简称发改委)、人力资源和社会保障部(简称人社部)。其他参与卫生保健的部门包括财政部、民政部、工业和信息化部、商务部以及中国保险监督管理委员会。国家卫健委和其下属机构国家中医药管理局是最高卫生行政机构,主要职责包括:为医疗改革提供全面指导;基本药物目录的管理,包括药物选择和招标;新型合作医疗计划的管理;促进公立医院和基层医疗改革。

国务院其他部委承担了规划、融资以及健康保险管理的相关职责,这些部门包括发改委、民政部、财政部和人社部。发改委的主要职责是监测、预测和调节药品、医疗器械及医疗服务的价格,它还设有高科技产业办公室,负责规划新兴产业的战略发展。人社部主要负责管理城镇职工基本医疗保险、城镇居民医疗保险以及新型农村合作医疗(简称新农合)。

财政部为卫健委、人社部以及民政部起草预算,它还管理中央政府向地方政府提供的支持卫生保健的补贴,并收集各种健康保险计划的信息。民政部负责为城市和农村地区最贫困人口维持一个社会安全网,其作用延伸到获得保健服务。工信部负责实施"十三五"规划的制药部分,编制用于招标的制药公司排名,它还发布疫苗生产计划,加强基本药品供应管理,监督医药产业结构调整。商务部在卫生保健方面的主要作用是通过反垄断局和市场秩序办公室处理地方保护主义问题,并与其他部门合作,打击侵犯知识产以及假冒和其他类型的欺诈行为。该部还对涉及进口药品的进出口进行管理。中国保险监督管理委员会负责管理商业健康保险。

国家市场监督管理总局管理的国家药品监督管理局作为主要的药品监管机构,负责药品、医疗器械、食品和化妆品在中国的注册和审核工作。药品评价中心(CDE)是国家食品药品监督管理局下属的技术审查部门。食品药品监督管理局负责发布良好制造规范(GMP)和良好实验室规范(GLP)的政策,以及良好供应规范（GSP）和良好临床规范（GCP）的法规，并进行检查以确保合规。它还为临床药师制定执业标准，负责临床药师的注册，并负责中药监管。国家知识产权局的职责是管理中国的专利和知识产权，并在专利和知识产权纠纷中执行法院判决。国家工商行政管理局负责协助商务部打击垄断、不公平竞争行为和非法行为，包括贿赂和走私。国家中医药管理局负责协调和推动中医药研发工作，制定中医药相关政策。

卫生管理实行以国家卫健委和省、市、县三级卫生行政部门为主体的四级管理体制。尽管中国卫生体制经历了多轮精简管理、分权化的行政改革，但在立法和行政决策方面，中央政府都发挥着主导作用。地方各级政府根据中央政府确定的原则和指示，组织实施地方规划和决策。省、市、县各级地方卫生主管部门在上级卫生主管部门的领导和指令下，负责本辖区的卫生行政工作，在乡（镇）一级没有独立的卫生行政机构。地方卫生行政机构的内部组织结构沿用国家卫健委的组织结构，大多数设有医疗行政管理、初级保健、妇幼保健、卫生监督、疾病控制、规划和财政等部门，其管理职能与中央卫生行政机构相同，服从上级主管机关的领导和指导。

卫生服务主要由地方政府组织，地方政府在卫生服务的建立、运行和监测方面发挥着重要作用，中央政府主要资助针对乙型肝炎疫苗接种、改善饮用水和厕所等问题的重大公共卫生计划以及不发达地区的基本卫生财政保护计划。另一方面，地方政府为公共卫生机构、公共乡镇卫生中心和社区卫生服务机构的人员、基础设施、设备和其他发展项目提供资金。

私人卫生保健提供者主要包括私人诊所、私立医院、初级卫生保健中心和乡镇卫生中心。但私立医院通常规模较小，人数和床位都较少。2019年，私营医疗机构占全国所有医疗机构的38.8%，仅雇用16.7%的卫生人员，拥有14.3%的床位。政府积极促进私营医疗部门的发展，鼓励更多的社会投资建设医疗机构，以便更多的参与者能够进入卫生保健市场。

商业健康保险出现于20世纪80年代。随着人们对健康保险需求的不断增加，保险公司推出了各种各样的健康保险方案。2006年8月，中国保监会颁布了《健康保险条例》，对财产保险、人寿保险和健康保险公司的经营建立了统一的监管标准。2013年,国务院发布《关于促进健康服务业发展的意见》,提出鼓励企业、慈善机构、基金会和商业保险公司通过赞助、重组、主办或购买卫生保健机构来投资卫生服务行业。大力支持私人伙伴赞助提供基本卫生服务的非营利性卫生保健机构,并鼓励商业保险公司提供多样化、多层次和标准化的计划和服务。

在中国,包括慈善机构、基金和各类专业团体在内的非政府组织也活跃在卫生系统的各个方面。一些专业协会在卫生管理中也发挥了一定的作用,包括中华医学会(CMA)、中国中医药协会(CACM)、中国预防医学会(CPMA)、中国医师协会(CMDA)和中国护理协会(CNA)。这些专业协会的职责包括组织在职培训或继续医学教育,向政府和相关部门反映卫生工作人员的意见、建议和要求,组织专家协助政府进行相关法规或政策的论证。

卫生保健的资金来自政府和私营部门。政府的投入包括对卫生和社会医疗保障基金的直接财政拨款。前者包括中央和地方政府为公共卫生保健提供者的运营和发展以及公共卫生计划提供资金,例如为基本公共卫生服务均等化提供补贴。后者包括城镇职工基本医疗保险(UEBMI)、城镇居民基本医疗保险(URBMI)和新型农村合作医疗(NRCMS)三种医疗保险,以及大病医疗保险等补充医疗保险。保险计划共同构成了覆盖世界上最多人口的医疗保障网。私人资金来源主要包括商业保险、个人自费付款、工作场所卫生筹资计划和非营利组织筹资计划。

14.1.2 医疗服务提供模式

卫生保健服务提供体系包括公共卫生服务提供体系和医疗服务提供体系。公共卫生服务提供体系由疾病预防控制机构、妇幼保健机构、卫生教育机构、卫生信息机构和卫生监督管理机构等组成。医疗服务提供体系包括省、市、县三级医院和基层卫生机构。各级政府都建立了公共卫生服务体系和医疗服务体系(包括中医药)。卫生保健服务提供主要依赖于卫生部门监管的公立医院和其他公共医疗卫生机构,但近年来,非公立医院在卫生保健服务提供方面的补充作用也日益增强。卫生部门主管的医院包括国家级医院、省级医院、市级医院和区级或县级医院,而社区(乡镇)医疗机构一般受区或县卫生行政部门的指导。

1. 医疗服务提供体系

医疗服务提供体系从地理区域上划分为农村和城市两部分。公立医院在医疗服务提供中占主导地位,而非公立医院也发挥着重要作用。在农村,建立了以县级医院为骨干、乡镇卫生院和村级诊所为基层的农村卫生体系。县级医院负责急症护理和基本卫生服务,并为乡镇卫生院和村级诊所提供技术支持;乡镇卫生院负责常见病和流行病的诊断与治疗,并为村级诊所提供技术指导和管理指导;村级诊所负责常见病的诊治,乡镇卫生院和村级诊所都为农村人口提供基本公共卫生服务。在城市,建立了以社区一级的服务作为基层、社区卫生机构与城市医院协作的城市医疗服务提供体系。社区卫生机构负责为城市居民提供基本公共卫生服务,并为常见疾病提供治疗和康复服务。通过协调机制,市医院采用提供技术支持和人员培训的方式支持基层卫生机构的可持续发展。市、省和国家等更高层级的大型综合医院提供急症和紧急医疗,重点治疗严重和复杂的疾病,以及促进医学教育和科学研究。然而,目前的卫生资源配置大多集中在医院。2019年,全国医疗卫生机构床位近880.7万张,公立医疗机构床位686.1万张(77.9%)。

医疗服务提供体系还包括中医、藏医和蒙医等传统医疗服务体系,中医体系由公立和民营中医医院和国家、省、市、县级综合医院的中医科室组成。

2. 公共卫生服务提供体系

公共卫生服务提供体系主要由三类机构组成。第一类是国家、省、市、县四个层级的疾病预防控制机构、妇幼保健机构、卫生监督机构和精神卫生专业机构。乡镇和村一级没有这种机构,但其部分职能由乡镇医院和村诊所等医疗机构承担。疾病预防控制机构负责管理与职业卫生、辐射卫生、环境卫生和学校卫生有关的公共卫生技术和服务,设有各级疾病预防控制中心和其他特定疾病预防控制机构，如口腔疾病和精神疾病预防控制机构。妇幼保健机构主要为妇女儿童提供医疗保健服务；卫生监督机构负责食品卫生、非法医疗和传染病的监督；专业精神卫生机构负责精神障碍的预防、治疗、管理、技术支持和指导。第二类是初级卫生服务机构，包括社区卫生服务机构、乡镇卫生中心和村卫生中心。第三类是以综合医院为主的公共卫生服务提供者。这三类机构根据各自的功能和能力提供不同类型的公共卫生服务。

2003—2006年，中国建立了疾病预防控制体系和突发公共卫生事件医疗救治体系两大公共卫生体系。2009年，实施《国家基本公共卫生服务规划》，向所有居民免费提供基本公共卫生服务，该规划促进不同经济发展状况地区的居民平等获得基本公共卫生服务。

3. 卫生保健服务提供机构

中国主要有三种类型的卫生保健服务机构，即医院、初级卫生保健机构和公共卫生专业机构。卫生部门没有建立"守门人"和转诊制度，医院是中国卫生保健服务提供体系的基石，它提供了全国90%以上的住院服务和相当一部分的门诊服务。医院不仅提供住院和门诊服务，也提供初级卫生保健服务。医院根据其目标群体或疾病分为综合医院和专科医院，综合医院为普通民众提供各种疾病的医疗服务，专科医院提供特定领域的医疗服务，如儿童医院、五官医院、妇产医院或口腔医院等。医院也分为对西医医院（抗疗法医院）和中医医院（传统医学医院）。大多数医院都提供西医服务，并且几乎每个县、市都有一所中医院。在一些少数民族人口集中的地区，还设立了藏医、蒙医等多种中医专科医院。根据所有权的不同，医院还可以划分为公立医院和私立医院。中国大多数大型医院都是公立医院，但近年来私立医院的数量增长迅速。大多数私立医院是营利性的，但也有一小部分是非营利性的私立医院。2019年，全国有医院34 354家（床位6 866 546张），其中城市医院18 179家（床位4 010 641张），农村医院16 175家（2 855 905张）。按登记注册类型分，公立医院11 930家（床位4 975 633张，占72.5%），非公立医院22 424家（床位1 890 913张，占27.5%）。

从1989年起，医院按照规模和功能划分为三级，即初级医院、二级医院和三级医院。初级医院或初级卫生机构在社区提供预防、临床治疗、卫生保健和康复服务。初级医院一般有20~99张病床，其职责包括：（1）预防性卫生保健，如疾病控制和社区卫生、妇女和儿童保健、计划生育服务及健康教育；（2）医疗服务，如社区常见病住院与门诊服务、急救和医疗康复；（3）卫生管理，如应对突发公共卫生事件，卫生政策的执行。这些医院通常被称为初级医疗卫生机构。以地区医院为代表的二级医院向多个社区提供全面的医疗卫生服务，并提供医疗培训和研究。二级医院的病房床位在100~499张之间，其主要职责包括：（1）医疗服务（持续和综合治疗、护理、预防性保健和康复护理）；（2）医学培训和临床研究；（3）支持该地区初级卫生保健机构开展社区保健、预防医学、康复和精神卫生工作。三级医院服务于多个地区，提供高水平、专业化的医疗服务，并承担高等教育和科研工作，每一所三级医院有500多张病床。三级医院的主要职责包括：（1）专科医疗服务、危重疑难病例救治、接受二级医院转诊、基层卫生机构技术指导和卫生技术人员培训；（2）培养各专业高层次人才和承担省部级以上科研项目；（3）参与和指导初级和二级预防工作。

初级卫生保健机构包括城市地区的社区卫生服务中心或站、农村地区的乡镇卫生中心和乡村诊所，大多数乡村诊所都是私人的。初级保健机构为社区居民提供初级保健服务，包括基本医疗和公共卫生服务。

县级以上专门公共卫生机构包括疾病预防控制中心、专科医院或特殊疾病治疗和预防机构、妇幼保健中心、卫生检查和监督机构。这些专门机构在各自的地理区域内提供公共卫生服务，包括传染病和慢性病的预防和治疗、妇幼保健和健康教育。乡镇和社区没有专门机构，初级卫生保健机构的专业人员承担医疗和公共卫生服务的责任。

4. 卫生支出

中国的卫生总支出一直在快速、稳定地增长。从2010年到2019年，卫生总支出从19 980亿元人民币增加到65 841亿元。卫生总支出占国内生产总值（GDP）的比重，在此期间，由 4.85% 上升至 6.64%。虽然卫生总支出一直在快速地增长，但卫生总支出占 GDP 的比例仍远低于 2012 年经合组织的平均水平的 9.3%，在五大新兴经济体中处于中等水平：巴西（10%）、俄罗斯（7%）、印度（4%）、中国（6.6%）和南非（9%）。中国的卫生保健支出是根据医疗机构的官方收入而不是通过实际支出来计算的，因此，一些自费支付，例如病人直接雇佣的护士，以及任何非官方收入，如红包，都不包括在官方数据中。

按绝对值计算，中国人均卫生支出仅为 672 美元，低于经合组织平均 3484 美元的七分之一。卫生总支出增长一直超过 GDP 增长，在 2010—2019 年间，其年增长率为 14.2%。在此期间，社会卫生支出增长最快，平均每年增长 16.8%，相比之下，政府卫生支出增长 13.6%，个人卫生支出增长 11.4%。

2019 年，在卫生总支出中，政府支出占 27.4%，社会支出占 44.3%，个人自费支出占 28.4%。近年来，政府财政资金大量增加，以支持医疗改革的努力。因此，政府卫生支出占卫生总支出的比例从 2006 年的 18.1% 上升到 2016 年的 30.0%。近几年政府卫生支出有所下降，2019 年为 27.4%。个人自费支出在 21 世纪初达到顶峰，几乎占到卫生总支出的 60%，但此后随着政府和社会支出的增加，个人自费逐渐下降。

各省的人均卫生支出也有很大差异。例如，北京（被认为是一个省级行政区）2018 年人均医疗支出为 11609.06 元人民币，而贵州，一个贫穷的南方省份，人均医疗支出仅为 3352.12 元。政府支出、社会支出和个人自费支出之间的支出细目在各省之间也有很大差异。

20 世纪 80 年代和 90 年代的一系列经济改革赋予医院在药品销售上收取 15% 的加成的权利，以补偿政府对医疗服务的低价格。低廉的服务收费表是 20 世纪 50 年代早期计划经济时代的残余，计划经济时代把价格定得低于成本，以保证人人都能获得卫生保健。收入缺口由政府补贴来弥补，在经济改革之前，政府补贴占医院运营预算的 60%，但在经济改革之后，政府补贴大幅削减。因此，医院越来越依赖药品的销售来为日常经营提供资金。从 2006 年到 2011 年，药品销售稳定地占到医院预算的 40% 左右，而政府的各种直接补贴仅占 7%。2015 年后，医院药品销售所占比例从 36.2% 逐年降低到 2019 年的 28.3%，政府财政拨款收入从 9.0% 增加到 9.7%。

中国药品支出占卫生总支出的 40%，高于经合组织的平均 20%。这一比率也高于可比的金砖国家，包括巴西（12%）、俄罗斯（18%）或印度（26%）。非处方药品支出也有所增加，截至 2011 年为 1620 亿元人民币，占药品总支出的 18%。与药品总支出一样，近年来非处方药品支出的增速也逐渐下降。大部分药品支出发生在医院和其他卫生保健机构，而不是零售药店。

公立医院药品费用占住院病人就诊总费用的比例从 2010 年的 43.4% 下降到 2019 年的 27.2%，而门诊病人的药品支出占总医疗费用的比例从 2010 年的 52.3% 逐渐下降到 2019 年的 42.0%。

1990 年代初期，外资制药企业在医院市场开始使用医药代表和各种"回扣"来推销其药品。在发达国家，这是一种典型的向医院推销新药的模式。然而，在中国这样一个特殊的市场环境下，这种药品营销模式却演变成一种返还给医生回扣的竞争，因为医生从某种药品的处方中得到的回扣越多，医药代表就越容易把该药品销售给医院，这就更进一步强化了药品市场的反价格竞争特点。因此，在这样一个扭曲的药品市场，医生有动机开出昂贵和不必要的药品处方，导致医疗费用中药品支出所占比例居高不下。

14.1.3 健康保险制度

1. 基本医疗保险制度

中国城乡居民基本医疗保障制度由基本医疗保险制度和贫困人口医疗救助制度组成。基本医疗保险制度原来主要由 3 个医疗保险计划组成，每种计划都覆盖特定的人口。具体来说，就是将城镇职工、城镇失业人员和农村居民分别纳入城镇职工基本医疗保险、城镇居民基本医疗保险和新型农村合作医疗。2016 年 1 月，国务院发布《国务院关于整合城乡居民基本医疗保险制度的意见》，提出整合城镇居民基本医疗保险和新型农村合作医疗两项制度，建立统一的城乡居民基本医疗保险制度。2020 年，全国参加基本医疗保险人数超过 13.6 亿人，参保率稳定在 95% 以上。

（1）城镇职工基本医疗保险。城镇职工（包括退休人员）必须参加城镇职工基本医疗保险，保险计划核准的门诊、住院和零售药店等费用可以通过参保人的保险卡立即获得补偿。单位和职工共同支付有关城镇职工基本医疗保险费用（最低分别为职工收入的 2% 和 6%）。单位缴纳的资金用于建立统筹基金和个人账户，而参保人缴纳的钱款全部进入个人账户，具体缴款比例一般由地级市政府决定，退休人员无须缴纳。个体工商户和失业人员可以按照地级市上年度平均收入缴纳由用人单位和职工共同缴纳的全部缴费，加入城镇居民收入保障计划或城镇居民收入保障计划。职工医保政策范围内住院费用基金支付 85.2%。

（2）城乡居民基本医疗保险。城乡居民基本医疗保险覆盖范围包括现有城镇居民医保和新农合所有应参保（合）人员，即覆盖除职工基本医疗保险应参保人员以外的其他所有城乡居民。2020 年，参加全国城乡居民基本医疗保险 10.2 亿人，其中成年人、中小学生儿童、大学生分别占参保总人数的 73.8%、24.2% 和 2.0%。城乡居民基本医疗保险实行个人缴费与政府补助相结合为主的筹资方式，2020 年，居民医保人均筹资 833 元。居民医保基金主要用于支付参保人员发生的住院和门诊医药费用，政策范围内住院费用基金支付 70.0%，实行门诊统筹。

一般来说，地级市和县的两种基本医疗保险都建立了统筹基金，对符合条件的大病住院或门诊费用，可从统筹基金中报销，并设置一定的免赔额、自付额和最高限额，与病人建立费用分担机制。参保居民自费支付主要是基本医疗保险报销目录中不包括的药品或服务、门诊或住院的可扣除项目、共同支付和超过限额的费用。

虽然中国基本医疗保险参保率已达到总人口的 95%，但由于两种基本医疗保险的筹资水平不同，其覆盖范围、共同支付水平和报销限额也有很大不同。在这两个基本医疗保险中，覆盖范围因地区而异，因为许多保险计划通过地方政府获得额外资金，这些因素导致卫生保健和药品的个人自费支出很高，占卫生总支出的三分之一。对于城镇职工基本医疗保险的参保人，门诊、住院和指定药店等基本医疗服务均有资格获得补偿。然而，基本医疗服务的内容仍然受到国家保险目录的限制。对于大多数地区城乡居民医疗保险的参保人，只有几种大病的住院服务和门诊服务有报销资格。此外，基本医疗服务的范围比城镇职工基本医疗保险要窄，报销比例更低。保险也不容易转移，中国 2.6 亿多农民工中有许多人没有医疗保险，这是因为他们的医疗保险与他们的户籍所在地（他们来自的农村地区）挂钩，他们在工作的城市没有资格享受城镇基本医疗保险。2016 年发布的《国务院关于整合城乡居民基本医疗保险制度的意见》提出，"农民工和灵活就业人员依法参加职工基本医疗保险，有困难的可按照当地规定参加城乡居民医保。各地要完善参保方式，促进应保尽保，避免重复参保。"

2. 贫困医疗救助和紧急救援

贫困医疗救助包括城镇贫困人口医疗救助和农村贫困人口医疗救助，是中国多层次医疗保障体系的安全网，为最低收入家庭成员和其他贫困人口提供援助。通过政府资助、社会捐赠等多种渠道，为贫困医疗救助筹集资金，确保贫困人口获得和负担得起基本医疗服务。住院费用是医疗救助的优先费用，但门诊服务也可以包括在内。此外，医疗救助还为贫困人口参加城镇居民基本医疗保险或新农合提供资助，使他们能够享受保险福利。个人自费支付如免赔额和共同支付也有资格获得医疗救助财政支持。

2013 年建立了疾病紧急救援和财政救助制度，规定对无身份证件的病人的急诊费，或对有身份证件但无支付能力的病人的未支付急诊费，应由事故行为人、伤害保险、基本医疗保险、公共卫生基金、医疗财政援助基金、道路交通事故社会救助基金和（或）任何其他有关保险计划等支付。如果没有这些渠道，或者在支付后仍有一些未支付的费用，应由紧急救援和财政援助基金提供财政援助。

3. 重大疾病保险计划

重大疾病保险计划是基本医疗保险的延伸，这些计划在基本医疗保险报销限额的基础上，为癌症及罕见病等重大疾病病人高昂的医疗费用提供补充保险。大病保险是由城镇职工基本医疗保险在省级有关机构的监督下建立的，城镇职工基本医疗保险基金的一定比例（由地方政府决定）将保留给重大疾病保险计划，城镇职工基本医疗保险的参保人可以从该基金中报销超过城镇职工基本医疗保险规定上限的医疗费用。

2012年，为提高城镇居民基本医疗保险和新农合参保人大病医疗费用负担能力，中央六部委下发指导文件，启动了城乡重大疾病保险计划。大病是指超过居民上一年人均收入的高额医疗支出。在发生高额医疗费用时，病人将首先通过城镇居民基本医疗保险或新农合进行报销，而重大疾病保险将进一步补偿其余符合条件的个人自费支付费用。在地方卫生改革指导小组的领导下，各省卫生、社会保障及发改委等部门共同制定了关于大病保险计划的保费、福利、最低报销比例以及求医和收费的政策。2016年，城乡居民大病保险全面推开，保障水平大幅提升。目前，政府正在考虑让私人保险公司经营这些计划。

4. 私人医疗保险

随着市场经济的进一步完善和居民收入的增加，人们对健康服务的需求不断扩大，私人医疗保险在医疗保险制度中发挥着越来越重要的补充作用。对私人医疗保险的需求主要来自两类群体。一类是对于部分地区被排除在基本医疗保险之外的个体工商户、私营企业和乡镇企业职工，参保限制较少的私人医疗保险提供了更好的选择。另一类是基本医疗保险的参保人，需要基本医疗保险不报销但私人医疗保险覆盖的特殊检查、治疗和药品。目前，学生私人医疗保险、补充医疗保险、包括全部或部分医疗保险、伤害保险、财产保险和人寿保险在内的商业保险套餐在市场上很普遍，很受欢迎。2012年，六部委印发的《关于城乡居民重大疾病保险的意见》再次明确，鼓励商业保险机构实施重大疾病保险计划，提高市场机制的效率、服务和质量。

企业集体参加私人医疗保险是很普遍的，为员工提供福利的同时提高劳动生产率。这些私人医疗保险旨在提供高于城镇职工基本医疗保险的补充报销，例如，未列入国家保险目录的药品被私人医疗保险覆盖，并且参保者还可以享受一些膳食补贴。学生集体参加私人医疗保险目前比较常见，但该保险仅限于住院治疗。在私人医疗保险的帮助下，学生如果生病可以获得更多的补偿，追求补偿比例较高或医疗服务范围较广的基本医疗保险人群也可以购买私人医疗保险。年龄、性别、社会经济地位、教育程度及地区等因素会影响私人医疗保险的选择，并且年龄、性别、家族病史和健康状况等因素还将从私人医疗保险的角度限制选择。

2012年私人医疗保险市场格局的一个重大变化是大病保险计划开始向私人医疗保险采购服务。具体而言，由地方政府部门确定融资政策、报销范围、最低报销率、医疗和费用结算管理等，并通过政府招标机制选择私人医疗保险机构开展大病保险计划业务。投标将包括具体的补偿率、盈亏率、承包商和管理实力等问题，合格的私人医疗保险机构可以自愿参与招标，中标者将在保险合同下经营大病保险计划，私人保险机构将承担所有经营风险。根据现行政策，私人医疗保险代理机构从大病保险计划保费中获得的收入免征销售税，私人保险公司经营大病保险计划必须满足一些基本条件。

私人医疗保险的保费一般根据保险的目的、目标人群的支付能力和私人医疗保险代理商的经营成本来确定。通常需要个人参保人的健康相关信息，以便估算保费。团体保险费适用于参加团体保险的企业或其他社区。私人医疗保险市场份额不足，使他们没有与卫生保健提供商谈判的权力。因此，参保病人的医疗费用将得到回顾性补偿，并获得住院或休息日补贴。由于没有对卫生保健提供者制定严格的规定，公共和私营部门都可以为投保人提供医疗服务。

5. 长期护理保险

2016年6月，人力资源和社会保障部印发《人力资源社会保障部办公厅关于开展长期护理保险制度试点的指导意见》，明确河北省承德市、吉林省长春市、黑龙江省齐齐哈尔市等15个城市作为试点城市，标志着国家层面推进全民护理保险制度建设与发展的启动。长期护理保险制度是以长期处于失能状态的参保人群为保障对象，重点解决重度失能人员基本生活照料和与基本生活密切相关的医疗护理等所需费用。该保险原则上主要覆盖职工基本医疗保险参保人群，主要通过优化职工医保统账结构、划转职工医保统筹基金结余以及调剂职工医保费率等途径筹集资金。长期护理保险基金按比例支付护理服务机构和护理人员为参保人提供的符合规定的护理服务所发生的费用。根据护理等级、服务提供方式等制定差别化的待遇保障政策，对符合规定的长期护理费用，基金支付水平总体上控制在70%左右。截至2019年6月底，青岛等15个首批试点城市和吉林、山东两个重点联系省的参保人数达8 854万人，42.6万人享受待遇。2020年5月，国家医疗保障局发布的《关于扩大长期护理保险制度试点的指导意见》（征求意见稿）提出扩大试点范围，拟在原来15个试点城市的基础上，按照每省1个试点城市的原则，试点范围扩充为29个城市，试点期限两年。同年9月，经国务院同意，国家医保局会同财政部印发《关于扩大长期护理保险制度试点的指导意见》，长期护理保险试点城市增至49个。

6. 国家补偿药品目录

国家补偿药品目录由不同部门管理，其中，2009年9月开始施行的《国家基本药物目录》由国家卫健委管理，《国家基本医疗保险、工伤保险和生育保险药品目录》由国家医疗保障局、人力资源和社会保障部管理。《2018年版国家基本药物目录》中的药品包括化学药品和生物制品417个品种，中成药268个品种。《2021年版药品目录》收载西药和中成药共2 860种，其中西药部分1 273个，中成药部分1 312个（含民族药93个），协议期内谈判药品部分275个（含西药213个、中成药62个）。西药、中成药和协议期内谈判药品分甲乙类管理，西药甲类药品395个，中成药甲类药品246个，其余为乙类药品。协议期内谈判药品按照乙类支付。甲类药品由国家统一规定，通常是那些临床治疗必需、使用广泛、疗效好、同类药品中价格低的药品。对于甲类药品，统筹地区需按照基本医疗保险的规定全额给付。乙类药品是可供临床治疗选择使用、疗效好、同类药品中比甲类药品价格较高的药品。对于乙类药品，先设定一定的个人自付比例，再按基本医疗保险的规定给付。各省（自治区、市）可以对乙类目录药品的数量（含调入、调出和调整限定支付范围）进行调整，但不得超过国家乙类药品数量的15%。《国家基本药物目录》的药品全部纳入《药品目录》甲类部分。

国家补偿药品目录每两年更新一次，由数以千计的国家和省级专家参与一个复杂的投票过程。国家医疗保障局、人力资源和社会保障部主持最后遴选小组，包括来自国家发改委、国家市场监督管理总局、国家中医药管理局、民政部、财政部以及工业和信息化部等部门的专家。

14.2 药品价格管制方法

14.2.1 药品市场概述

截至2014年5月，全国药品生产企业共有7 401家，市场集中度远低于发达国家，前五名的制造商只占有13.2%的市场份额。药品的分销网络同生产环节一样分散，2011年底，全国药品经营企业44万家，其中批发企业16万家（相比之下，美国约75个，日本147个）。在发达市场如美国和日本，排名前三的批发商分别控制了85%和74%的市场份额，相比之下，中国排名前三的批发商只有22%的市场份额。在2009年新一轮卫生体制改革之前，大多数药物从生产商分销给批发商，然后到医院或零售药店，最后到消费者。其中，70%～80%的药品是通过医院销售给病人的，而在发达国家这一比例约为20%。与批发商一样，零售药店的数量也在激增，截至2011年已有426 000多家药店。民营零售连锁企业3 107家，连锁药店15万家，独立药店27万家。

在进入21世纪，中国的药品支出增长目前是全世界最高的。中国已经超过日本，成为仅次于美国的世界第二大药品消费国。县医院的药品支出将增长最快，而以美元计算，城市医院对药品支出增长的贡献最大（Boston Consulting Group，2014）。与城市相比，县医院市场由国内制药公司主导，而在城市，跨国公司在销售专利药和非专利药品方面都很成功。与较低一级医院相比，三级医院的市场份额正在增加（2009年56%，2014年65%）（CPA-McKinsey，2015）。在增长最快的治疗药品类别中，用于治疗糖尿病、高血压和高胆固醇等慢性疾病的几种药品位列前五。

中药和非处方药品（OTC）也是中国药品市场的重要组成部分。中药约占药品总支出的30%，约占非处方药品支出的50%。中国的基本药物目录和国家补偿药品目录（National Reimbursement Drug List，NRDL）中三分之一以上的药品是中药制剂。包括西药和中药在内的非处方药占中国药品销售总额的18%。与处方药不同，非处方药主要在零售药店销售，而不是在医院。基本药物目录包含175种（34%）非处方药物，其中西药60种，中药115种。非处方药品的销售增长一直保持在两位数，但低于处方药。

14.2.2 药品价格管制政策演变

长期以来，中国政府一直采用不同的措施控制药品价格。纵观药品价格改革的历史，大体上可以分为四个阶段。

1. 严格管制阶段

20世纪80年代末期以前，在计划经济体制下，国家对所有药品的出厂价、批发价和零售价，实行政府定价。药品流通领域建立了由国企（中国医药公司）垄断、以条为主，统购包销的三级医药批发和医院、卫生院及药店等为销售终端的一级零售体制。规定药品价格从药厂到一级批发站的差率是5%，一级站到二级站是5%~8%，三级公司到医院、药店是15%，总的批零差率是25%~28%。国家制定每一个环节的价格，药品生产企业、流通企业和医院严格按照计划的价格购买和销售药品，药品购销秩序比较规范，不存在药品价格虚高的现象。

2. 放松管制阶段

从20世纪80年代末到1996年，随着中国市场经济改革的不断深入，卫生保健系统开始向私营的、以市场为导向的自由化方向转变，政府对卫生保健的资助急剧减少。为了弥补损失的收入，政府允许医院在药品、医疗设备和诊断测试的销售上加价15%。与此同时，药品市场也开始向市场经济方向发展，政府对药品逐步放开价格管理，由企业按规定自主定价，只对极少数大宗的基本药品实行出厂、批发和零售三个环节的价格管理。此外，政府也开始把医药商业推向市场，取消统购包销、按级调拨等规定，一、二、三级批发站可同时从药厂进货，一、二级批发站也开始向医院售药。结果，放开药品价格不仅没有达到药品市场零售价格竞争性降价的效果，反而却极大地促进了制药工业快速的低水平重复建设，也导致了医药购销领域出现不正当、不规范的竞争行为，以及日益严重的药品回扣现象，推动了药品价格的飞涨（沈洪涛、梁雪峰，2012）。

3. 再管制阶段

1996年，国家颁布了《药品价格管理暂行办法》，开始恢复政府对药品价格的管理，对生产、经营具有垄断性的药品和临床应用量大、面广的少数基本治疗药品、预防制品以及一类精神药品，一类麻醉药品，共计200个品种，实行出厂、批发和零售三个环节的政府定价。2000年后，把列入国家基本医疗保险药品目录的药品以及国家基本医疗保险药品目录以外具有垄断性生产、经营的药品，纳入政府价格管理范围。定价方式调整为只制定最高零售价格，并实行"三率"（销售利润率、期间费用率和药品流通差率）控制，放开出厂和批发价格。2005年，国家发改委又制定了新的《政府定价目录》，把政府定价药品的范围扩大为2 004种。出台的《药品差比价规则》规定，成分相同的同种药品，在改变剂型、规格和包装后都必须按照规定的比价差价执行。2009年8月，国家启动实施基本药物制度，国家发改委制定了296种国家基本药物零售指导价格，规定在指导价格内，由省级集中网上公开统一招标采购、统一配送，政府举办的基层医疗卫生机构全部配备使用基本药物并推行零差率销售。依照国家发改委2010年4月调整的《国家发展改革委定价药品目录》，列入国家发改委定价的药品共有1 917种（其中西药1 151种、中成药 766 种），另有 556 种医保目录内非处方药品纳入省级价格主管部门定价范围。2012 年政府又对国家基本药物目录进行了扩容，基本药物由原来的 307 种增加到 520 种。

4. 再放松管制阶段（市场定价阶段）

2015 年 5 月 4 日，国家发改委等七部委联合制定了《推进药品价格改革的意见》，决定从 6 月 1 日起，除麻醉药品与一类精神药品由国家发改委实行最高出厂价格与最高零售价格管理外，取消绝大部分药品政府定价，不再实行最高零售价格管理。按照分类管理原则，通过不同的方式由市场形成价格。其中：（1）医保基金支付的药品，通过制定医保支付标准探索引导药品价格合理形成的机制；（2）专利药品、独家生产药品，通过建立公开透明、多方参与的谈判机制形成价格；（3）医保目录外的血液制品、国家统一采购的预防免疫药品、国家免费艾滋病抗病毒治疗药品和避孕药具，通过招标采购或谈判形成价格；（4）其他药品，由生产经营者依据生产经营成本和市场供求情况，自主制定价格。为破除"以药补医"，2016 年 11 月，中共中央办公厅、国务院办公厅转发的《国务院深化医药卫生体制改革领导小组关于进一步推广深化医药卫生体制改革经验的若干意见》要求所有公立医院取消药品加成。至此，结束了长达 11 年的医院药品加成 15% 政策。

14.2.3 直接价格控制

国家多年来一直使用价格上限和价格削减政策措施。对纳入《国家基本医疗保险药品目录》的药品和医保目录以外的少数生产、经营具有垄断性和特殊性的药品实行政府指导价或政府定价，政府根据制药企业报告的生产成本信息采用成本加成定价方法直接规定这些药品的最高零售价格。其中，国家基本药物、医保目录内的处方药和麻醉药、一类精神药等，由国家发改委定价；医保目录内的非处方药、双跨药和各地调剂进入地方医疗保险报销范围的品种由省级价格主管部门定价。各省还可以根据国家医保目录增减 15% 药品，由省里来定价。制药企业可以对政府定价的药品申请单独定价，规定无论进口的、进口分装的还是国产的药品，如果国内市场上同种药品是由多家企业生产的，"只要其中一家企业认为其产品的质量和有效性、安全性明显优于或治疗周期、治疗费用明显低于其他企业同种药品且不适合按《政府定价办法》规定的一般性比价关系定价的"，就可以申请单独定价。此外，拥有自主知识产权但已超出知识产权保护期的原研药，也可申请单独定价。单独定价实质上也是由政府价格主管部门确定最高零售价，而不是由企业自主定价，只是这一政府定价明显高于其他同类药品政府定价。从1997年到2013年，政府还针对多种药品实施了近30次强制性降价措施。2015年6月1日，政府取消了价格上限管制。然而，在随后的几轮招标中，许多省份仍在继续强制降价。

14.2.4 集中招标采购

以地（市）为单位的药品集中招标采购于1999年试行，2000年在全国范围推行。2009年药品招标采购制度开始实行"以政府主导、以省为单位、网上集中采购"的新模式。2015年2月，国务院发布《关于完善公立医院药品集中采购工作的指导意见》，明确提出药品分类采购，对临床用量大、采购金额高、多家企业生产的基本药物和非专利药品，采取"双信封制"公开招标采购。药品集中招标确定的是中标药品企业，确定医院采购的药品数量还需要中标企业暗自与医院之间进行必要的实际采购价格的二次谈判，这一过程会导致秘密谈判的实际采购价格低于招标中标价格。2015年6月，国家卫生和计划生育委员会（简称国家卫计委）出台了《关于落实完善公立医院药品集中采购工作指导意见的通知》，要求公立医院要按照不低于上年度药品实际使用量的80%且有3家及以上企业生产的基本药物和非专利药品纳入招标采购范围。药品采购预算一般不高于医院业务支出的25%~30%。2009年至2015年期间的招标采购按照药物类别分为基本药物与非基本药物（简称"两标"），分别开展招标等活动。

2018年11月14日，国务院办公厅通过了《国家组织药品集中采购试点方案》，在该方案的指引下，由 11 个城市组成的试点地区开始组织药品集中带量采购，形成国家组织、联盟采购和平台操作的采购模式。药品带量采购是指药品集中采购过程中，投标企业在报价时进行"量价挂钩"，采用"以量换价"的方式降低药品价格，但参与竞标的药品必须是原研药和通过一致性评价的仿制药。2019 年 12 月 10 日，国家医保局印发《关于做好当前药品价格管理工作的意见》，明确深化药品集中带量采购制度改革，坚持"带量采购、量价挂钩、招采合一"的方向，促使药品价格回归合理水平。2021 年 1 月 28 日，国务院办公厅印发的《关于推动药品集中带量采购工作常态化制度化开展的意见》对后续带量采购所涉及的药品、企业和医疗机构的范围均作出了详细的规定，并明确提出，带量采购要重点将基本医保药品目录内用量大、采购金额高的药品纳入采购范围，并逐步覆盖国内上市的临床必需、质量可靠的各类药品，做到应采尽采（胡善联，2021）。

根据 2004 年 9 月国家发改委制定的《集中招标采购药品价格及收费管理暂行规定》，中标药品零售价格的核定，实行以中标价为基础顺加规定流通差价率的作价方法。属于政府定价范围的药品，中标零售价格不得超过价格主管部门制定公布的最高零售价格。其中，中标药品零售价格核定公式为：中标药品零售价格 = 中标价 ×（1+ 规定的流通差价率）。流通差价率实行差别差价率，价格高的品种顺加低差率，价格低的品种顺加高差率，具体差价率由省级价格主管部门负责制定，医疗机构实际的差价率可以低于政策规定的差价率。2017 年 9 月 30 日开始，全国所有公立医院全部取消药品加成，药品采购价与零售价相同，不再允许顺加作价（朱恒鹏，2007）。

14.2.5 零差率

2006 年，原卫生部开始试行药品"零差率"政策，即公立医疗机构按实际进价销售药物，不再加价。2009 年，政府推广基本药物"零差率"政策。卫生部等九部委联合颁布的《关于建立国家基本药物制度的实施意见》提出实行基本药物制度的县（市、区），政府举办的基层医疗卫生机构配备使用的基本药物实行"零差率"销售。2012年,开展取消试点公立医院的药品加成政策。2017年,全面实施取消公立医疗机构的药品加成政策。药品"零差率"政策是将公立医院的医疗服务收费、药品加成收入和财政补贴三个收入来源减少到医疗服务收费和财政补贴两个来源,目的是破除"以药补医"制度,降低药品价格。

14.2.6 两票制

2017年1月9日,由国务院医改办、原国家卫计委等八部委联合发布《关于在公立医疗机构药品采购中推行"两票制"的实施意见(试行)》提出,综合医改试点省(自治区、市)和公立医院改革试点城市要率先推行"两票制",鼓励其他地区执行"两票制",争取到2018年在全国全面推开。随后,原国家卫计委发布的《印发关于在公立医疗机构药品采购中推行"两票制"的实施意见(试行)的通知》要求,公立医疗机构药品采购中逐步推行"两票制",鼓励其他医疗机构药品采购中推行"两票制"。"两票制"是指药品在供应链环节中从制药公司卖到经销商开具一次发票,从经销商卖到医疗机构再开具一次发票。推行"两票制"的目的是压缩药品流通环节,减少药品供应链中间环节的加价。

14.2.7 医保药品目录准入谈判

医保药品目录准入谈判是指国家医保部门与医药企业就药品支付标准(独家药品的支付标准一般等同于其价格)进行磋商,磋商结果直接决定该药品是否被纳入及以什么价格纳入国家医保药品目录。根据国家医保局颁布的《基本医疗保险用药管理暂行办法》,独家药品通过准入谈判的方式确定支付标准。谈判药品的支付标准是药品企业与国家医保局共同约定的医保支付标准,是基金支付和病人个人支付的费用总和,各统筹地区以谈判确定的医保支付标准为基准支付药品费用。开展医保药品目录准入谈判,主要目的是充分发挥医保部门战略购买的作用,凭借其"全国医保使用量"的优势,对纳入谈判范围的药品与企业协商价格，实现以量换价、以准入医保目录换取降低药品价格。2017年，人力资源和社会保障部通过首批医保药品目录准入谈判，将36种药品纳入医保药品目录，并确定了这些药品的医保支付标准。2021年国家医保药品目录调整过程中，有67种目录外独家药品通过谈判增加到目录中。

14.3 药品价格管制效果

中国多年来一直使用发改委设定的价格上限和价格削减措施。有大量证据表明，这些措施在控制药品成本方面是无效的。在目标药品价格平均下降15%~20%，降幅高达60%的情况下，药品支出仍在稳步上升。一项研究考察了1996—2005年间北京12家医院四种抗生素价格上限对抗生素成本的影响。虽然2005年目标抗生素的价格比1996年低47%，但抗生素的总开支在2005年增加了205.7%。研究者发现，医生可以通过转向更昂贵的抗生素或开出更高剂量的药物，轻松避开价格上限。另一项研究报告了类似的结果，该研究使用宏观经济数据来观察价格管制的影响。研究者发现，虽然药品价格指数最初略有下降，但该规定并未减少家庭药品支出或制药公司的盈利能力。价格管制也导致进口国外生产的更昂贵的药物的增加。从本质上说，受到15%加价激励的医生基本上能够逃避直接价格管制的影响。

在价格管制时代，研究表明竞争可以有效地降低价格。一项对1999—2002年期间中国医院药品成本的研究发现，本土仿制药竞争压低了仿制药的价格，但对进口药品却不起作用。对进口药物和仿制药之间不可替代性的看法反映了对质量的关切。另一项对2002—2005年期间11家三级医院的研究发现，药品价格与仿制药替代品的数量呈负相关，但与治疗某种疾病的治疗类别的数量呈正相关。前者表明竞争确实压低了价格，后者发现来自这样一个事实，即来自不同治疗类别的药物可以获得专利保护，从而获得价格溢价。

招标现在是政府为药品定价的主要策略。取消直接价格控制后，招标实际上是对非专利药品唯一可用的成本控制策略。招标是各省获得基本药物目录药品的主要机制，也用于许多国家补偿药品目录中的药品。制药公司必须通过招标在一个省内销售药品，政府规定卫生保健机构必须从中标名单中购买其大部分药品（约 80% 的价值）。因此，中标对制药企业的生存至关重要。2009—2010 年，招标成功地将基本药物目录中的药品价格平均降低了 25%，在一些省份降低了 50% 以上。人们还普遍认为，随后的每一轮招标都将导致药品价格下降，并在前一轮中标的基础上强制降价。

招标工作由中国各省分别进行，许多省份采用不同的招标标准。一般来说，过专利期的原研药能够获得比仿制药更高的价格。一项研究表明，平均价格差异为 40%，但过专利期的原研药的成本可能高达仿制药的 10 倍。尽管招标倾向于更加注重质量，但在 2015 年湖南和浙江两省最新一轮招标中，由于政府强制大幅降价，制药商的言辞激烈。在湖南，基本药物目录药品和非基本药物目录药品通过在线直接价格竞争或价格谈判共同招标。谈判显然涉及定价专家确定制药公司可以接受或拒绝的价格，后者被理解为退出投标。与此同时，浙江省全面降价 10%，随后对特定产品和最畅销的 200 种药品进一步降价。随着招标合同的签订，其他省份似乎也会效仿这些省份的大幅降价要求。

第五篇
经验借鉴与启示

第 15 章　世界各国药品价格管制经验概括及其对中国的启示

15.1　发达国家药品价格管制特点

在大多数国家，政府都使用某种方式管制药品的价格，很少有国家真正实行药品的自由定价。价格管制适用于药品分销链的不同环节，从制造商价格的确定，到批发商和药剂师的报酬、利润和产品税收。在不同国家或同一国家的不同部门之间，管制的详细程度和严格程度有所不同。在医院住院部门，按照惯例，这些地方使用的药品被视为对整体服务治疗的投入，而不是单独核算。因此，药品的价格通常通过医院和制造商或批发商之间的直接谈判确定。相比之下，在门诊部门，价格的设定和分销利润受到更严格的管制。各国实行价格管制的药品范围也可能不同，在大多数国家，价格管制的目标是补偿药品或处方药品，这突出了药品定价和补偿之间的密切联系。各国使用的管制方法的数量和类型很多，主要管制形式有通过谈判过程进行的直接价格管制（如法国和意大利）和通过限制社会健康保险计划补偿价格的间接价格管制（如德国和日本）（Danzon and Chao, 2000; Capri and Levaggi, 2007）。

15.1.1 以管制门诊药品价格为主

西方发达国家普遍实行医药分离的卫生制度（separation of dispensing from prescription），医院和诊所主要提供疾病诊疗服务，医生有诊断疾病和开具药品处方的权力；门诊药品必须到零售药店和社区药房购买，药剂师按照医生的处方调配药品。虽然很多国家的医院也配有自己的药房，但医院药房的主要任务是为住院病人提供服务，从事医院内部的药品管理，此外，还负责合理用药以及监控医院药品消费与支出情况。

各国药品价格管制政策总体上也比较相似（见表 15.1）。第一，从价格管制的药品范围来看，政府主要管制门诊部门使用的公共资金补偿药品或处方药品的价格。对于非补偿药品(常常是非处方药品)，则允许制药公司自主定价。第二，在管制的价格类型方面，除少数国家控制药品批发价格外，大多数国家都管制出厂价格。第三，在药品定价方法上，各国普遍采用基于市场实际交易价格的定价政策，最广泛使用的两种管制方式是外部参考定价和内部参考定价。第四，很多国家在管制药品出厂价或者批发价的同时，还对批发商和零售商的加价进行控制，采用的管制方式主要有固定加价、固定费用、递减加价以及固定药剂师配药费等。各国的批发商加价率一般为 2%～21%，零售商加价率为 4%～5%（沈洪涛、梁雪峰，2020）。

表 15.1 部分发达国家门诊药品价格管制方法比较

国　家	价格控制范围	定价策略 外部参考定价	定价策略 内部参考定价	法定加价 批　发	法定加价 零　售	价格控制类型
澳大利亚	补偿药品	是	否	是，补偿药品	是，补偿药品	批发价格
加拿大	专利药品与补偿药品	是	不列颠哥伦比亚省	是，补偿药品	是，补偿药品	出厂价格

续表

国家	价格控制范围	定价策略 外部参考定价	定价策略 内部参考定价	法定加价 批发	法定加价 零售	价格控制类型
丹麦[①]	补偿药品	否	是[④]	否	是,补偿药品	批发价格
芬兰	补偿药品	是	是	否	是,补偿药品	批发价格
法国[②]	补偿药品	是	是	是,补偿药品	是,补偿药品	出厂价格
德国[③]	补偿药品	是	是[④]	是,处方药和补偿OTC	是,处方药和补偿OTC	出厂价格
意大利	补偿药品	是	是	是,补偿药品	是,补偿药品	出厂价格
日本	补偿药品	是	是	否	否	补偿价格
荷兰	处方药品	是	是[④]	否	是,处方药品	批发价格
波兰	补偿药品	是	是	是,补偿药品	是,补偿药品	出厂价格
葡萄牙	处方药品	是	是	是,处方药品	是,处方药品	出厂价格
西班牙	补偿药品	是	是	是,全部药品	是,全部药品	出厂价格
瑞典	处方药品	否	是	否	是,所有药品	批发价格
英国	补偿药品	否	否	否	是,补偿药品	批发价格

资料来源：PPRI Report, 2008; OECD, 2008; Vogler, Martikainen, 2015; Schoonveld, 2016; Panteli D, Arickx F, Cleemput I, et al., 2016; EFPIA, 2018。

注：

[①] 丹麦：所有药品的价格都由制药公司自主设定，但药品的补偿价格受政府管制。

[②] 法国：对于临床医疗价值提高评级（ASMR）为Ⅰ级、Ⅱ级或Ⅲ级药品实行外部参考定价。

[③] 德国：2011年药品市场改革法案（AMNOG）规定，新药只能在批准上市后的第一年内自主定价。外部参考定价作为具有额外好处的药品价格谈判的第二个标准。实行内部参考定价确定药品最高补偿数额。

[④] 德国、丹麦、荷兰的内部参考价格制度不作为价格管制工具，而是设定补偿价格限额的一种方法。

15.1.2 允许医院获得住院药品收入

发达国家的住院药品通常由制药公司直接提供，有时也通过批发商供应。公开招标和直接谈判是两种常用的采购方法，招标采购一般由医院单独进行，也有一些国家（如意大利、瑞典和英国）采用集中招标的方式。各国住院部门普遍实行按病种付费，药品通常先由医院单独预算支付，药费被全部包括在住院病人的治疗费中，最后由社会医疗保险支付系统在疾病诊断相关组（Diagnosis Related Groups，DRGs）基础上进行补偿。

与门诊部门相比，住院部门只有一种官方目录价格类型，这个价格在国际价格比较中被称为"官方医院价格"（official hospital price），一般相当于出厂价格或批发价格，因此，住院费中的药费通常按照官方目录价格进行核算。然而，住院药品的实际采购价格远远低于医院的官方目录价格和门诊零售价格，这是因为医院能够从药品供应商那里获得较大的折扣（discounts）和回扣（rebates），最常见的折扣和回扣是降价和与销量挂钩的退款。医院同药品供应商通过保密协议达成的折扣和回扣数额并不受法律的限制，主要取决于治疗的疾病种类，10%~20%价格折扣比较常见，最高可达100%。例如，在奥地利，95%的住院药品价格比零售市场的价格低30%~35%。专利药品的折扣与回扣数额相对较少，折扣最多的是那些对于供应商来说具有战略性的品种（如需要长期治疗的慢性病药品），这类药品甚至可以免费提供给医院以获得更多的长期消费者。因此，医院通过保密协议获得的药品折扣和回扣越多，它从社会医疗保险住院治疗补偿费用中获得的药品利润就越多，这就使药品采购成为医院获取报酬的一个项目。与门诊部门药品政策不同，政府一般不管制住院部门的药品价格，允许医院从药品的采购中获得收入。每家医院的住院药品实际采购价格既不对外公布，也不会在各医院之间共享，一直被认为是一个"黑箱"（black box）。

15.2 国外药品价格管制经验对中国的启示

15.2.1 提升价格透明度

价格透明是指向相关方和公众共享、披露和传播药品价格相关信息，以确保问责。全面价格透明包括公布所有类型的价格（如出厂价格、药房零售价格），披露供应商（如制造商、服务提供商）和付款人/购买者（政府、消费者）之间的净交易价格。定价政策的透明度涉及分享和公布定价方法，包括说明补偿率的基本原理和幅度，以及相关的价格组成部分（如生产成本、研发成本、附加治疗价值和利润率）。它还涉及共享和公布定价安排的内容，如管理准入协议、专利状态和许可安排。

价格和定价透明度对于定价政策的设计和实施至关重要。不透明的药品价格可能与善治原则相冲突，保密协议可能损害明确的问责制。2019年，第72届世界卫生大会通过了关于提高药品、疫苗和其他卫生产品市场透明度的WHA72.8号决议，决议敦促会员国，除其他外，采取适当措施，公开分享有关卫生产品净价格的信息。

一些国家通过定期自愿或强制性安排，在不同程度上共享药品的定价和价格信息。在欧盟国家，透明度指令要求公布所有可补偿药物的目录价格。在与公众分享时，信息通常在网站或公报上公布，但这些信息通常涉及未考虑折扣和回扣的清单价格（如澳大利亚、丹麦）。在其他国家，这些信息只与个别管辖区的政府部门共享，而不公开披露。在没有通过国家公共资助或公共管制计划（即不受管制的私营部门）提供药品的国家，市场透明度相当缺乏。

15.2.2 扩大药品价格管制范围

将门诊部门使用的医保补偿药品全部纳入政府价格管制范围，即政府只管制门诊医保补偿药品的价格。其中，国家医保局负责设定国家医保药品目录中药品的补偿价格，省级医保局负责设定各省医保目录中药品的补偿价格。作出这种调整一是可以避免管制政策覆盖药品范围有限的弊端，实现医保基金"保基本"的功能定位，满足广大参保人员的基本用药需求；二是间接管制药品的补偿价格而非直接管制药品的交易价格，一方面可以减少政府直接价格管制造成的效率损失，另一方面也体现了提高政府公共资金使用效率的目的。

15.2.3 采用参考定价的管制方式

采用内部参考定价设定门诊药品的补偿价格。医保局按照完全相同（ATC-5级）或治疗上类似（ATC-4级）等标准把药品进行分组，药品组中最低或平均价格作为最高补偿价格（即参考价格），而制药公司可以自主设定产品价格。医保局为同一个药品组内所有药品按照参考价格支付补偿金额，如果一种药品的价格高于参考价格，病人必须支付参考价格和最终零售价格之间的差额，价格差额计入医院收入。

这种价格管制方式的主要优点：第一，它能够使医生和病人对药品价格更加敏感，并促进了同组药品之间的价格竞争，药品分组等于向病人传递了同组药品可替代的信息，病人会尽可能要求医生不开实际价格超过参考价格的药品，强化了病人约束医生道德风险行为的能力；第二，它不仅能为医院提供使用低价药的激励，更能迫使制药企业从低定价，因为实际价格越低于参考价格，医院的净收入就越多，企业的药品也就越容易销售；第三，与日本对每一药品制定补偿价格的方法相比，这种方法相当于对同组中的多个药品制定一个补偿价格，价格管制成本相对较低；第四，由于制药企业自主定价，因此它能够避免原有的政府成本加成定价中无法掌握制药企业真实成本的问题（梁雪峰，2006）。

15.2.4 控制药品流通环节加价

药品流通环节的加价是药品最终销售价格的重要影响因素，因此，作为全面价格管制策略的一部分，需要对药品流通环节的加价进行控制。可以采用固定加价、固定费用或递减加价等方式分别管制批发商和零售商的加价，使流通各环节总加价维持在零售价格的30%左右。

15.2.5 药品免税或减税

关税和税收可能构成贸易壁垒，从而可能阻碍市场准入和市场竞争。税收负担（即税收发生率）也可能不成比例地落在病人身上，导致负担能力下降。许多国家，特别是高收入国家，已经取消了医药产品的关税。这些国家包括世界贸易组织1995年《药品关税取消协定》的签署国，该协定也被称为"零对零倡议"。然而，许多低收入国家继续对医药产品征收高达10%的进口关税。各国对药品征收的增值税更为广泛，最高可达25%。尽管如此，与标准税率相比，一些国家对所有药品或特定药品（如报销药品）适用较低的税率。世卫组织建议各国考虑免除基本药物和活性药物成分的税收，各国考虑任何减税或豁免措施，并采取措施确保该政策能够降低病人和购买者的药品价格。

15.2.6 提高医生处方绩效

在大多数国家，医生有开药的专有权，因此，他们在决定药物是否合理消费方面起着至关重要的作用。作为医学专家，医生需要评估病人的健康需求和特定治疗的利弊。对医生来说，为病人的健康着想显然是一项关键的道德要求。然而，在现实中，医生面临着不同的压力和不同的"激励措施"，例如赚取收入、了解医疗方面的最新创新、保持已分配的预算以及在选择治疗时保持客观。尽管存在成本较低的替代方案，但处方有时可能不是最优的，即不必要或昂贵的。因此，需要采取一些措施改善医生的处方行为。首先，第三方付款人负责监控个别医生的处方，并将其与特定地区或国家具有相同专业的同事的处方进行比较。如果与标准有很大的差异，要求医生解释这些差异。在无法解释偏差的情况下，医生需要支付罚款，接受法律诉讼或剥夺他们的处方权。其次，处方指南包括基于证据的临床处方方案，并包括财务考虑。国际非专有名称（international-non-proprietary-name，INN）处方，即使用活性成分而不是品牌名称，是改善处方行为的关键工具。国际非专有名称处方的基本原理是促进使用具有相同活性成分的最便宜的药物，从而为第三方付款人和病人节省费用，同时又不会对病人的健康状况产生不利影响。推广国际非专有名称处方的一种有希望的方式是安装电子处方系统，其中处方上的品牌名称自动更改为通用名称，如荷兰（Zuidberg，2010）。再次，为每位医生设定预算目标是使处方行为合理化的另一个工具。如果业绩超常（如法国），目标可能会提供信息或引发经济利益；如果业绩不佳（如捷克共和国、德国），目标可能会受到制裁。另外，要求医生在总预算范围内完成处方配额，即开出一定份额的廉价且通常是非专利药品。最后，医生成为教育和信息工具的目标，这是大多数欧盟成员国的情况。例如，他们可能被告知处方指南，可能被要求参加持续的在职教育。可以公布处方模式，以教育医生有规律的处方行为。

参考文献

[1] 哈维·S. 罗森,赵志耘. 财政学(第八版)[M]. 北京:中国人民大学出版社,2013.

[2] 平狄克,鲁宾费尔德,等. 微观经济学(第四版)[M]. 北京:中国人民大学出版社,2004.

[3] DiMasi, Joseph A., and Henry G. Grabowski. The Cost of Biopharmaceutical R&D: Is Biotech Different?[J]. Managerial and Decision Economics, 2007, 28(4-5): 469-479.

[4] Adams, Christopher P., and Van V. Brantner. Estimating the Cost of New Drug Development: Is It Really $802 Million?[J]. Health Affairs, 2006, 25(2): 420-428.

[5] Cohen, Wesley M., Richard R. Nelson, and John P. Walsh. 2000. Protecting Their Intellectual Assets: Appropriability Conditions and Why U.S. Manufacturing Firms Patent (or Not). National Bureau of Economic Research Working Paper, 7552.

[6] George A. Akerlof. The Market for "Lemons": Quality Uncertainty and the Market Mechanism[J]. Quarterly Journal of Economics, 1970: 488-500.

[7] Darby, M. Karni, E. Free Competition and the Optimal Amount of Fraud Journal of Law & Economics [J]. 1973, 16: 67-88.

[8] Nelson, P. Information and Consumer Behavior[J]. Journal of Political Economy, 1970, 78(2).

[9] Newhouse, Joseph P. Why Is There a Quality Chasm?[J]. Health Affairs 21, 2002: 13-25.

[10] Pan, X., Xu, J., & Meng, Q. (2016). Integrating social health insurance systems in China. The Lancet. 387, 10025, P1274-1275. Retrieve from https://doi.org/10.1016/S0140-6736(16)30021-6.

[11] Danzon P M, Keuffel E L .Regulation of the Pharmaceutical-Biotechnology Industry[J]. Nber Chapters, 2011, 22(6): 407-484. DOI: 10.1016/j.jhealeco.2003.06.004.

[12] Carone G, Schwierz C, Xavier A. Cost-containment policies in public pharmaceutical spending in the EU. Technical report, European Commission-Economic and Financial Affairs, 2012.

[13] Panos K, Taylor D, Manning J, Carr M. Implementing value-based pricing for pharmaceuticals in the UK. http://www.2020Health.org.

[14] OECD. Health at a glance 2011: OECD indicators[M]. Technical report, OECD

[15] Ekelund, Mats, and Björn Persson. Pharmaceutical Pricing in a Regulated Market. Review of Economics and Statistics, 2003, 85(2): 298-306.

[16] Martikainen, Jaana, Ismo Kivi, et al. European Prices of Newly Launched Reimbursable Pharmaceuticals—A Pilot Study. Health Policy, 2005, 74(3): 235-246.

[17] Danzon P M, Chao L W. Does Regulation Drive out Competition in Pharmaceutical Markets?[J]. The Journal of Law and Economics, 2000, 43(2): 311-358.

[18] Stephen Pollard, Dr. Sean Gabb, Alberto Mingardi. The Human Cost of Pharmaceutical Price Controls in Europe: A Case for Reform, 2004.

[19] Nina Pavcnik. Do Pharmaceutical Prices Respond to Potential Patient Out-of-pocket Expenses?[J]. RAND Journal of Economics, 2002, 33(3): 469-487.

[20] Pekurinen, Markku, and Unto Häkkinen. Regulating Pharmaceutical Markets in Finland[N]. National Research and Development Centre for Welfare and Health Discussion Paper, 2005, 4.

[21] Brekke K R, Grasdal A L, Holmås T H. Regulation and Pricing of Pharmaceuticals: Reference Pricing or Price Cap Regulation?[J]. European Economic Review, 2009, 53(2): 170−185.

[22] Sood N, de Vries H, Gutierrez I, et al. The Effect of Regulation on Pharmaceutical Revenues: Experience in Nineteen Countries[J]. Health Affairs, 2009, 28(1): 125−137.

[23] Danzon P M, Y. Richard Wang and Liang Wang. The Impact of Price Regulation on the Launch Delay of New Drugs-evidence from Twenty-five Major Markets in the 1990s[J]. Health Economics, 2005, 14: 269−292.

[24] Pammolli F, Magazzini L, Riccaboni M, 2011, The productivity crisis in pharmaceutical R&D[M]. Nat Rev Drug Discov 10(6): 428−438.

[25] John A., Vernon. Examining the Link between Price Regulation and Pharmaceutical R&D Investment[J]. Health Economics, 2005, 14: 1−16.

[26] Morton F M S. The Problems of Price Controls[J]. Regulation, 2001, 24: 50.

[27] John A. Vernon. Drug Research and Price Controls[J]. Regulation, 2003, 25(4): 22−25.

[28] Lanjouw J O. Patents, Price Controls and Access to New Drugs: How Policy Affects Global Market Entry[R]. National Bureau of Economic Research, 2005: 12−23.

[29] Rexford E. Santerre and John A. Vernon. Assessing Consumer Gains from a Drug Price Control Policy in the United States[J]. Southern Economic Journal, 2006, 73(1): 233−245.

[30] Kyle M K. The Role of Firm Characteristics in Pharmaceutical Product

Launches[J]. RAND Journal of Economics, 2006, 37(3): 602-618.

[31] Kyle M K. Pharmaceutical Price Controls and Entry Strategies[J]. Review of Economics and Statistics, 2007, 89(1): 88-99.

[32] Hollis, A. An Efficient Reward System for Pharmaceutical Innovation[R/OL]. Research Paper, Department of Economics, University of Calgary, 2005. http://www.econ.ucalgary.ca/fac-files/ah/Pharm. Innovation-20Rewards-Hollis-23June2004.pdf, accessed 6 September 2007.

[33] Pauly, McGuire, Barros. Handbook of Health Economics[M]. Volume 2, 2012.

[34] Danzon P M, Eric L., Keuffel. Regulation of the Pharmaceutical-Biotechnology Industry[J]. The NBER Conference on Regulation, 2007, 9(12).

[35] Boyle S. United Kingdom (England): Health System Review[J]. Health Systems in Transition, 2011, 13(1): 1.

[36] Thomson S, Mossialos E, eds. Private health insurance in the European Union. Brussels, European Observatory on Health Systems and Policies, 2013.

[37] Paris, V. et al. (2016), "Health care coverage in OECD countries in 2012", OECD Health Working Papers, No. 88, OECD Publishing, Paris. http://dx.doi.org/10.1787/5jlz3kbf7pzv-e.

[38] Kaiser Family Foundation (2018b). Employer health benefits survey. Available at: http://f iles.kff.org/attachment/Report-Employer-Health-Benefits-Annual-Survey-2018(accessed 7 January 2019).

[39] Claxton G, Rae M, Damico A, Young G, McDermott D, Whitmore H (2019). Health benefits in 2019: premiums inch higher, employers respond to federal policy. Health Affairs, 38(10): 1752-61. Available at: https://doi.org/10.1377/hlthaff.2019.01026 (accessed 20 October 2020).

[40] Rice T, Rosenau P, Unruh LY, Barnes AJ, van Ginneken E. United States

of America: Health system review. Health Systems in Transition, 2020; 22(4): pp.i-441.

[41] Tatar M, Mollahaliloğlu S, Şahin B, Aydın S, Maresso A, Hernández Quevedo C. Turkey: Health system review. Health Systems in Transition, 2011, 13(6): 1-186.

[42] OECD. Pharmaceutical Pricing Policies in a Global Market. Paris: OECD, 2008.

[43] Management Sciences for Health. 2012. MDS-3: Managing Access to Medicines and Health Technologies. Arlington, VA: Management Sciences for Health.

[44] Adams AS, Soumerai SB, Ross-Degnan D (2001). The case for a medicare drug coverage benefit: a critical review of empirical evidence. Annual Review of Public Health, 22: 49-61.

[45] CMS (2011e). Medicaid drug rebate program. Centers for Medicare & Medicaid Services. Available at: https://www.medicaid.gov/medicaid/prescription-drugs/medicaid-drugrebate-program/index.html (accessed 1 July 2020).

[46] CMS (2017). Medicaid drug rebate program. Centers for Medicare & Medicaid Services. Available at: https://www.medicaid.gov/medicaid/prescription-drugs/medicaid-drugrebate-program/index.html (accessed 1 May 2018).

[47] Atim, C., F. Diop, and S. Bennett. 2005. Determinants of the Financial Stability of Mutual Health Organizations: A Study in the Thies Region of Senegal. Bethesda, Md.: Partners for Health Reformplus Project/ Abt Associates.

[48] Dionne S. Kringos, Wienke G.W. Boerma, Allen Hutchinson et al. (2014).

Building primary care in a changing Europe, the European Observatory on Health Systems and Policies, WHO Regional Office for Europe.

[49] Tollen L. (2008), Physician organization in relation to quality and efficiency of care: a synthesis of literature, The Commonwealth Fund.

[50] Strandberg-Larsen M. et al. (2007), "Denmark: Health System Review", Health Systems in Transition, Vol. 9, No. 6.

[51] Com-Ruelle L., Dourgnon P. and V. Paris (2006), "Can physician gate-keeping and patient choice be reconciled in France? Analysis of recent reform.", Eurohealth, Vol.12, No.1, pp. 17-19.

[52] Lisac M., Reimers L. Henke K.D. and S. Schlette (2009). Access and choice—competition under the roofs of solidarity in German Health care: an analysis of health policy reforms since 2004[J]. Health Economics, Policy and Law, Vol. 5, No. 1, pp. 31-52.

[53] McGuire T G, Pauly M V. Physician Response to Fee Changes with Multiple Payers[J]. Journal of Health Economics, 1991, 10(4): 385-410.

[54] Pauly, M. & Redisch, M. The not-for-profit hospital as a physicians' cooperative. American Economic Review, 1973, 63(1), 87-99.

[55] Newhouse, J. Toward a theory of nonprofit institutions: An economic model of a hospital. American Economic Review, 1970, 60(1), 64-74.

[56] Zweifel P, Breyer F, Kifmann M .Health economics[M]. Springer, 2009.

[57] McGuirk, M.A., Porell, F.W. Spatial patterns of hospital utilization: The impact of distance and time. Inquiry, 1984, 21: 84-95.

[58] Rochaix L. (1998), .Performance-tied payment systems for physicians, in Critical challenges for health care reform in Europe, Ed. By Saltman R., Figueras J., Sakellarides C., Open University Press, Buckingham-Philadelphia.

[59] Grignon M., Paris V., and Polton D. (2003), "The Influence of Physician-Payment Methods on the Efficiency of the Health Care System", in Changing Health Care in Canada. The Romanow Papers, Volume II, 2003/03, pp. 207-239.

[60] Ettelt S et al. (2006). Reimbursing highly specialized hospital services: the experience of activity-based funding in eight countries. A report commissioned by the Department of Health and prepared by the London School of Hygiene and Tropical Medicine. London, London School of Hygiene and Tropical Medicine.

[61] Nassiri, Abdelhak and Lise Riochaix, "Revisiting Physician Financial Incentives in Quebec: A Panel System, " Health Economics 15 (2006): 49-64.

[62] Iversen, Tor (2004), "The Effects of a Patient Shortage on General Practitioners Future Income and Patient Lists, " Journal of Health Economics 23 (2004): 673-694.

[63] Gruber, Jonathan and Maria Owings, "Physician Financial Incentives and the Diffusion of Cesarean Section Delivery, " RAND Journal of Economics 27 (1996): 99-123.

[64] Plotzke, Michael Robert and Courtemanche, Charles, "Does Procedure Profitability Impact Whether An Outpatient Surgery Is Performed At An Ambulatory Surgery Center Or Hospital?" Health Economics 20 (2011): 817-830.

[65] Quast, Troy, David Sappington, and Elizabeth Shenkman. Does the Quality of Care in Medicaid MCOs Vary with the Form of Physician Compensation?[J]. Health Economics 2008(17): 545-550.

[66] Ho, Katherine, Ariel Pakes. Do Physician Incentives Affect Hospital Choice? A Progress Report[J]. International Journal of Industrial

Organization, 2011(29): 317-322.

[67] Steven Simoens, Mike Villeneuve and Jeremy Hurst. (2004). Tackling Nurse Shortages in OECD Countries, OECD Health Working Papers. www.oecd.org/els/health/workingpapers.

[68] Grignon M., Paris V., and Polton D. (2003), "The Influence of Physician-Payment Methods on the Efficiency of the Health Care System", in Changing Health Care in Canada. The Romanow Papers, Volume II, 2003/03, pp.207-239.

[69] Toumi M, Rémuzat C, Vatair AL, Urbinati D (2014). External reference pricing of medicinal products: simulation-based considerations for cross-country coordination. Final Report. Brussels, European Commission.

[70] Vogler Sabine, Zimmermann Nina, Haasis Manuel Alexander (2019): PPRI Report 2018—Pharmaceutical pricing and reimbursement policies in 47 PPRI network member countries. WHO Collaborating Centre for Pricing and Reimbursement Policies, Gesundheit Österreich GmbH (GÖG / Austrian National Public Health Institute), Vienna.

[71] Aaserud M., A. T. Dahlgren, J. P. Kosters et al. (2006), 'Pharmaceutical policies: effects of reference pricing, other pricing, and purchasing policies', Cochrane Database Systematic Review, Vol. (2): CD005979.

[72] Espin, J., J. Rovira and L. Garcia (2011). Experiences and Impact of European Risk—Sharing Schemes Focusing on Oncology Medicines, commissioned by DG Enterprise and Industry, European Commission: http://whocc.goeg.at/Literaturliste/Dokumente/FurtherReading/Experiences%20and%20impa ct%20of%20European%20risk-sharing%20schemes.pdf.

[73] Dylst, P., Simoens, S. Generic medicine pricing policies in Europe: current status and impact, Pharmaceuticals, 2010, 3: 471-481.

[74] Puig-Junoy, J. Impact of European Pharmaceutical Price Regulation on

Generic Price Competition: A Review, Pharmacoeconomics, 2010, 28(8): 649-663.

[75] Dylst, P., S. Simoen. Does the market share of generic medicines influence the price level? A European analysis, Pharmaco Economics, 2011, 29(10): 875-882.

[76] Paris V, Belloni A (2013). Value in Pharmaceutical Pricing. OECD Health Working Papers, No. 63, OECD Publishing.

[77] Leopold, C., Habl C. and S. Vogler (2008). Tendering of Pharmaceuticals in EU Member States and EEA countries. Results from the country survey. ÖBIG Forschungs-und Planungs GesmbH, Vienna 2008, accessed on: http://whocc.goeg.at/Literaturliste/Dokumente/BooksReports/Final_Report_Tendering_June_08.pdf.

[78] Kanavos, P., E. Seeley and S. Vandoros. (2009). Tender systems for outpatient pharmaceuticals in the European Union: evidence from the Netherlands, Germany and Belgium. DG Enterprise and Industry, European Commission, Brussels, Belgium.

[79] Stargardt DVT, Schreyogg J. Impact of cross-reference pricing on pharmaceutical prices. Appl Health Econ Health Policy, 2006, 5(4): 235-247.

[80] Danzon PM, Towse A. Differential pricing for pharmaceuticals: reconciling access, R&D and patents[J]. Int J Health Care Finance Econ, 2003, 3(3): 183-205.

[81] Espin J, Rovira J, de Labry AO. Working paper 1: External price referencing—review series on pharmaceutical pricing policies and interventions. Geneva: World Health Organization and Health Action International, 2011.

[82] Re´muzat C, Urbinati D, Mzoughi O, et al. Overview of external reference

pricing systems in Europe. J Mark Access Health Policy, 2015, 3 : 1–11.

[83] Europe Economics. External price referencing. London : Europe Economics; 2013.

[84] Michel M, Toumi M. Access to orphan drugs in Europe : current and future issues[J]. Expert Rev Pharmacoeconomics Outcomes Res, 2012, 12(1): 23-9.

[85] Persson U, Jonsson B. The end of the international reference pricing system?[J]. Appl Health Econ Health Policy, 2016, 14(1): 1-8.

[86] Kanavos P, Nicod E, Espin J. Short-and long-term effects of value-based pricing vs. external price referencing, 2010.

[87] Ferrario A, Reinap M, Pedersen HB, Kanavos P. Availability of medicines in Estonia : an analysis of existing barriers and options to address them. Copenhagen: WHO, Regional Office for Europe; 2016.

[88] Toumi M, Re'muzat C, Vataire A-L, Urbinati D. External reference pricing of medicinal products : simulation-based considerations for cross-country coordination. Final Report. European Commission, 2014.

[89] Glynn D. The effects of parallel trade on affordable access to medicines[J]. Eurohealth, 2009, 15(2): 1-4.

[90] Brekke KR, Holmas TH, Straume OR. Are Pharmaceuticals Still Inexpensive in Norway? A Comparison of Prescription Drug Prices in Ten European Countries. SNF Report No. 08/10. 2010.

[91] Merkur S, Mossialos E. A pricing policy towards the sourcing of cheaper drugs in Cyprus[J]. Health Policy, 2007, 81(2): 368-75.

[92] Windmeijer F, De Laat E, Douven R, Mot E. Pharmaceutical promotion and GP prescription behaviour[J]. Health Econ, 2006, 15(1): 5-18.

[93] Leopold C, Mantel-Teeuwisse AK, Seyfang L, Vogler S, de Joncheere K, Laing RO, et al. Impact of external price referencing on medicine prices—

a price comparison among 14 European countries[J]. South Med Rev, 2012, 5(1): 34-41.

[94] Ha°konsen H, Horn AM, Toverud E-L. Price control as a strategy for pharmaceutical cost containment—What has been achieved in Norway in the period 1994-2004?[J]. Health policy, 2009, 90(2): 277-85.

[95] Towse A, Pistollato M, Mestre-Ferrandiz J, Khan Z, Kaura S, Garrison L. european union pharmaceutical markets: a case for differential pricing?[J]. Int J Econ Bus, 2015, 22(2): 263-75.

[96] Vogler S, Zimmermann N, Habl C, Piessnegger J, Bucsics A. Discounts and rebates granted to public payers for medicines in European countries[J]. South Med Review, 2012, 5(1): 38-46.

[97] WHO Regional Office for Europe. Access to new medicines in Europe: technical review of policy initiatives and opportunities for collaboration and research. Copenhagen, 2015.

[98] Bouvy J, Vogler S. Background Paper 8.3 Pricing and Reimbursement Policies: Impacts on Innovation. In: World Health Organization, editor. Priority Medicines for Europe and the World "A Public Health Approach to Innovation" Update on 2004 Background Paper. Geneva 2013.

[99] Kaplan W, Laing R. Priority Medicines for Europe and the World. Geneva: World Health Organization; 2004.

[99] Franken M, le Polain M, Cleemput I, Koopmanschap M. Similarities and differences between five European drug reimbursement systems. Int J Technol Assess Health Care. 2012; 28(4): 349.

[100] Consultative Expert Working Group on Research and Development. Follow-up of the report of the Consultative Expert Working Group on Research and Development: Financing and Coordination (CEWG) 2016. http://www.who.

int/phi/cewg/en/. Accessed 26 June 2016.

[101] Vogler S, Zimmermann N, Habimana K. Study of the policy mix for the reimbursement of medicinal products. Proposal for a best practice-based approach based on stakeholder assessment. Vienna: Commissioned by the European Commission, 2014.

[102] Hughes DA. Value-based pricing. Incentive for innovation or zero net benefit? Pharmacoeconomics. 2011; 29(9): 731-5.

[103] Vogler S, Habl C, Leopold C, Mazag J, Morak S, Zimmermann N. PHIS Hospital Pharma Report. Vienna: Pharmaceutical Health Information System (PHIS); commissioned by the European Commission and the Austrian Federal Ministry of Health, 2010. http://whocc.goeg.at/Literaturliste/Dokumente/Books Reports/PHIS_HospitalPharma_Report.pdf. Accessed 15 Nov 2014.

[104] Er S. PHIS Hospital Pharma Report Denmark. Vienna: Pharmaceutical Health Information System (PHIS), 2009.

[105] Festo¨y H, Ognøy AH. PPRI pharma profile Norway. Vienna: Pharmaceutical Pricing and Reimbursement Information (PPRI); 2015.

[106] Leopold C, Habl C, Vogler S. Tendering of Pharmaceuticals in EU Member States and EEA countries. Results from the country survey. Vienna: O¨BIG Forschungs-und Planungsgesellschaft mbH; 2008.

[107] Dylst P, Vulto A, Simoens S. Tendering for outpatient prescription pharmaceuticals: what can be learned from current practices in Europe? Health Policy. 2011; 101(2): 146-52.

[108] Gombocz M, Vogler S, Zimmermann N. Ausschreibungen fu¨r Arzneimittel: Erfahrungen aus anderen La¨ndern und Umsetzungsstrategien fu¨r O¨sterreich [Tendering for Medicines: Experiences from other countries

and implementation strategies for Austria]. Vienna: Gesundheit Ö sterreich Forschungs- und Planungs GmbH; 2016.

[109] Kanavos P. Tender systems for outpatient pharmaceuticals in the European Union: Evidence from the Netherlands and Germany. London: EMINET, January. 2012. Available at: http://www. progenerika.de/wp-content/uploads/2013/02/Anlage-2_Tendering Report-EMINET-13OCT2012-FINAL.pdf.Accessed30Apr2016.

[110] Kanavos P, Seeley L, Vandoros S. Tender systems for outpatient pharmaceuticals in the European Union: Evidence from the Netherlands, Germany and Belgium. London: European Medicines Information Network (EMINet); 2009.

[111] Carradinha H. Tendering short-term pricing policies and the impact on patients, governments and the sustainability of the generic medicines industry. J Generic Med Bus J Generic Med Sect. 2009; 6(4): 351-61.

[112] VanHaeren E, Arickx F, Soete E, Bormans V, Mortier M, Leveque F. PCV162 Public tendering for off patent medicines in Belgium—the simvastatin case. Value Health. 2009; 12(7): A343.

[113] Healy J, Sharman E, Lokuge B. Australia: Health system review. Health Systems in Transition 2006; 8(5): 1-158.

[114] ChimL, Kelly PJ, Salkeld G, Stockler MR (2010) Are cancer drugs less likely to be recommended for listing by the Pharmaceutical Benefits Advisory Committee in Australia? Pharmacoeconomics 28(6): 463-475

[115] Mauskopf J, Chirila C, Masaquel C, Boye KS, Bowman L, Birt J, Grainger D. (2013). Relationship between financial impact and coverage of drugs in Australia. Int J Technol Assess Health Care 29(1): 92-100. doi: 10.1017/s0266462312000724.

[116] Beecroft G. (2007) .Generic drug policy in Australia: a community

pharmacy perspective. Australia and New Zealand Health Policy 4:7. doi: 10.1186/1743-8462-4-7.

[117] CoAG Reform Council (2014) Healthcare in Australia 2012–2013: Five years of performance. Report to the Council of Australian Governments. http://www.coagreformcouncil.gov.au/sites/default/files/files/Healthcare%20in%20Australia%202012-13%20Five%20years%20of%20performance%20REVISED%20WA%20SNAPSHOT.pdf. Accessed 15 Sept 2014.

[118] Blümel M, Spranger A, Achstetter K, Maresso A, Busse R. Germany: Health system review. Health Systems in Transition, 2020, 22(6): pp.i–273.

[119] European Commission (2019). VAT rates applied in the Member States of the European Union. Situation at 1st July 2019. Available at: https://ec.europa.eu/taxation_customs/sites/taxation/files/resources/documents/taxation/vat/how_vat_works/rates/vat_rates_en.pdf (accessed 17.03.2020).

[120] Coca V, Nink K, Schröder H (2011). Ökonomische Aspekte des deutschen Arzneimittelmarktes 2010. In: Ulrich Schwabe und Dieter Paffrath (ed.). Arzneiverordnungs-Report 2011, Spring. Berlin, Heidelberg: Springer Berlin Heidelberg, 167–222.

[121] Pro Generika e.V. (2019). Generika in Zahlen 2018. Available at: https://www.progenerika.de/wp-content/uploads/2019/05/Generika-in-Zahlen_2018.pdf (accessed 26.05.2020).

[122] Schwabe U, Paffrath D, Ludwig W-D, Klauber J (eds.) (2019). Arzneiverordnungs-Report 2019. 1. Auflage 2019. Berlin: Springer Berlin; Springer.

[123] Busse R, Blümel M, Spranger A (2017b). Das deutsche Gesundheitssystem. Akteure, Daten, Analysen. 2. Auflage. Berlin: Medizinisch Wissenschaftliche Verlagsgesellschaft.

[124] OECD/European Observatory on Health Systems and Policies (2019). Germany: Country Health Profile 2019 (State of Health in the EU). Available at: https://ec.europa.eu/health/ sites/health/files/state/docs/2019_chp_de_english.pdf (accessed 04.02.2020).

[125] OECD (2020d). OECD Statistics. Paris. Available at: https://stats.oecd.org/ (accessed 03.04.2020).

[126] WHO guideline on country pharmaceutical pricing policies, second edition. Geneva: World Health Organization; 2020.

[127] Anderson M, Pitchforth E, Edwards N, Alderwick H, McGuire A, Mossialos E. The United Kingdom: Health system review. Health Systems in Transition, 2022, 24(1): i–192.

[128] Bevan A (2010). In Place of Fear. Whitefish, Montana, Kessinger Publishing.

[129] Anderson M et al. (2021). LSE–Lancet Commission on the future of the NHS: re-laying the foundations for an equitable and efficient health and care service after COVID-19. The Lancet, 397(10288): 1915–1978.

[130] Stoye G (2019). Recent trends in independent sector provision of NHS-funded elective hospital care in England. (https://ifs.org.uk/uploads/BN268-Recent-trends-in-independent-sector provision-of-NHS-funded-elective-hospital-care-in-England1.pdf, accessed 10 March 2022).

[131] Cylus J et al. (2015). United Kingdom Health system review. Health Systems in Transition, 17(5).

[132] Baird B et al. (2018). Innovative models of general practice. (https://www.kingsfund.org.uk/ sites/default/files/2018-06/Innovative_models_GP_Kings_Fund_June_2018.pdf, accessed 10 March 2022).

[133] Appleby J (2015). Day case surgery: a good news story for the NHS. BMJ,

315

351: h4060.

[134] OECD (2019b). Health at a Glance 2019. (https://www.oecd-ilibrary.org/social-issues migration-health/health-at-a-glance-2019_4dd50c09-en, accessed 10 March 2022).

[135] Wise J (2019). Don't charge migrants for maternity care, say midwives. BMJ, 366: l5487.

[136] Campbell D (2018). NHS will no longer have to share immigrants' data with Home Office. (https://www.theguardian.com/society/2018/may/09/government-to-stop-forcing-nhsto-share-patients-data-with-home-office, accessed 10 March 2022).

[137] Mason A (2005). Does the English NHS have a 'Health Benefit Basket'? The European journal of health economics: HEPAC: health economics in prevention and care, (Suppl. 1): 18–23.

[138] Adam S (2019). How high are our taxes, and where does the money come from? (https://www.ifs.org.uk/uploads/BN259-How-high-are-our-taxes-and-where-does-the-money-comefrom.pdf, accessed 10 March 2022).

[139] Blackburn P (2020). Health Cover: UK Market Report. Laing Buisson. (https://www.laingbuisson.com/shop/health-cover-uk-market-report-16ed/, accessed 10 March 2022).

[140] Kulakiewicz A, Parkin E, Powell T. (2022). NHS charges. House of Commons Library. (https://commonslibrary.parliament.uk/research-briefings/cbp-7227/, accessed 10 March, 2022).

[141] Charlton V (2020). NICE and Fair? Health Technology Assessment Policy Under the UK's National Institute for Health and Care Excellence, 1999–2018. Health Care Analysis, 28(3): 193–227.

[142] Bovenberg J, Penton H, Buyukkaramikli N (2021). 10 years of end-of-life

criteria in the United Kingdom. Value in Health, 24(5): 691–698.

[143] Drummond M (2016). Clinical Guidelines: A NICE Way to Introduce Cost-Effectiveness Considerations? Value in Health, 19(5): 525–530.

[144] Varnava A et al. (2018). New Medicines in Wales: The All Wales Medicines Strategy Group (AWMSG) appraisal process and outcomes. Pharmaco Economics, 36(5): 613-624.

[145] Or Z, Gandré C, Seppänen AV, Hernández-Quevedo C, Webb E, Michel M, Chevreul K. France: Health system review. Health Systems in Transition, 2023; 25(3): i–241.

[146] Barroy H, Or Z, Kumar A, Bernstein D (2014). Sustaining universal health coverage in France: A perpetual challenge. The World Bank. Document 91323: 1–50). Available at: http://documents.worldbank.org/curated/en/452591468038118776/Sustaining-universal-health-coverage-in-France-a-perpetual-challenge (accessed 15 May 2023).

[147] Brissy S (2020). Le mode historique de construction des professions de santé: Le point de vue du juriste. Les ressources humaines en santé, levier de la transformation du système de santé, 2019–2020. HCAAM. Available at: https://www.securite-sociale.fr/files/ live/sites/SSFR/files/medias/HCAAM/2021/HCAAM-SEMINAIRE%20RHFEVRIER%202021.pdf (accessed 15 May 2023).

[148] ONDPS (2021). Conférence Nationale du 26 mars 2021. Rapport et propositions. Objectifs nationaux pluriannuels de professionnels de santé à former (2021–2025). Observatoire national de la démographie des professions de santé. Available at: https://solidarites-sante.gouv.fr/IMG/pdf/rapport_cn_propositions_onp_26_ mars_maj19avril.pdf (accessed 16 May 2023).

[149] OECD (2020c). Realising the potential of primary health care. Organization for Economic Co-operation and Development. Available at: https://www.

oecd.org/ health/realising-the-potential-of-primary-health-care-a92adee4-en.htm (accessed 16 May 2023).

[150] HCAAM (2017). Médecine spécialisée et organisation des soins: Les spécialistes dans l'offre de soins. Haut conseil pour l'avenir de l'assurance maladie. Available at: https://www.securite-sociale.fr/files/live/sites/SSFR/files/medias/HCAAM/2017/ PRESENTATION/HCAAM-2017-MARS-PRESENTATIONMEDECINE_SPECIALISEE_ET_ORGANISATION_DES_SOINS_LES_SPECIALISTES_DANS_L-OFFRE_DE_SOINS.pdf (accessed 16 May 2023).

[151] Pierre A, Rochereau T (2022). La couverture par une complémentaire santé en France en 2019-Premiers résultats de l'enquête EHIS. Questions d'economie de la santé, In review.

[152] Pierre A (2018). Assurance maladie complémentaire: Régulation, accès aux soins et inégalités de couverture. Université Paris-Dauphine: Thèse de doctorat de sciences économiques.

[153] Marchildon G.P., Allin S., Merkur S. Canada: Health system review. Health Systems in Transition, 2020; 22(3): i-194.

[154] Blomqvist Å, Busby C. (2013) Paying hospital-based doctors: fee for whose service? Commentary No. 392. C.D. Howe Institute, Toronto.

[155] Sutherland J, Crump R, Repin N, Hellsten E(2013) Paying for hospital services: a hard look at the options. Commentary No. 378. Toronto.

[156] Axelsson R, Marchildon GP, Repullo-Labrador, JR(2007). Effects of decentralization on managerial dimensions of health systems. In: Saltman RB, Bankauskaite V, Vrangbæk K, editors. Decentralization in health care. New York: McGraw-Hill for European Observatory on Health Systems and Policies, pp. 141-166.

[157] Shaw CD, et al (2013). Profiling health-care accreditation organizations: An international survey. International Journal of Quality in Health Care.25(3): 222-231.

[158] Marchildon GP (2009). The policy history of Canadian medicare. Canadian Bulletin of Medical History.26(20): 247-260.

[159] IQVIA (2019). Canadian pharmaceutical trends: Retail pharmacies by outlet type, Canada, 2012—2018. Durham, NC: IQVIA (https://www.iqvia.com/locations/canada, accessed 19 July 2020).

[160] Morgan S, Friesen M, Thomson P, Daw J (2013b) Use of product listing agreements by Canadian provincial drug benefit plans. Healthcare Policy 8(4): 45-57.

[161] Aaserud M, Austvoll-Dahlgren A, Ko¨sters J, Oxman A, Ramsay C, Sturm H (2006) Pharmaceutical policies: effects of reference pricing, other pricing, and purchasing policies. Cochrane Database Syst Rev (2): CD005979. doi: 10.1002/14651858.CD005979.

[162] Schneeweiss S, Soumerai S, Maclure M (2002) Reference drug pricing. CMAJ 167: 126-127

[163] Bell C, Griller D, Lawson J, Lovren D (2010) Generic drug pricing and access in Canada: what are the implications? Health Council of Canada, Toronto.

[164] Lexchin J (2004) The effect of generic competition on the price of brand-name drugs. Health Policy 68: 47-54.

[165] Lexchin J (2006) Do manufacturers of brand-name drugs engage in price competition? An analysis of introductory prices. CMAJ 174: 1120-1121.

[166] Gagnon M-A, He´bert G (2010) The economic case for universal pharmacare: costs and benefits of publicly funded drug coverage for all

319

Canadians. Canadian Centre for Policy Alternatives, Ottawa.

[167] Morgan SG, Leopold C, Wagner AK (2017). Drivers of expenditure on primary care prescription drugs in 10 high-income countries with universal health coverage. Canadian Medical Association Journal.189(23): E794-E799.

[168] Morgan SG, Lee A (2017). Cost-related non-adherence to prescribed medicines among older adults: A cross-sectional analysis of a survey in 11 developed countries. BMJ Open.7: e014287. doi: 10.1136/bmjopen-2016-014287.

[169] Rice T, Rosenau P, Unruh LY, Barnes AJ, van Ginneken E. United States of America: Health system review. Health Systems in Transition, 2020; 22(4): pp.i-441.

[170] Claxton G, Rae M, Damico A, Young G, McDermott D, Whitmore H (2019). Health benefits in 2019: premiums inch higher, employers respond to federal policy. Health Affairs, 38(10): 1752-61. Available at: https://doi.org/10.1377/hlthaff.2019.01026 (accessed 20 October 2020).

[171] Martin CB, Hales CM, Gu G, Ogden CL (2020) Prescription drug use in the United States, 2015—2016. National Center for Health Statistics NCHS Data Brief no. 334, May 2019. Available at: https://www.cdc.gov/nchs/products/databriefs/db334.htm (accessed 27 June 2020).

[172] Carr T (2017). Too many meds: American's love affair with prescription medication. Consumer Reports, 3 August 2017.

[173] Sarnak DO, Squires DG, Kuzmak G, Bishop S (2017). Paying for prescription drugs around the world: why is the US an outlier? Commonwealth Fund, October 2017. Available at: https://www.commonwealthfund.org/publications/issue-briefs/2017/oct/ paying-prescription-drugs-around-world-why-us-outlier (accessed 20 October 2020).

[174] O'Neill P, Sussex J (2014). International comparison of medicines usage: quantitative analysis. Office for Health Economics, Association of the British Pharmaceutical Industry. Available at: https://www.lif.se/contentassets/ a0030c971ca6400e9fbf09a61235263f/international-comparison-of-medicines-usagequantitative-analysis.pdf) (accessed 20 October 2020).

[175] Sakamoto H, Rahman M, Nomura S, Okamoto E, Koike S, Yasunaga H et al. Japan Health System Review. Vol. 8 No. 1. New Delhi: World Health Organization, Regional Office for South East Asia, 2018.

[176] Chou YJ, Yip WC, Lee C, et al. Impact of separating drug prescribing and dispensing on provider behaviour: Taiwan's experience[J]. Health Policy Plan, 2003, 18(3): 316-329.

[177] Kim HJ, Chung W, Lee SG. Lessons from Korea's pharmaceutical policy reform: the separation of medical institutions and pharmacies for outpatient care[J]. Health Policy, 2004, 68(3): 267-275.

[178] Laura, Catherine, Dennis et al.. Working Paper 2: The Role of Health Insurance in the Cost-Effective Use of Medicines, WHO/HAI Project on Medicine Prices and Availability, May 2011.

[179] 曼昆. 经济学原理:微观经济学分册(第7版)[M]. 北京:北京大学出版社, 2018.

[180] 沈洪涛, 梁雪峰, 等. 中国药品价格治理困境与改进建议[J]. 中国软科学, 2012(2): 16-25.

[181] 沈洪涛, 梁雪峰. 中欧药品价格构成比较与对策建议[J]. 中国卫生政策研究, 2020, 13(7): 46-51.

[182] 梁雪峰. 药价虚高治理困境及其出路[J]. 价格理论与实践, 2006(2): 38-40.

[183] 朱恒鹏.医疗体制弊端与药品定价扭曲[J].中国社会科学,2007(4):89-103.

[184] 胡善联.国家组织药品集中采购的卫生经济学理论基础及完善建议[J].中国卫生资源,2021,24(1):12-14,23.

[185] 植草益.微观规制经济学[M].北京:中国发展出版社,1992:29-58.

[186] W.吉帕·维斯库斯,约翰·M.弗农,小约瑟夫·E.哈林顿.反垄断与管制经济学[M].北京:机械工业出版社,2004:182-183.

[187] 舍曼·富兰德,艾伦·C.古德曼,迈伦·斯坦诺.卫生经济学(第五版)[M].北京:中国人民大学出版社,2010:256-257.